湛庐文化 Cheers Publishing
a mindstyle business
与 思 想 有 关

# RESOURCE REVOLUTION

## HOW TO CAPTURE THE BIGGEST BUSINESS OPPORTUNITY IN A CENTURY

# 资源革命

## 如何抓住一百年来最大的商机

[美] 斯蒂芬·赫克（Stefan Heck） 马特·罗杰斯（Matt Rogers） 保罗·卡罗尔（Paul Carroll）◎著
粟志敏◎译

浙江人民出版社
ZHEJIANG PEOPLE'S PUBLISHING HOUSE

# 狼来了，狼来了吗

周国辉

浙江省科技厅厅长、浙江省知识产权局局长

《资源革命》是由麦肯锡前资深合伙人斯蒂芬·赫克和美国能源部前顾问马特·罗杰斯合著的一部新作。此书通过讲述一个世纪以来连续发生的危机及人们的应对，来阐释对未来和世界的态度。18世纪末期，随着人口的增长，能源短缺的“狼”来了。可瓦特于午后在花园散步时的灵光一闪让他研制出了蒸汽机，从而引发了第一次工业革命，不仅化解了能源危机，而且把全球13%的人口（西欧国家）带入了工业化。这场革命一直延续到19世纪中叶。接着，随着工业的发展，太多人挤进都市，能源问题再次告急，“狼”又来了。因为电的发明，带来了城市化和电气化，催生了第二次工业革命，把全球16%的人口（美国、加拿大、澳大利亚、俄罗斯和日本）首次带进了工业化。当下的世界也处在同样重要的历史节点上。历史在资源问题上不断重现危机，这次影响的可能是中国、印度以及亚洲和南美洲的其他国家和地区中约37%的人口。

民以食为天，本书讲述的不只是养家糊口的粮食，而主要是工业粮食，包括油、气、煤和钢材、水泥、水等资源。一个不可思议的现象是，在第一次工业革命发生前，中产阶级的日能源消耗主要是食物，人均约 2 000 卡路里。现在，中产阶级人均日能源消耗量超过 20 万卡路里，其中包括车用的汽油、照明用的电能，还有取暖用的天然气，等等，增幅达到了 100 倍。依此类推，当下人类对世界资源的需求是第一次工业革命时的 2 000 倍。地球能承受人类如此巨大的资源消耗量吗？更何况各国 GDP 的规模和增幅还在不断增加。

狼来了、狼来了！在人类社会的现代化进程中，资源即将枯竭的警钟不时敲响，不绝于耳。历史也在不断重演着马尔萨斯与斯密围绕劳动力、资本和土地及资源三要素的经典争论。传统观念认为，地球的资源总有耗光的一天，届时人类将走向灭亡。而本书的作者则认为，借助新的工业革命，采用新的技术，抛弃传统能源消费观，人类可以大幅提高资源生产力，避免这一危机。作者采取的是实证主义方法，用大量人们熟知的标志性事件、人物和典型案例，证明我们正在进入第三次工业革命，它本质上是一场“资源革命”，而这将是 21 世纪最大的经济机遇。作者预计，未来 15 年，发展中国家将有 25 亿人进入中产阶级。中国每年将诞生 2.5 个规模相当于芝加哥的新城市。截至 2025 年，中国人口超过百万的城市将达 221 个。这种增长速度必将使得人们对石油、天然气、钢铁、水和其他宝贵资源的需求出现前所未有的增长。作者通过分析历史，告诉我们：**摆在我们面前的正是百年难遇的绝佳商机。我们不是要面临资源稀缺带来的危机，而是会遇到一个改变全球经济格局的机遇，一个会带来数万亿美元利润的机遇。**

问题的症结在能源，解决之道是“能源革命”，而互联网恰巧给人类带来了“福音”。作者提出了资源革命的五大原则：资源替代、减少浪费、提高“可循环性”、最优化和虚拟化，并详细评述了三星、特斯拉、Zara、Uber、Opower、Zipcar 等公司基于这五大原则颠覆商业和生活的创新之举。

此书不难读，多是故事和评论，但要不断切换思维频道，才能跟上作者的思路。初读有五得：一是问题是时代的声音，危机便是机遇。二是天无绝人之路，路总是有的，路在自己的脚下，解决之道唯有从资源革命着手，而实际上要改变的是人使用资源的习惯和方法。三是关键在颠覆式创新，不仅是技术创新，还要有进行比技术领先更重要的商业模式创新的本领。四是变革和创新会催生一些新的产业和企业，同时也会使一些传统产业和企业败落倒闭，从而引发新旧模式的争论、争夺和争斗，需要重构社会和法律制度。当前的 Uber 合法与非法之争，在之前早已发生过。五是政府应遵循市场法则和创新规律，发挥自己的引导、协调和规制的作用。

狼来了！狼来了！警钟长鸣，会不断开启人类的智慧，但必须改变和牺牲一些固有的、不合时宜的思维和行为习惯。这是《资源革命》一书带给我的乐观精神和理性启迪。

**《纽约时报》称："如果你对未来感到悲观，读了本书一定会让你改观。"**说的一点也没错，而且我本就是一个乐观主义者。

# 百年来最激动人心的时刻

在《资源革命》一书首版发行之后，去年的发展进一步让我们看到，对资源密集型行业而言，现在正是百年来最激动人心的时刻。

- 原油价格下跌过半，原因就在于美国非传统石油供应量的年增长率达到了 50%，而发展中国家的需求增长减缓（经济合作与发展组织里的成员的需求也在下滑）。
- 太阳能成为全球增长最迅猛的新能源。目前，在阳光充足的地方，太阳能是最廉价的能源之一，每度电成本为 5~7 美分，而且蓄能装置正在以每年约 50% 的速度增长。
- 无人驾驶汽车正在主流化。众多汽车制造商正在发布配有无人驾驶功能的汽车，并且承诺到 2017 年要基本实现“辅助驾驶”。
- 无人驾驶飞机正在向主流化发展，使得从农业到建筑业等一切行业都可以实现自动操作。
- 天然气价格的下滑越来越多地迫使煤炭退出发电行列，导致火力发电厂关闭，煤炭生产商破产。

我们在书中介绍的众多公司的业绩都相当出色：

- 禽流感的爆发导致美国蛋鸡产业遭受巨大冲击，鸡蛋成本大幅增长，由此推动了对鸡蛋替代品的需求。汉普顿·克里克食品公司成为了其中的大赢家。
- 远大可建科技有限公司在19天内建成了一栋57层高的大楼，充分证实了模块化的强大和可施工性。DIRTT公司已经推出了住宅产品线，让家庭也享受到了其产品的灵活性和可升级性。
- 特斯拉公司推出了Power Wall，为消费者提供高容量且设计优美的家用电池储能系统，提前实现了电池的价格为每度电200美元。
- Uber、Lyft和其他拼车服务提供商向我们证实，拼车服务的市场需求是出租车行业所能满足的需求的5倍。这些公司筹集的资金总额已经超过50亿美元。
- E.On公司已宣布打破其已经营数代的业务，因为可再生能源拉低了电力批发价，导致欧洲电力部门的市值因而缩水了近5 000亿欧元。

中国正在快速推动资源生产力的改善，其中包括增加天然气的生产和全球资源的获取，已在全球太阳能和风能的安装和制造中扮演了领导者的角色。同时也在快速发展拼车服务和电动汽车；在水资源管理上打造更集成化的方式，关闭生产力较低的生产设施，并且大力投资高生产力的基础设施。

这些还只是正在发生中的资源革命的一部分例子。《资源革命》一书提出，这些变化仅仅是当前市场中结构变化的一部分，**信息技术和传统工业技术的综合可以释放出发展的巨变和巨大的增长潜力**。不过，**要抓住这些商机，躲开它们所带来的颠覆，就必须采用全新的管理方式**。

石油行业价格的暴跌验证了资源革命的强大力量。非传统石油的生产，外加信息技术带来的水平钻探和水力压裂法，这些推动美国轻质油生产的年增长率超过了 50%，美国石油产量每天增加 10 万桶，并且拉动了全球石油供应量至年增长率 2.4%。

此外，石油需求的增长不温不火，保持在 0.7% 的水平。供应的快速增长，价格较高或新兴市场的发展减缓，汽车燃油效率提高，所有这些导致全球石油市场供过于求的现象越来越严重。即使石油价格下跌，钻机数量减半，美国的石油生产量也会继续增长，因为创新在大幅拉低油井成本，提高初期产油量，而且产油量的增长速度超过了钻机数的减少速度。

美国企业证实，较短的生产周期、标准化、模块化和精益生产等方式可以带来成功，这些方式也在推动着全球多数大型资本项目进入审核流程。该流程是对行业进行测试，查看是否可以在深海和液化天然气等巨型项目上运用同样的原则，从而让这些项目在石油每桶 60 美元的价位时仍能再次实现盈利。

电网的修建曾是 20 世纪的工程奇迹，给发达世界的千万户家庭和企业送去了清洁、安全、可靠且平价的电力。不过现在，电力市场正在快速发生着变化，可再生能源的市场渗透率正在以每年 20% 的比例增加，电力存储每年以 50% 的比例增加，每年以超过 20% 的速度加速着交通运输电气化的工作，并扩大了数字化建筑控制。例如，谷歌收购的 Nest 公司已经销售了超过 100 万份远程传感恒温器。所有这些科技推动者都在创造“虚拟的公共事业网络”——根据需求进行电网汇集和传输电力，并且选择合适的时机为顾客创造最大的回报。

在这种背景之下，太阳能在很大程度上看上去与非传统石油非常相似，都是规模较小，风险低，而且资源传输的成本也在快速下降，因而相比传统的中央发电厂对投资人的吸引力更大。传统的中央发电厂的修建需要花费十多年的时间，甚至还需要更长的时间安装传输设施。因而印度的新任总理纳伦德拉·莫迪（Narendra Modi）宣布启动修建 100GW 的太阳能设施的大型项目，同时他还在努力开放传统的公共事业市场，甚至连石油资源充沛的中东国家都已经启动了野心勃勃的太阳能配置项目，因为太阳能发电比他们所用的石油发电的成本都要低。

交通运输行业也会看到类似的颠覆加速的模式。电池成本已经下跌，而且电动汽车和混合动力汽车的车型已经从 3 个增加到了 70 多个，销售量的增速每年也超过了 20%。到 2016 年，大众高尔夫电动汽车将会比大众高尔夫燃油汽车更加便宜，而且特斯拉汽车已经成为豪华电动车系列中最畅销的车型。

与此同时，自动驾驶方面的进步和发展也在快速铺开。特斯拉刚刚为其 S 型车的顾客下载了自动驾驶的基本构件，而雷克萨斯、卡迪拉克、梅赛德斯和宝马等都已经在自己高端的轿车产品中配置了强大的自动驾驶能力。与此同时，欧盟刚刚颁布规定，要求未来在现有车型上也配置传感防撞系统，甚至包括更加廉价的汽车。大型汽车制造商都已经制订计划，加强平台之间的沟通（而且监管机构也正在考虑颁布相关规定），从而增强安全性，提高交通密度，避免交通堵塞。

与此同时，拼车数量也在飙升，突破了出租车的垄断，大幅扩大了用车服务的范围，降低了核心市场内泊车空间的价值。越来越多的证据表明，拼车正在降低新车购买量，提供拼车服务的每台车可以取代 10~15 台自有小汽车。

《资源革命》一书探讨了这些行业内重大颠覆出现的根本原因，并且列举了一系列解决方案。我们正在同客户们一起执行其中部分解决方案，而众多解决方案也正是许多硅谷创新公司的核心所在。本书分析了历史的发展，让大家看到这种市场变化发生的速度是此前工业革命的 10 倍，其规模达到了 100 倍。资源生产力的这些结构性变化正在冲击着从石油、天然气、金属、矿业、交通运输、农业、重型设备到建筑等各个行业。我们在书中探讨了具有远见卓识的经理人改写规则的方法，其中包括：

- **制定方法**，参与和缓解新的竞争威胁；
- **从学习曲线的角度推动业绩改善**；
- **将软件与工业设备进行整合以改善安全性和可靠性**，降低成本，并提高利用率和回报；

- **在资源密集型公司内减少浪费**，加强制造领域的纪律性，从销售产品转变为提供为顾客创造增值的服务；
- **改变组织模式**，通过先进的技术赋权一线，为他们的决策提供支持。

当伟大的经理人在老式的流程和市场上运用这些工具时，他们可以利用机会创造业绩的 10 倍增长，并且抓住这一财富创造的全新机遇。

希望大家喜欢这本书，并积极地参与到目前如火如荼的资源革命中。

2015 年 6 月

RESOURCE REVOLUTION

HOW TO CAPTURE THE BIGGEST BUSINESS OPPORTUNITY IN A CENTURY

# 目录

# 资源枯竭，一百年来最大的商机

现在，摆在我们面前的正是百年难遇的绝佳商机，而且它才刚刚开始。

这是我们在 2006 年得出的结论，这个结论曾让我们为之震惊。此前多年，我们一直在为部分全球顶尖的科技、工业和能源公司担任咨询顾问。

这个结论在当时并不太受欢迎。出于对自然资源的担忧，传统观点坚持“我们都即将死去”的论调。环保领域人士坚信，污染和气候变化已经让这个星球注定走向毁灭。无数的书籍和公开报告都提出，铜、铁和其他能源（其中包括在众多电子设备上使用的稀土金属）都处在“即将耗尽”的轨道上。我们对石油的预计同样如此。经济领域人士担心，当石油价格冲到 200 美元 / 桶时，这个世界就将走向毁灭。银价达到 30 美元 / 盎司，金价 1 500 美元 / 盎司，铜价 7.72 美元 / 千克，铝价 2 000 美元 / 吨，钢铁 900 美元 / 吨，玉米每蒲式耳 6 美元[①]，小麦每蒲式耳 7 美元，不管是哪一种，都会让市场为之惊恐。许多商界人士都甚感悲观，不知全球经济将走向何方。

中国、印度和其他发展中国家的财富在激增，这进一步加深了人们的担忧，

① 在美国，一蒲式耳玉米约为 25.401 公斤，一蒲式耳小麦约为 27.216 公斤。——编者注

因为这数十亿人口很快将拥有前所未有的巨额收入并进行消费。全球人口将会对自然资源产生前所未有的需求，而这些资源正在逐渐消失。

但我们却得出了一个与众不同的结论。增加的25亿中产阶级将会带来什么机遇？工业技术和信息技术的整合将会如何改变资源使用的方方面面？通过分析这两个方面，我们发现了革命性变革的机遇所在。能源、交通、建筑、水、农业、金属和其他所有主要商品领域内都将出现生产力的急剧提高。对能源领域而言，这意味着产量的增加、消耗量的减少。这些变化不仅会影响到主要商品的制造商们，还会影响到电力、燃料和天然资源的大用户，或者是为资源密集型企业提供产品和服务的公司。换言之，这些变化对在世界各国占比很大的企业而言都相当重要。

**我们不是要面临资源稀缺带来的危机，而是会遇到一个改变全球经济格局的机遇，一个会带来数万亿美元利润的机遇。**

事实上，下一轮工业革命已经开始。而且，它在规模和速度上都让此前的工业革命望尘莫及。在这次工业革命中，管理企业将会变得更加艰难。革命始终都是困难重重的。但只要能采纳必要的新方法，经理人就能在资源的使用效率上实现突破，抓住明日的巨大增长机遇，创立在下个世纪引领全球经济的卓越企业。

我们的论点相对而言比较简单：

- 对信息技术、纳米材料科学、生物学的详细了解，外加工业技术和基础设施，这些综合起来大幅提高了生产力。
- 发展中国家在追求高生产力的经济增长，以便能为25亿新中产阶级提供支持，这意味着其中蕴含了百年来最大的财富创造机遇。
- 要抓住这些机遇，就必须掌握新的管理方式。

我们清楚前方存在众多挑战。按照目前的发展路线，世界经济将会遭遇增长停滞，通货膨胀加剧，环境污染问题加重，政治出现僵局以及美国、中国、俄罗斯、印度和德国等强国之间再次出现摩擦等。

要容纳这些中产阶级新成员，就必须进行大量的建设工作，因为商品价格将会上涨，供应链也会遇到挑战。变革的速度会越来越快，已经迫使众多公司走向破产；还有一些公司认为自己是在倒退，而不是前进。污染程度正靠近让人窒息的程度，且在发展中国家尤甚。

## 末日预言，将被资源革命打破

许多个人、公司，甚至国家都试图去抵制新的工业革命。人们对革命总是会产生一种抵触心理。卢德派（Luddites）[①]曾破坏蒸汽机，以图扼杀第一次工业革命，尽管这种新机器提高了生产力，带来了前所未有的经济增长，让欧洲摆脱了无尽的贫困。政治僵局和两次世界大战也曾试图阻止第二次工业革命，而这次工业革命最终奠定了 20 世纪经济产出急剧增加的基础。

唱衰者始终如影随形，不断重复着那些让人灰心丧气的论调。在第一次工业革命开始之时，托马斯·马尔萨斯（Thomas Malthus）曾预言革命就要结束。19 世纪末期，英国皇家学会（Royal Society）也附和马尔萨斯的论调，尽管当时第二次工业革命正要开始。罗马俱乐部（Club of Rome）也曾预测 20 世纪末将会出现可怕的经济崩溃。

从经济和科技的角度来看，这些唱衰者都错了。这次资源革命所带来的资源生产力将足以让发展中国家的 25 亿新中产阶级成员享受到清新、干净的空气和水以及整洁的城市。而在过去的 100 年里，只有经济合作与发展组织（OECD）成员才享有这些福利。同时，这次工业革命也将为那些聪明人创造突破性的经济机遇，只要他们能够去发现这些机遇。

① 唯恐失业而反对使用机器的生产者。——编者注

## 耗费十年，资源生产力引领趋势

尽管我们几人从未一起合作过，而是在 2006 年各自分别得出了这个乐观的结论，但我们都是麦肯锡公司（McKinsey）的合伙人，也了解彼此。我们汇集了多方的力量和帮助，建立了一项业务，该业务现已发展成为全球可持续发展与资源生产力咨询业务（Sustainability and Resource Productivity Practice，简称 SRP）。参与这项努力的人中有石油、天然气和其他重工业领域的能源专家，也有长期以来相信创新和可再生能源的科技专家。

我们与同事们一起，开始了繁重的分析工作，这也是麦肯锡公司的特色。我们分析了所有相关科技和重要的天然资源的学习曲线和成本曲线，研究了各行各业可能受到的影响，并且探究了变革将会如何在全球各大城市、国家和地区出现。第一份参考学习的资料是《麦肯锡全球研究院能源生产力报告》（*McKinsey Global Institute Report on Energy Productivity*），由马特与麦肯锡董事斯科特·奈奎斯特（Scott Nyquist）和戴安娜·法瑞尔（Diana Farrell）共同编撰。这份报告提出，人们有机会借助既有科技将全球能耗降低 25%，而且需求峰值会在石油生产峰值之前出现。换言之，尽管许多人担心石油生产量已经达到巅峰，或是即将达到巅峰，但对石油的需求也将达到巅峰，并且会在石油生产量下滑之前抢先开始下跌。在参考了这份报告之后，接下来参考的是标志性报告《麦肯锡温室气体减排成本曲线》（*McKinsey Greenhouse Gas Abatement*，作者是杰里米·奥本海姆 [Jeremy Oppenheim] 和潘爱德·恩奎斯特 [Per-Anders Enkvist]）、《美国温室气体减排曲线研究》（*U.S. Greenhouse Gas Abatement Curve Work*，作者是肯·奥斯特洛夫斯基 [Ken Ostrowski]、安东·杰尔卡奇 [Anton Derkach]）和《美国能源效率的机遇》（*U.S. Energy Efficiency Opportunity*，作者是肯·奥斯特洛夫斯基、汉娜·格拉内德 [Hannah Granade]、斯科特·奈奎斯特和斯蒂芬）。最近，杰里米·奥本海姆、理查德·多布斯（Richard Dobbs）和弗雷泽·汤普森（Fraser Thompson）就即将到来的资源革命撰写了一篇重要报告，为本书奠定了经济学基础。我们得出的结论是，**变革从**

**经济学角度来说条件已经成熟，而且只要市场意识到变革正在到来，那么关于资源生产力的观念将会产生革命性的转变。**

我们也意识到，要在快速重组的市场中获胜，还必须对管理实践加以改善。数十年来，经理人们曾大力推动资本生产力和劳动生产力，但却被一种错误的资源安全感所麻痹，因为几乎近百年来，商品价格一直在下跌。资源生产力停滞不前，而资本生产力和劳动生产力却在繁荣发展。资源革命要求人们必须采用新的管理方法。

但似乎其他人都没有看到这一百年难遇的机遇。那些撰写文章介绍新机遇的人所采用的方法有限，将关注重点放在可再生能源、粮食产量和其他狭隘的领域。没有人放眼全局，全面地去分析资源革命正给人类带来哪些挑战和机遇。

因此，我们的分析促使我们在 2010 年秋季着手写作此书。这个时机选择得很好。当时经济正在复苏，尽管这种复苏只是暂时的，但公司已经再次开始思考机遇问题。商品价格的上涨已经持续了 10 余年的时间，所以不再被人们视为只是昙花一现。而且有一点在当时正变得越来越明朗，即价格的攀升是数十年来供需发生根本转变所带来的影响之一。

与此同时，页岩气和页岩油的快速发展率先很好地示范了资源革命的行动原则。数十年来，人们已经知道页岩底层富含大量的油气储备，但开采工作极其艰难，让人望而却步。直至 21 世纪前 10 年的中期，科技进步让人们终于能够以合理的价格利用页岩地层中的油气。这在很大程度上是通过水平钻探和水力压裂实现的，它们通常被合称为“水力压裂法”。

有了信息技术的整合，钻探不再主要是在大量的泥巴和硫磺废气中搭建平台，然后由钻井工人在平台上起吊重型设备；而是会在某个遥远的地方，安静的房间里摆放着高清显示屏，专家们在那里使用操纵杆控制钻头钻过地层，抽取石油和天然气，不放过一丁点儿资源。在这个过程中，人们使用为视频游戏行业开发的英伟达（Nvidia）芯片，快速处理着钻探图像。当然，矿区的实际情况更为错综复杂，非传统的油气开采仍然要依靠安全的开采协议、有效的油井套管、高质量的水管理以及高效的土地使用。但从经济、地质和环境这些方面来看，非传统的油气资源已被证实其风险性要远远低于其他油气生产技术。

美国突然有了丰富的天然气供应，这在市场和全球政治中激起了层层涟漪，也让我们对本书的重要性和适时性有了更多的自信。

## 第三类生产要素的革命，五大原则尽在掌握

亚当·斯密（Adam Smith）的经典经济学巨作《国富论》（*Wealth of Nations*，1776 年）定义了企业的三大生产要素分别是劳动力、资本和土地。截至目前出现的两次工业革命主要是将重点放在劳动力和资本上，而非土地。从广义上来说，土地也可以被视作是食品、水和木头等能够从土地上生产、开采或使用的资源。18 世纪末 19 世纪初，瓦特的蒸汽机大幅提高了劳动生产力，单靠一个人就可以操作众多机器进行高速纺纱，再也不需要数百人力的人工纺纱。第一次工业革命也给我们带来了有限责任公司，并推动了其规模增长。从 19 世纪末到 20 世纪初的第二次工业革命给这个世界带来了石油、电网、汽车、马路、带电梯和空调的摩天大厦以及其他许多需要大量资本配置的发展。这场以资本为基础的革命同时也给我们带来了科学管理实践、跨国公司以及现代化的银行系统，这点并非偶然。但这两次工业革命都没有关注斯密所说的第三类生产要素，即土地和自然资源。这也正是我们现在所看到的情况，而且我们相信，企业和它们的客户将享受到与前两次工业革命同样伟大的效益①（见图 0-1）。

① 我们并不是说第一次工业革命仅仅提高了劳动生产力，而第二次工业革命仅仅提高了资本生产力。事实上，每次工业革命都会影响到斯密提出的这三大生产要素。例如在第一次工业革命中，煤炭的使用效率大幅提高。在瓦特发明蒸汽机之前，地下开采出的煤中近一半被用于为此前的发动机提供动力，以便能从地下抽水，进而能够开采煤矿。瓦特的蒸汽机大幅减少了用于开矿的煤炭数量。但因为蒸汽机被广泛采用，所以对煤炭的整体需求也大幅提高。

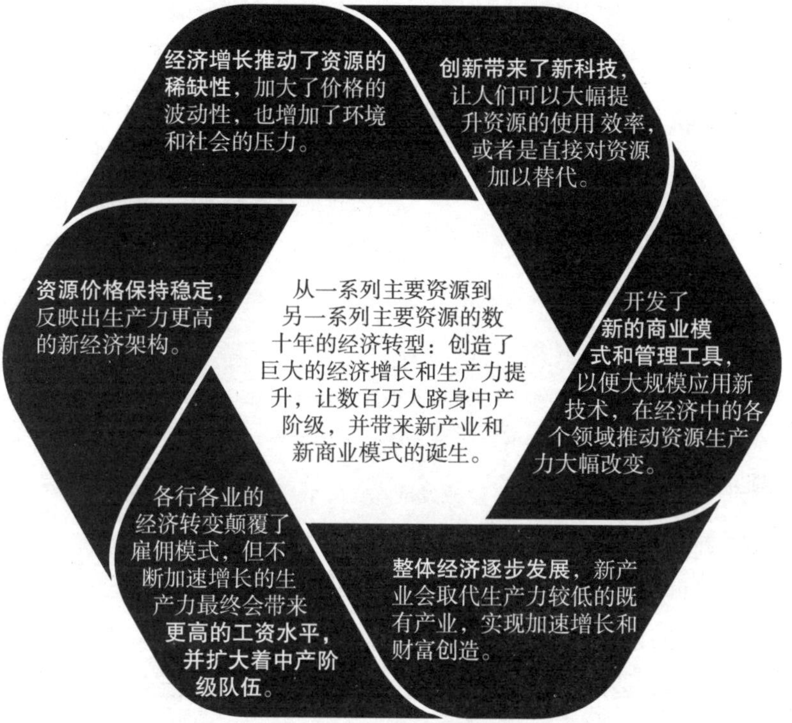


**图 0-1　资源革命的特征**

但在瓦特和其蒸汽机出现之前，生产力改善的速度一直都过于缓慢，以至于当时普通欧洲人的生活质量只是比近 2 000 年前恺撒大帝时期的罗马人好一倍。但第一次工业革命让整个世界走上了急速发展的道路，现在的普通欧洲人的生活质量是 1750 年时的 13 倍。我们在本书中所介绍的原则将会让瓦特所开启的非凡发展再现。

下一轮工业革命的原则仍处于发展之中，它们也不得不如此。没有人可以预料商业在 20 年或 30 年后会是什么模样，最多也就是像瓦特当年一样，只是预料到自己的蒸汽机将能改变这个世界。但我们已经看到了众多的成功案例，让我们能够自信地宣布，资源将是正确的关注重点，其中存在的机遇非同一般。

**RESOURCE REVOLUTION 数解资源革命**

波音公司（Boeing）已经展现出通过使用激光焊接、增材制造和闭环回收等将其钛制零部件的 BTF 比率（Buy-to-Fly ratio）[①] 从 30∶1 降低至 3∶1，甚至是 1∶1 的潜力。在过去的 10 年里，陶氏化学（Dow）和杜邦公司（DuPont）已经系统性地将废弃物转变为高价值的产品。包括韩国的佳施加德士株式会社（GS Caltex）和 SK 集团（SK Refining）在内，这些最优秀的炼油厂的能源使用量比其竞争对手少了 20%~30%，而且可以将废弃物转变为高价值的产品。沃尔玛已经竭尽全力在其供应链的各个环节消除各种形式的浪费（包括能源、二氧化碳和包装），以减少成本、降低风险，同时提高长期竞争力。零浪费制造正成为美国大型汽车制造商中的一种常态。

这些例子还只是开始。不难想象，在未来 15~20 年里，全新类型的公司将会成为主角。也许有公司会利用废弃物从消费电子品中回收黄金和白银，或者是从地热废水中回收锂。也许有公司可以提供各种类型的出行服务。乘客只要在键盘上敲下自己想去的地方，该公司就能拟定出最佳到达方式，或者提供能自动驾驶的汽车。租车也许不再是传统意义上的“租赁”汽车了。有了 Zipcar，驾驶员们可以采用订阅的方式廉价地租赁汽车，而不必再购买汽车这种资金需求量较大的资产，何况多数时间里车辆都只是停在那里不动。那么，对交通系统的资金需求就可以下降 80%。

与此同时，公司——不论新旧大小，还会有几乎无穷无尽的机会提供产品和服务，使得老字号的公司和新兴的巨头们可以更高效地运行。

为了帮助大家思考如何找到通往灿烂未来的道路，我们在本书中先介绍了前两次工业革命的发展过程，并且分析了企业在第三次工业革命中将面临的挑战和

① 即原材料与成品零件之间的重量比值，也就是材料利用率的倒数。——译者注

机遇。接下来我们将探讨可加以运用的五大原则。这五大原则可以帮助所有公司、供应商和客户群体更为高效地使用资源，让资源生产力实现可持续性。我们也会阐述如何运用这些原则，以及它们将如何带来截然不同的产品和服务。尽管这些产品和服务存在差别，但都可以利用更少的资源创造更出色的绩效[①]。换言之，**我们所讨论的不是如何节省使用量或用更少的资源做更少的事情，我们要和大家探讨的是用更少的资源做更多的事情**。这点也有悖于传统的思维，因为多数人认为我们即将面临一个稀缺的时代。

在后续章节中，我们会解释如何找到合适的时机以及如何将构想做到规模化。市场变化如此迅速，因此，将构想做到规模化是一个相当棘手的问题。鉴于管理原则的重要性，我们也探讨了管理架构和衡量指标需要如何进行改进，才能更多地关注资源生产力。要实现这种转变，就必须到新的地方去招募新的人才类型，再采用新的方式对他们进行组织和培训。最后，我们会分析如何让资源革命永续不衰，而不只是取得一项突破就宣告胜利。

正如我们将在第 1 章中所探讨的，企业面临的挑战相当艰巨。事实上，整个地球面临的挑战也是如此，但机遇也是前所未有的。我们希望能够帮助大家找到这些机遇。



① 资源生产力的急剧提升将会在环境和污染方面带来非常显著的积极影响，但这些都只是副产品。真正摆在首位的是技术和商业模式的绩效和效率都将得到提升。

RESOURCE
REVOLUTION

# 01

# 危机变商机

## 第三次工业革命的核心是资源

◎ 资源连动，挖东墙，西墙一起垮

◎ 第一次工业革命，来自午后散步的灵光一闪

◎ 太多人挤进都市，挤出了第二次工业革命

◎ 危机又来了，这次问题出在资源上

◎ 更少的资源更多的产品，危机快速变商机

至少在接下来的20年里，商业世界里的一个关键事实是：中国、印度和其他发展中国家将会有25亿多人口渐渐走出贫困，城市化的发展将让他们在2030年前转行从事工业和服务行业的工作。

在这25亿余人之前，早已经有15亿人口迁入城市，成为中产阶级。25亿人是美国目前人口的8倍之多，欧洲人口的3.5倍，超过了非洲、北美洲和南美洲的人口总和。如果这些人肩并肩地站在赤道上，将可以绕地球40圈。

RESOURCE REVOLUTION
数解资源革命

为了帮助这些人适应城市化和工业化发展，让他们步入中产阶级，仅中国一个国家在可见的未来每年就会修建2.5座人口与芝加哥相当的城市。印度每年会建设一座“芝加哥”。美国花了100余年的时间建设了25座人口过百万的大都市。中国到2025年时将会拥有221座此等规模的城市。单单是基础设施的建设就会对能源和原材料产生巨大的需求。想想修建一座桥梁或一栋摩天大楼所需要的混凝土和钢材的数量、搭建电网要用到的铜以及修建过程中用到的起重机、推土机和其他机器所需的能源，再将这些数量乘以数万倍吧！

此外，中国、印度和其他国家在修建这些建筑物时，资源的使用效率仍不及发达国家。例如在美国，55% 的铜来源于循环利用。而在中国，这一数字仅有 5%，因为铜首先应被用于新基础设施的修建，而对其进行循环利用尚未在考虑之列。我们将在第 4 章中看到，庞大的基础设施建设会给高效率利用资源的企业创造巨大的商机。

在修建完基础设施之后，城市里新的中产阶级们都将开车上班、冬天有暖气、夏天有冷气、每周都能享用大鱼大肉、用干净的水在家洗衣服，然后看着平板电视，躺在沙发上边吃微波快餐边玩智能手机。这些人将会驾驶数亿辆汽车，每年消费数十亿公升的汽油和柴油。

对能源、水和蛋白质的这种新需求将会创造巨大的经济动力，推动数代的经济增长（见图 1-1）。但这种增长也会面临缩水，因为自然资源终会过度紧张，且紧张的程度远超第一次和第二次工业革命。

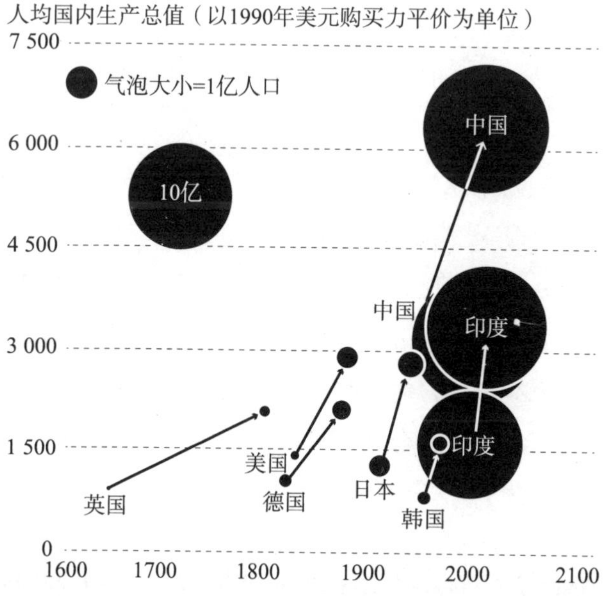


**图 1-1　中产阶级的加速扩张**

**RESOURCE REVOLUTION 数解资源革命**

第一次工业革命源于蒸汽机的发明，开始于18世纪末期，一直持续到19世纪中期。在这次工业革命中，全球13%的人口（西欧）被工业化。在第二次工业革命中，全球16%的人口首次经历工业化进程（美国、加拿大、澳大利亚、俄罗斯和日本）。这一次，全球将有37%的人口首次经历工业化（主要在中国、印度以及亚洲和南美洲的其他国家与地区）。第一次工业革命让近1.3亿人从中受益。这次，该数字将飙升至25亿，几乎达到了20倍之多。这也意味着资源的紧张程度将是此前的20倍。

但这一数字还只是起点。在第一次工业革命之前，中产阶级的日能源消耗主要是他们所食用的食物，人均大约是2 000卡路里。现在，中产阶级人均日能源消耗量超过了20万卡路里，其中包括开车要用的汽油、照明用的电能，还有取暖用的天然气，等等，其增幅达到了100倍。

计算一下看看：有20倍之多的人，每人需要100倍之多的能源和资源。只要聪明一点，就可以算出对世界资源的新需求是第一次工业革命的需求的2 000倍。

变革的速度也大幅加快。在第一次工业革命时，英国需要150年的时间才实现人均GDP翻番。美国在第二次工业革命中需要50年的时间才能实现人均GDP翻番。而中国的人均GDP在不到15年的时间里就已经翻番。

印度和中国的收入显著增加，在巴西、印度尼西亚和其他发展中国家也有类似的增长，这意味着对钢铁的需求预计到2030年将增加80%。对其他金属和建筑材料的需求也存在类似增长。对能源的需求将攀升1/3，这个增幅将超过欧美目前的能源总消耗量。

中产阶级的新成员们将额外消耗大量的水资源。人们洗澡的次数将会更多，其他个人用水量也将增加。如果家中有自来水，那么人们就无须再走上一里路去水井打水，所以他们的用水量也将大幅增加。

农业发展也将需要更多的水资源、土地和能源。世界上 1/3 的耕地已被用于种植农作物，其余多数也已被用于养殖牲畜，所以已经没有太多的扩大空间。资源的紧张程度将会加剧，因为收入的增加通常会相应地带来对蛋白质需求的快速增多，生产制造 1 公斤牛肉所需的水是制作 1 公斤米饭所需水量的 15 倍。生产 1 卡路里牛肉所需的能源是生产 1 卡路里玉米所需能源的 160 倍。动物蛋白质所需的土地资源是植物蛋白质的 6 倍，牛肉则达到了 18 倍多（见图 1-2）。所以，要满足新中产阶级对蛋白质越来越高的期望，要不就是大幅提高土地、水和能源的生产力，要不就是彻底地改变饮食习惯，不食用我们在收入增加之前享受不到的那些动物蛋白质。

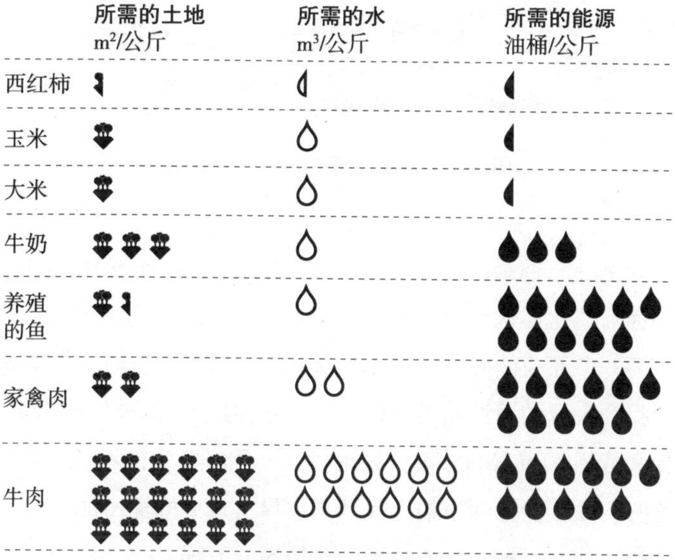


**图 1-2　食物中所含的土地、水和能源**

需求的激增让人望而却步，但就资源而言，这还只是问题的一部分。事实上，我们处于一种两难的局面。资源的发现和开采变得越来越困难，也因此越来越昂贵（见图 1-3）。能源的价格在过去 12 年里已经上升了 450%。

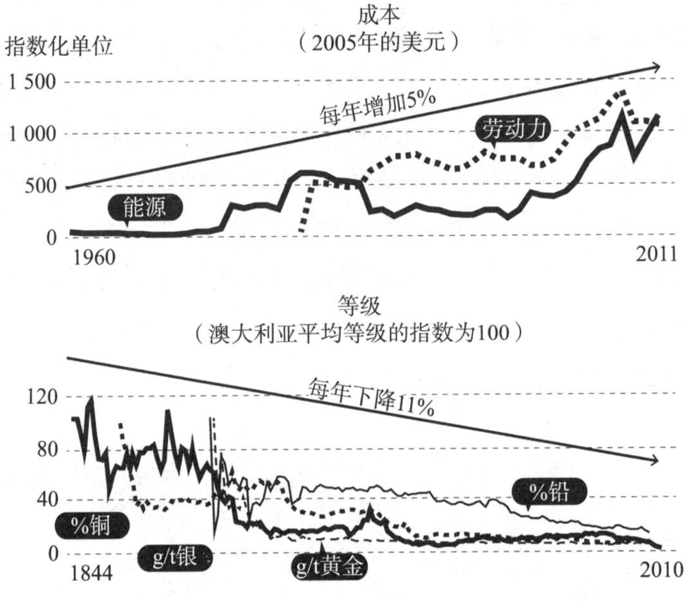


**图 1-3　储备的开采成本越来越高**

以石油为例。石油最初是从 19 世纪中期开始被用作燃料，当时石油可以说就在地表面。这也是为什么宾夕法尼亚州西北部的泰特斯维尔市在 1859 年有了世界上第一个商业油井。大量石油从地面渗透出来，商人们由此希望能在这块地表下找到大量的石油储备。第一口油井在地下 21 米处找到了石油储备。第二次世界大战后，中东的沙漠地区也找到了同样丰富的石油储备。1948 年，地面上渗透的石油让沙特阿拉伯人找到了世界上最大的油田加瓦尔（Ghawar）。该油田已经产油 650 亿桶，目前每天仍产油 500 万桶。

不过在接下来的 65 年里，石油的用途从煤油灯变为现代化交通系统中多数成员的燃料，钻孔机不得不往越来越深的地下开采，并且进入了更偏远的地区，因为容易开采的石油储备已被用光。我们不再是从地上舀起可以直接用来燃烧的石油，而是操作着庞大的海上钻机，从墨西哥湾地表以下 7 620 米处抽取石油，取用高压高温的石油储备。这在工程学上是一项伟大创举，但相比于泰特斯维尔市的原油井而言，不管是难度还是成本都要高出许多。我们不再是在人口集中的地区从地表数十米或数百米之下的地方钻取石油，而是要到北极去开采。在过去 10 年里，开采每个新油井的成本已经达到之前的 3 倍还多。

2007 年，巴西国家石油公司（Petrobras）宣布发现 30 年来最大的油田储备，但该油田位于大西洋，距离里约热内卢 289.7 千米（其规模仅是加瓦尔油田的 1/5）。巴西国家石油公司必须在海底以下数千米处钻孔，铺建管道，才能安全地将原油运到巴西的海岸线。仅仅是油田的建设工作就需要巴西国家石油公司投入 500 亿 ~1 000 亿美元。

石油面临的这种情况也同样发生在其他传统自然资源上：每年发现的资源量已经趋于稳定，而开采的费用却在大幅增加。在人们最初开始使用铜时，在地面就可以发现大块铜矿石。这些铜矿石的纯度达到了 95%。现在，在开采出的矿石中，铜通常只占到了 0.4% ~1%，而且纯度还在不断下降。铜的价格相当高昂，以至于小偷们会偷取输电线路，将外面的塑料胶套剥下来，然后卖掉里面的铜线。黄金的情况则更为极端。许多矿业公司迫切想要得到金矿石，因此会对老金矿过去当作废品的尾矿进行重新加工。（这也是一个将过去的废品变为新原材料的好例子。第 3 章中会有更多的示例。）

人们通常认为拥有淡水是天经地义的，或者说是理所当然的，但淡水这种自然资源也是有限的。美国的科罗拉多河和中国的黄河在流入大海之前通常会出现断流的现象，原因就在于人们过度地使用了这些河流里的水。在一些地区，因为含水层内的水资源被耗尽，人们必须打深井来取水。而在其他地区，人们则不得不采用高成本的海水淡化技术。新加坡的水供应中有 25% 来自于海水淡化，并且预计该数字到 2030 年将达到 80%。圣迭戈目前正在修建一个投资 10 亿美元的海水淡化工厂。

## 资源连动，挖东墙，西墙一起垮

除了各类资源出现的问题外，能源、食物和水之间的关联也越来越强。因此，一个地区的问题会扩散到另一个地区，从而导致依赖的破坏性循环。例如，乌干达曾在2004年和2005年长期遭受干旱，导致食品供应受到威胁。该国当时大量使用维多利亚湖的水，使得该湖的水面下降了整整一米。而且乌干达削减了该湖的水力发电量，导致电价几乎翻番，所以乌干达人开始更多地使用木材当作燃料。人们大量砍伐森林，土壤质量因而受损。干旱最开始只是威胁到了食物资源，后来又导致了电力问题，最终造成了更加严重的食物问题。这种恶性循环最终很可能会引发政治动荡，给整个社会带来灾难。

此外，污染也是一个巨大的挑战。本书只是一本商业书籍，不是讨论环境的专业著作，但当前的环境发展趋势确实令人担忧。工业发展已经导致中印两国城市的污染程度加剧，这种情况与伦敦和纽约在此前工业革命中经历过的情况类似。当前经济的飞速发展和污染的加剧会导致难以估量的社会成本，其中包括水道污染、空气呛人、因食品污染而带来大范围的饥荒或疾病以及全球变暖加剧。但全球越来越庞大的中产阶级队伍将会需要大量干净的空气、水和开放的空间。美国和欧洲根据需要建设了更好的经济体系。在这个体系中，干净的空气、洁净的水和整洁的城市推动了经济发展的速度。**同样，中国和印度的中产阶级也有权提出对不经济、高污染且造成大量浪费的工业进行改造和治理，这不会减缓经济发展的速度，反而可以推动经济的发展。**

种种发展趋势已经让人们产生了极大的顾虑，因此企业必须将关注重点放在提高生产力上，将此作为减少污染的核心途径。事实上，只要造成污染必须付出代价，企业马上就会找到低成本且高生产力的方法来大幅减少污染[①]。企

① 具体规定减少污染所必需的措施可能会耗费高昂的成本，并且带来意想不到的后果。但规定污染的价格通常能够以低成本创造显著的效果。预防臭氧损耗的《蒙特利尔议定书》(*Montreal Protocol*)就是一个很好的例子。新脱硫技术的使用帮助大家达到了煤厂硫排放标准，这个过程中所耗费的成本不及最初估计的合规成本的1/10。

业必须做好准备来迎接相应的法律法规的出台，例如政府对碳排放的定价，这将会是企业的创收途径，也是减少污染的方法。这些法律法规将改变整个游戏规则。破坏性的天气会给供应链带来麻烦，只要企业勇于面对破坏性天气将会越来越多的情况，就有机会通过提高资源生产力来减少风险。

托马斯·罗伯特·马尔萨斯（1766—1834），英国传教士、经济学家。在 1798 年著有《人口原理》（*An Essay on the Principle of Population*）一书

好消息就是，这个世界在此前也曾遇到过危机，但我们现在仍然生活在这个世界上。而且对于那些能够释放生产力、克服危机和大幅改善生活水平的创新者和企业家来说，每次危机和革命都会创造出巨大的机遇和财富。

这种好消息与坏消息对立的情形，在第一次和第二次工业革命之初也曾出现过。这种对立可以追溯到两位学者之间的世界观差异。他们中的一位是托马斯·马尔萨斯，还有一位是亚当·斯密。两人都曾在 18 世纪末期著书对经济进行探讨。

马尔萨斯提出，人口日渐增多的问题将会影响到整个世界，导致大范围的饥荒。斯密则指出，商人们能够快速适应这种情况，并进行创新，从而让生产力的增速超过消费的增度。马尔萨斯看到的是灾难，而斯密看到的是机遇。随着时间的流逝,在世界的不同地方曾爆发过饥荒和食物短缺的情况。尽管如此，但斯密始终是对的。在第一次和第二次工业革命进行的过程中，机遇超过了短缺。我们相信历史会重演，斯密的话将再次得到验证。

斯密的巨作《国富论》介绍了生产力的三大要素，分别是劳动力、资本和土地或自然资源。在此前的每次工业革命中，生产力的这三大要素都发生了改变，但其中总会有某一种要素的变化最为急剧。

第一次工业革命大幅改善了劳动生产力，工人们从田野转移到工厂。有了蒸汽机，工人们可以一人完成多人的工作量。自那以后，对劳动生产力的强调一直在持续。

在第二次工业革命中，人们对制造设施、摩天大楼、机器、公路和桥梁等进行了巨额投资。事实上，摩根大通（J. P. Morgan）等当时规模最大的银行已经开始为这些投资提供资金。如今，在100多年的改善之后，资本市场能够异常高效地分配资本。多数公司已经建立了高效的资本分配流程和工具，但凡出色的经理人都懂得如何计算当前净值和资本回报率。

截至目前尚未得到优化的是斯密理论中的第三大要素，也就是土地或自然资源。亚当·斯密著书的那个年代还是农业唱主角的时代，多数资源都直接来源于土地。我们现在再提到这个理论时，实际上已经对其进行了扩展，以更好地反映我们现在从土地中所获取的大量资源，这其中包括从土壤中获得的金属、矿物质、石油、天然气和煤炭等，以及现代农业所必需的食物和化肥；已经像财产所有权一样被编入法典的用水权；在特定区域的捕鱼权；很多城市中都有的居民空间所有权；甚至是倾倒和处理物料的权利。

从现代意义上来说，所有这些都是土地和自然资源。面对新中产阶级庞大的需求，第三次工业革命必须对自然资源加以聪明地使用。但鲜有经理人会针对所使用的能源、水或钢铁衡量和汇报它们的回报情况。他们也没有掌

苏格兰哲学家、经济学家亚当·斯密（1723—1790），其巨作《国富论》出版于1776年。右图为该书第一版的封面

握必要的分析工具，从而持续提高资源的生产力。即将到来的资源革命将会给21世纪现有的企业管理方式带来翻天覆地的变化。

工业革命是一次严峻的考验，它们将铸造可以称霸数十年的公司，但同时也会毁灭许多公司。第一次工业革命造就了大型纺纱工厂，同时也摧毁了制革业。在华尔街的金融业发展之前，下曼哈顿的大部分地区是围绕着制革业发展的。棉织品也让一人所积攒的巨额财富走到了尽头：约翰·雅各布·阿斯特（John Jacob Astor）曾通过在美国西部的毛皮贸易积攒了丰厚的家产，相当于现今的1 460亿美元。第一次工业革命也让我们拥有了19世纪标志性的纺织、船运和铁路公司，但将木材作为主要燃料的需求消失了。

第二次工业革命则摧毁了为灯提供灯油的捕鲸业，但为我们创造了通用电气、西门子、福特汽车和通用汽车等公司。这些公司代表着20世纪的发展。第二次工业革命也用道琼斯指数取代了铁路和电报公司，崛起的是化工、汽车和石油公司。在这两次工业革命中，数千家公司争相抢夺新时代的经济领导权，数百家公司在时代的变迁中破产，只有少数能够幸存下来，收获百年繁荣（见图1-4）。

这点同样适用于工人个体。许多观察家担心生产力的提高会导致长期出现失业问题。事实上，19世纪末期，在市场从以农业为主向以城市经济为主的方向进行转变的过程中，人们经历了数十年的艰辛和不满。无法跟上整体经济生产力变化步伐的个体举步维艰。这场庞大的经济转变所带来的社会巨变导致了严重的社会动荡。

后来，亨利·福特想到利用装配线大幅提高劳动生产力，同时也扩大了新汽车的中产阶级市场。唯有到这时，市场才开始形成社会契约，使得第二次工业革命得以持续。本书并不是为了探讨社会发展的历史，所以不会充分地分析资源革命所带来的社会挑战。

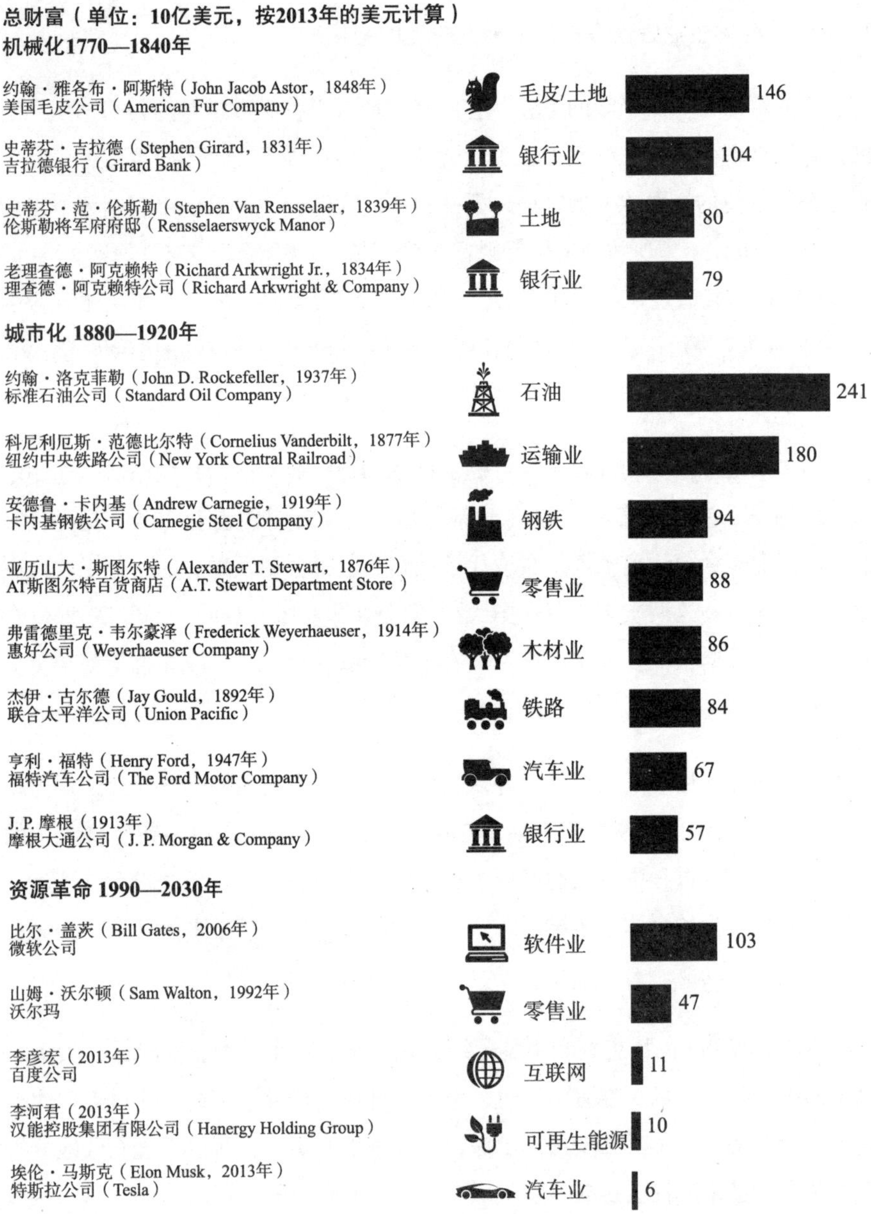


图 1-4 工业革命中的财富创造

**RESOURCE REVOLUTION**
**资源革命洞察**

从 3D 打印机到分布式太阳能、通过 iPhone 进行控制，再到页岩油气创新等，下一轮创新的单位资本成本将会低很多，而且对更多的个体而言也更容易接受，因此从长远来看，可以加速个体生产力的提高。

我们正在远离一个大企业或政府的资产负债表必须为发电、生产制造和交通提供资金支持的时代。专业化的公司和个体创业者将能越来越多地将信息技术、工业技术和个人的真知灼见综合起来，创造 Airbnb 和 Zipcar 这类新商业模式。这种发展趋势将允许美国和越来越多的新兴经济体内的更多人参与到生产力的革命中来。事实上，在这些创新中，许多都是由那些传统的集中式电网或交通基础设施尚未建立起来的地方开辟的。

适应变革也非易事。开发改变游戏规则的技术需要时间。技术的发展方向难以预料，而且这种发展可能会时断时续，所以很难把握时机。适应变革也需要新的管理技巧，尤其是系统整合能力，甚至需要新的基础设施。（在第一次工业革命之前并不存在工厂，而且在第二次工业革命之前，所成立的公司几乎与现在的公司截然不同。）市场领导者通常忙于维护自己的既有市场，而不是去开拓新市场，结果就是等新竞争对手到来后自己被挤到一边。

对此前两次工业革命的回顾，将有助于我们理解这次工业革命中有哪些东西正蓄势待发。

## 第一次工业革命，来自午后散步的灵光一闪

18 世纪，欧洲前景黯淡。人口增长速度大幅加快，以至于马尔萨斯发表

了自己悲观的预测。乔纳森·斯威夫特（Jonathan Swift）撰写了自己的讽刺文章《一个温和的建议》（*A Modest Proposal*），文中称贫困的孩子们也许应该给富人们当食物，因为反正孩子们也会被饿死，而富人们应该有东西吃。畜力相当短缺，以至于欧洲黑市里的 1 400 万匹马和 2 400 万头公牛让偷马贼和马匹销赃人在英国形成了自己的社会阶层。

1765 年 5 月的一个周日的下午，在格拉斯哥绿园（Glasgow Green）散步时，詹姆斯·瓦特想到了如何能大幅提高蒸汽机的生产力。他的想法改变了整个世界的发展道路。

瓦特对蒸汽机的改动从表面来看相当简单。他当时一直在针对纽科门引擎（Newcomen engine）进行思考。这台引擎隶属于格拉斯哥大学（University of Glasgow），瓦特在那里负责修理天文仪器。纽科门引擎通过加热获得蒸汽以推动活塞，然后注入冷水让蒸汽冷凝，活塞由此回到自己原来的位置，再开始下一轮冲程。在蒸汽冷凝后，活塞和汽缸都会冷却下来。引擎在每个冲程里对它们再次加热，也会将水重新加热。这种设计相当低效，而且自从发明以来的 50 余年里几乎没有过任何改变。在散步途中，瓦特想到了如何在活塞的每个冲程结束时排出蒸汽，这样新冲程开始时就无须冷却活塞和汽缸。

油画：年轻的詹姆斯·瓦特（1736—1819）正在制作蒸汽机原型

瓦特对蒸汽机所做的改变虽小，却相当有效。只要煤炭的供应能够持续，蒸汽机便可以产生大量的动力，并因此可以经济地工作数日、数周和数月。在瓦特散步的这个时间点里，整个英国仅有 75 台蒸汽机在运行着。瓦特的新引擎很快就在英国传播开来，推动制造业的生产力急剧提高。这次革命就是广为人知的第一次工业革命。它从英国向美国和欧洲大陆传播着，生产力因此提高了 10 倍，重塑了全球经济，创造了数不清的财富，并且重新定义了商业的核心基础。

第一次工业革命让许多人不再依赖水车、木材、动物和其他传统的能源形式。远离河岸的城市里也有了平价的动力。到 1870 年，人们纷纷使用化石燃料获得动力，超过了对畜力和水力的使用。瓦特的蒸汽机带来了充足的新动力源，同时也让英国能够首次大量开采地下水位以下的煤炭。矿业、制造业、运输业和农业的增长速度都在加快，生产力也大幅提高。例如在 1790 年，一位农场工人凭借镰刀每天可以收割大概 0.1 公顷地，然后必须手工脱粒。到 1890 年，有了脱粒机，一个人就可以收割 4 公顷地。工资也开始急剧上涨，因为对设备的投资让工人们有了相当高的生产力。在接下来的 200 年里，工资的上涨让发达国家的许多人脱离了贫困，摆脱了饥荒。

瓦特的蒸汽机也带来了一种新的商业模式，即有限责任公司。这种商业模式专门为配置蒸汽机及其衍生品提供必需的资金支持。本地的行业协会和封建的土地转让都给有限责任公司让路，后者成为经济增长的主要动力。

瓦特的蒸汽机革命并不是一直都进展顺利。一场革命中的时机相当巧妙。瓦特花了 10 余年的时间才完善了自己的设计[①]。新的引擎需要高质量的铁，因为汽缸一直处于压力之下，但此类铁并非一开始就存在。直到美国独立战争的爆发，大炮制造商在增强军备时才发明了这种铁。即使有了更高质量的铁，早期的金属加工技术也不能始终保证汽缸和活塞之间能够精确地匹配起来，而且锅炉太容易爆炸，为此瓦特不能让内部压力超过标准气压。

① 瓦特不得不放弃自己 2/3 的业务以换取必要的资本，而且即使在当时，为了养家糊口，他还必须担任测量员和土木工程师长达 8 年之久。瓦特的合作伙伴马修·博尔顿（Matthew Boulton）放弃了过半所持股份以进行这项新技术的商业化工作。两人的专利战打了数十年。瓦特在很久之后才变得富有。

改善蒸汽机所带来的好处一直到系统整合技术得到应用之后才显现出来。系统整合技术让引擎可以与生产的方方面面相吻合——仅仅给水车增加一台蒸汽机并不够。所以直到19世纪30年代，人们才全面感受到蒸汽机的影响力，这发生在瓦特于83岁辞世的10多年后。

在革命真正开始之后，需求大幅提高，从而带来了铁、棉花、煤炭和铜等商品价格长达30年的飙升。燃料和照明价格的飙升幅度至少是原来的5倍。

尽管第一次工业革命推动了工业的建立和财富的创造，但也有大量的行业成为了牺牲品。纺织行业协会根本无法与高效的新工厂进行竞争。帆船给蒸汽船让路。水力磨坊曾经垄断了村庄的面粉生产，但现在也大规模地被以蒸汽为动力的面粉生产商所取代。卢德派坚决反对这些生产力更高的新机器，查尔斯·狄更斯（Charles Dickens）曾写过文章描述传统方式被取代所带来的痛苦，但推动这次工业革命的经济和社会效益势不可挡——人们的寿命得到延长，饥荒减少，数百万人获得了更多的财富。

尽管第一次工业革命给相对较差的技术和没有做好准备的企业造成了巨大的伤害，但它也让一些巨头崛起，其中最重要的莫过于理查德·阿克赖特的纺织王国。阿克赖特于1732年出生于英格兰西北部的一个裁缝家庭，在13个孩子中排行最末。阿克赖特从未上过学。在给理发师担任学徒的过程中，他发明了一种可用于男性假发的防水燃料，并获得了专利。他因此赚到了足够多的钱，并自立门户。

瓦特蒸汽机剖面图，这台机器宣告了第一次工业革命的开始

在自己创业后，阿克赖特解决了当时一项重大的工业问题，也就是如何高效地将棉花纺成棉线。棉花首先必须去除种子、外壳和杂质；然后进

行梳棉，也就是将小棉束梳理为单纤维状态，使纤维平行伸直。最后，短纤维必须纺成棉线。历史上，最后的纺线工序需要大量女性守在手纺车前。18 世纪 70 年代，阿克赖特和其他人率先想到一种让梳棉更为高效的专利方法。此后，他将自己的关注点放在了更为错综复杂的纺纱问题上[①]。最终，阿克赖特获得了纺纱机的专利。这种复杂的设备使用精确加权过的轮子系统，每个轮子都比前一个轮子转得快，从而可以抓取棉纤维，将它们拉直，然后合成棉线。尽管其他人也曾尝试过类似的设备，但阿克赖特第一个找到了轮子之间的正确距离。如果轮子之间的距离太近，那么以不同速度旋转的轮子会同时抓取棉纤维，从而将它们扯得乱七八糟。如果轮子之间的距离太远，那么就没有轮子可以抓取住棉纤维，结果就是过多的纤维处于松散状态，棉线就会卷曲不成型。阿克赖特的设计相当正确合理，所以他的这一方法目前仍然是棉花纺纱的基础。

版画：理查德·阿克赖特（1732—1792）与他的纺纱机，纺纱机可以将棉花纺成棉线

最初，阿克赖特设计的纺纱机是由 2~3 匹马绕圈来提供动力。后来瓦特发明了蒸汽机，阿克赖特就将蒸汽机并入了自己的系统。有了他的设计，3 万多名工人在其工厂里辛苦地纺纱。那些局限于手纺车而没有看到发展方向的人则被挤出了这个行业。阿克赖特积攒了大量的财富，甚至仅凭一己之力就可以偿还当时英国整个国家的债务。

① 直到 1793 年，伊莱·惠特尼（Eli Whitney）发明了轧棉机，人们才找到整理棉花的更好方法。

在设计和经营自己工厂的过程中，阿克赖特作出了一生中最恒久也最具革命性的贡献。他发明了现代化的工厂。阿克赖特制订了非常系统化的工作方法和组织架构，摆脱了1 000年来一直使用的在家工作的计件工作方法①。

在与工厂标准化的工作制度综合在一起后，众多新技术（包括蒸汽机和阿克赖特的纺纱机）使得产量暴涨，且整个流程的规模还可以加以扩大。单单一种技术（例如梳棉）就可以让产量有所增加，若再将该技术与纺纱、一位职业主管人员、直驱式蒸汽动力和市场等综合起来，就会带来“巨大的变化”。除了标准化的计件工作外，多班制加上有大量机器的大型工厂，开始给产量和生产力带来了数量级的变化。在协会管理的时代，技术工人的数量有限，这点限制了发展：学徒通常要学习5~7年的时间。但工厂只要不到一年就可以建立起来，而且新工人的培训时间不再需要数年，短短几周就可以完成。

**RESOURCE REVOLUTION 资源革命洞察**

阿克赖特和瓦特让我们看到，革命都是棘手的，需要坚持不懈和灵活敏捷。包括新的管理技巧在内，全新的思维方式才是通往胜利之路。非同一般的机遇并不一定就会属于既有的企业。在阶级意识盛行的18世纪的英国，带来第一次工业革命的这两人只不过是修理工和理发师的学徒而已。

① 从许多方面来看，阿克赖特是工业时代典型的财阀。他最初雇用只有7岁的儿童工作。他在退休时提高了工人的最低年龄限制，但也只提高到10岁。他雇用整个家庭进行工作，其中许多人在他在工厂磨坊修建的小木屋里生活。他同意每年可以休假一周，但条件是休假时不得离开村庄。阿克赖特甚至看上去也颇像财阀。据称他体型肥硕，双下巴，而且皮肤苍白。此外，他还有一个高挺的大红鼻子。至少这是他在找人画的画像中的样子。但阿克赖特也有好的一面。他的确建立了一所学校，为在自己工厂工作的孩子们提供教育。晚年，他还在这所学校里授课。

## 太多人挤进都市，挤出了第二次工业革命

到 19 世纪末期，第一次工业革命已经改变了欧洲和美国。城市围绕着工厂发展起来，数百万人离开了农场。工业化的力量相当强大，但城市化的步伐却带来了一个烂摊子。

城市里到处都是旧式公寓楼。因为饮用水污染，再加上下水道系统不完善，导致了传染病蔓延，人们年纪轻轻就生病死亡。工厂的污染让城市笼罩在雾霾之中，壁炉、提灯，还有蜡烛的烟让各家各户都处于一种潜在（而且常常有害）的危险中。人口激增，而食品的生产又没有跟上，这导致许多人再次预言饥荒会蔓延开来。冒着热气的马粪在街角越堆越高，伦敦的《泰晤士报》预计到 1950 年，这些马粪就能将整座城市埋在 2.7 米之下。

这次，单单在城市的绿地上散散步并不能找到解决方案。第二次工业革命几乎直接源于电、水和钢铁的普及，但它带来的现代城市和交通网络的一系列发明也是必不可少的。

**RESOURCE REVOLUTION 数解资源革命**

事实上，这次革命让城市变得极其庞大，人口更为密集，其结果让之后的多数观察家们也为之惊叹。1860 年，纽约市仅有 80 万余人，美国仅有两个城市的人口过 50 万，而费城是另一个。到 1925 年，纽约已经取代伦敦成为世界最大的城市，居民达到了 750 万人。

但在席卷城市的基础设施变化中，人口增长只是其一。作为建筑材料的木头曾经在 1835 年和 1845 年导致大火，可到了 19 世纪末期，建筑材料已经从木头更换为低成本高强度的钢铁。这种转变使得建筑越建越高，突破

纽约市 1850 年（左图）到 2013 年（右图）的基础设施变迁

了使用木头和石头作为建筑材料时的 4~5 层楼。钢铁也允许人们开发出用于机器上的低摩擦轴承，使得火车在铁轨上运行时的滚动阻力更小，而人们在此之前只能搭乘木制车在马路上颠簸。这些效率的提高大幅降低了交通成本。1890 年，搭乘马车的交通运输成本为每吨每公里 15.3 美分，而铁路的交通运输成本只有每吨每公里 0.55 美分，只是原来的 1/28。纽约市到芝加哥的运输时间从 6 周缩短到 2 天，商品流动的速度也大大加快。污水被收集起来，下水管道也被埋在了地下。淡水被引入城市中（就纽约市而言，其淡水来源于阿迪朗达克山脉北部）。所有建筑都有了自来水，危险的化粪池也被填埋。

照明工具也从木材、煤油和蜡烛改为电灯，这样更为安全，而且人们的工作时间也得以延长数小时。有了电，也就有了家用电器、空调和电梯，让平民百姓家也能使用大量电力。电也带来了装配线的发明。当时，亨利·福特在底特律爱迪生公司（Detroit Edison）为托马斯·爱迪生（Thomas Edison）工作，利用电能驱动生产线。

低成本石油和内燃机的发展让城市不再受困于马粪之中，后来也促进了郊区社区的发展壮大。石油的高能量密度允许卡车将商品运输到很远的地方，从而解除了商业依赖于铁路线的束缚。

这些技术变化本身就让人瞠目结舌。此外，第二次工业革命也给管理原则、企业实体和资本形式带来了巨大变化，永久地改变了人员、政府和公司之间的力量平衡。

第二次工业革命创造了托拉斯、第一批国家级企业以及后来的跨国企业和股份银行。在美国各地铺设铁轨、修建摩天大厦、建设地铁系统或搭建大型工厂所必需的投资规模已经远远不是家族企业所能独立承担的。这些投资要求股东们共同出资，而且要有能力通过公司债券筹集资金。全球的商品贸易和运输对保函也提出了要求。在一些情况下（例如铁路行业），最初的发展同样也仰仗于政府的拨地和贷款。铁路修建者们从国会得到了0.5亿公顷的土地，几乎达到通过《宅地法》(*Homestead Act*) 所拨土地的面积的一半。到1856年，在美国最大的500家公司中，铁路公司占了341家，尽管其中1/4以上的公司到1893年时都已经倒闭。这也证实了这段时期内基础设施的变化速度有多么快[①]。

随着城市的发展，公司也在飞速地扩张。到1900年，美国钢铁公司（U. S. Steel）成为第一家营收达10亿美元的企业。随着奥的斯电梯公司（Otis）在全美各地收购其他电梯公司，它也成为第一批被允许跨州经营的公司之一。标准石油公司、卡内基钢铁公司和其他企业托拉斯都紧随其后，成为在全美范围内经营的市场领导者。

随着公司规模越来越大，它们需要采取正式且科学的管理方法。会计准则由此诞生。弗雷德里克·泰勒（Frederick Taylor）进行了著名的时间动作研究（time-and-motion studies），对制造流程进行了优化。阿尔弗雷德·斯隆（Alfred Sloan）制定了经营多业务的大型企业的管理原则，从而可以管理如通用汽车这般庞大的公司。产品研发首次成为公司的关注重点，因为公司现在可以超越个体的能力。控股公司出现了。从广义上来说，第二次工业革命及其创造的庞大的资本密集型企业带来了定义现代企业的指挥控制架构。

1850—1920年间确立的不仅有那些著名的美国跨国公司，同时还有“业务”的概念和美国创业模式。（我们将在第7章和第8章中提出，第三次工业革命将会创造类似的一波新业务流程、架构和市场机制。）

采用新管理方法的公司获得了繁荣发展。西门子在19世纪中期还只是一家电报公司，后发展成为电气设备的主要制造者。IBM公司选择了一种曾被用于控制织布机的技术，并使得这门技术成为企业制表机的基础，该公司后来

① 鉴于当时金融业和基础设施之间有着密切的联系，也就不奇怪为什么部分公司既是铁路公司，同时也是银行了。这个现象与日本明治维新之后工业化繁荣发展期间的企业集团有所不同。当时日本的企业集团下均包括了银行、钢铁公司和化工公司。

发展成为一个计算机帝国。大型钢铁公司涌现。通用汽车和福特汽车也逐渐发展壮大起来。通用电气公司（最初名为爱迪生通用电气公司 [Edison General Electric]）也在冉冉升起。

20 世纪初期，弗里茨·哈伯（Fritz Haber）和卡尔·博施（Carl Bosch）再次找到了一种化解人们对饥饿的恐惧的方法，同时也为一家行业巨头的成立奠定了基础。在第一次工业革命之前，马尔萨斯和其他人都曾表达过对饥饿的这种恐惧心理，而这种担忧再次出现了，但哈伯法（Haber-Bosch process）可以大量生产制造合成肥料。在此之前，各个国家都在拼命搜寻天然肥料，智利、玻利维亚和秘鲁为了鸟粪进行了长达 5 年的战争。是的，就是为了鸟粪。

德国化学家卡尔·博施（1874—1940，图左）和弗里茨·哈伯（1864—1934，图右）：现代氮肥的发明者

哈伯法变得如此重要，因为它仅消耗了全球 1% 的电力，就生产出了能养活全球 1/3 人口的肥料。农业产量大幅提高，使得我们生产的玉米不仅可以供

人类自己食用，还可以用来养殖大量的鸡、猪和牛，让中产阶级可以定期吃得到肉。哈伯法同时也可以生产高果糖玉米糖浆，让食品更甜，味道更美（同时也让人们的腰身更粗）。我们体内的半数蛋白质中所含有的氮都来源于通过哈柏法所制造的肥料。哈伯和博施效力的巴斯夫公司（BASF）取得了极大的成功，目前仍然是全球最大的化工公司①。

同第一次工业革命中的情形一样，大量公司被甩到了一边。安德鲁·卡内基让数百家钢铁公司破产倒闭。亨利·福特利用巨额资本和电网建立了机械化的装配线，让数百家汽车公司从此在市场中消失。现如今，令人惊奇不已的是，当技术成熟且规模变得更为重要之时，全球300家太阳能公司中的多数都已破产倒闭。因为我们似乎忘了在全球的汽车公司中，多数在早前也已经破产倒闭。在20世纪的前10年里，1 800余家美国汽车公司被缩减到只剩下3家。当哈伯和博施提供了更加丰富的氮资源来生产肥料时，曾经发起鸟粪战的公司们也失去了发动战争的动力。鸟粪的主产国智利丧失了经济发展的动力，由此进入了经济萧条期。

和第一次工业革命一样，收入的广泛增加也带来了消费的激增，资源由此变得紧张起来。1890—1920年间又经历了一次长达30年的商品价格上涨。这一次，能源和石油的价格的上涨幅度超过了5倍多，金属价格更是翻番。食品价格上涨了50%。大型的颠覆也同样存在。对稀有金属的竞争（这次是钻石和黄金）导致了1868年在南非爆发的第一次布尔战争（First Boer War），然

① 这一路上也存在让人讨厌的曲折。在第一次世界大战期间，哈伯为德国出力，成为化学武器之父，并且亲自指导这些化学武器在战场上的使用。他的第一任夫人也是一名化学家。哈伯的行为让她甚感羞耻，并为此选择了自杀。数年后，他们的儿子也因为羞耻感而自杀身亡。哈伯后来拒绝为纳粹分子提供帮助，并在1933年逃离了德国。博施对纳粹分子进行直言不讳的批评。在纳粹党巩固了自己的权力后，博施开始酗酒，并在1940年过世，时年65岁。1925年，巴斯夫公司与拜耳公司（Bayer）、赫斯特公司（Hoechst）和其他三家公司合并，成立了IG法本公司（IG Farben），该公司后来被纳粹党强征。此外，该公司制造了在集中营中使用的毒气。陶氏化学和杜邦公司使用巴斯夫公司的专利研究开发炸药和燃烧弹。这些炸药和燃烧弹被用来进攻东京，造成了历史上破坏性最强的一次空袭。战后，同盟国对IG法本公司进行了清算，巴斯夫公司以单独的公司进行重建。在此之前，该公司24名董事中有13名被判入狱1~8年的时间不等。

后是 1886 年的第二次布尔战争。1898 年，美西战争爆发，目标是争夺古巴的制糖业。在中美洲爆发的“香蕉战争”旨在保护联合果品公司（United Fruit Company，即现在的奇基塔公司 [Chiquita Brands]）的农业利益。

这一次，消极预测再次被科技和管理原则的创新所打败。这一次没有饥荒，没有低层老式公寓里冒着热气的一堆堆马粪，晚上也不再使用难闻的煤气灯才能获取昏暗的灯光。第二次工业革命给了我们一个现代化的世界。

城市化危机在很大程度上被化解，人们的寿命几乎翻番，而且教育和生活水平都得到了大幅的提升，其程度是 19 世纪 70 年代最富有的人都难以想象的。美国许多大型的大学、音乐厅和博物馆都是在这段时期创立的。

## 危机又来了，这次问题出在资源上

现在，我们又再次处于危机模式。

罗马俱乐部于 1972 年出版的《增长的极限》一书

自 20 世纪 70 年代初期开始，人们就不断发出警报。当时，罗马俱乐部在其报告《增长的极限》（*The Limits to Growth*）中再次提到马尔萨斯主义。这家全球智库由来自全世界的科学家、政治家和商界领袖人物组成。文章一开始就提到世界的资源有限这个前提，然后提出资源很快就会被用完。例如，石油只能用到 20 世纪 90 年代初。

凑巧的是，在《增长的极限》一书出版时，正值 1958 年发明的集成电路开始进入广泛的商业使用。到现在，标准个人电脑或智能手机内的计算机芯片上已经有了如此之多的晶体管，以至于制造商们早已停止去计算数量。英特尔的旗舰处理器现在拥有数十亿个晶体管。相比之下，在罗马俱乐部发布其可怕的预测之时，当时最先进的主流芯片上还只有几千个晶体管。当时罗马俱乐部预测，科技发展将呈线性增长，只有污染、人口和资源的使用会呈指数级增加。事实上，在过去 40 年里，计算机的力量是呈现指数级增长，而人口增长甚至连线性都算不上。当前，人们预计人口增长到 2050 年时将全面停止，到时的全球人口数大概会是 96 亿。发达国家的污染情况正在得到改善，尽管新兴国家的污染在加重。公司利用晶体管进行了众多创新，加上新的商业模式和监管方面的变化，这些已经让许多行业得以大幅提高自身的生产力和产量。自《增长的极限》一书出版后，食物产量已经是此前的 3 倍，而人口增长仅翻了一番。生产力的增长速度相当之快，以至于全球人均国内生产总值相比罗马俱乐部宣称世界末日即将到来之时已经翻了一番还多。

发明家杰克·基尔比（Jack Kilby，1923—2005）和第一代集成电路（放在玻璃罩内，左图），手持微芯片图形的发明家罗伯特·诺伊斯（Robert Noyce，1927—1990，右图）

但新兴中产阶级的需求已经变得如此庞大，使得商品价格的飙升已经进入第 12 个年头。石油和能源的价格自 1998 年以来已经攀升至原来的 5 倍。金属价格是此前的 3 倍，食品价格已经上涨 75%。自进入 21 世纪起，商品价格指数已经增长了近 150%。这些价格现在相比 1900 年的水平都已经增长了 50%（见图 1-5）。石油战、水源战以及食品战似乎是不可避免的。

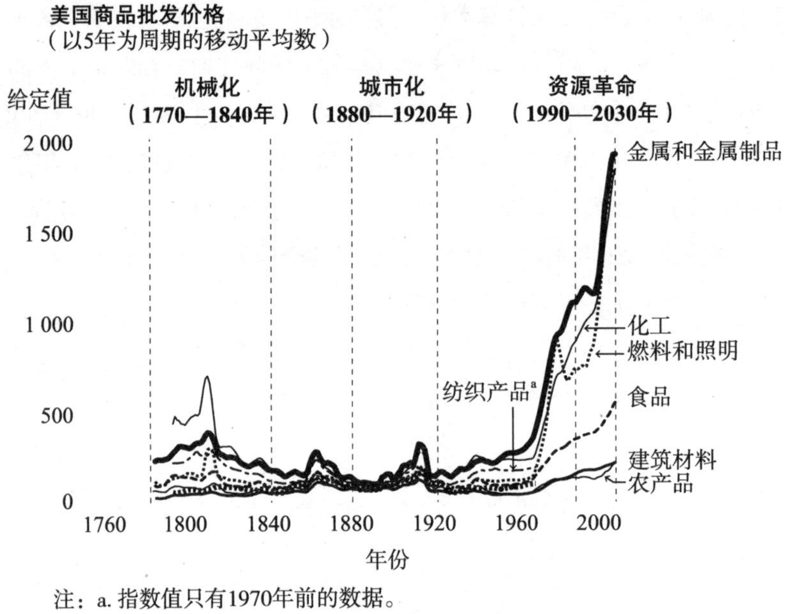


**图 1-5 工业革命期间的商品价格演变**

在近一个世纪里，剔除通货膨胀因素之后，资源的成本几乎保持稳定不变或略微有所下降。现在，资源的成本已经成为一种经济逆风。这种压力正在影响各行各业，而不仅是那些使用钢铁的建筑商、消耗大量电力的铝厂或者是对使用石油和天然气制造出的柴油和化肥依赖性很强的农业制造商。商品价格的快速膨胀就像是一种递减税，加大了收入差距，减缓了经济增长。而且尽管在早期的两次工业革命中，商品的价格激增在持续 30 年后就停止了，但如果不对当前的商品价格激增进行有效的处理，就可能会持续更长的时间。原因就在于中产阶级的队伍越来越庞大，由此带来了前所未有的需求。

即使看上去几乎不消耗资源的公司也必须着手采取不一样的运营方式。在谷歌公司，似乎消耗的能源只有用来编码的脑力。但事实上，整个 IT 行业早已在向排放量超过航空业的方向发展，因为在所有这些庞大的数据中心，服务器每年 365 天、每天 24 个小时不停地运转。在全球范围内，数据中心的能源消耗量约为30个核电厂的发电量。正如我们将在第4章中详细介绍的，在不久的将来，通过提供软件和服务帮助其他人解决资源越来越稀缺的问题中将蕴含巨大的商机。

## 更少的资源更多的产品，危机快速变商机

**RESOURCE REVOLUTION**
**资源革命洞察**

第三次工业革命的核心在于我们使用资源的方法。要想激发第三次工业革命，就必须对公司的运营方式进行重新思考，而且经理人必须快速适应变革，以抓住面前这百年难遇的机会。瓦特的蒸汽机和其他科技曾经让生产力增长了10倍，这轮工业革命也必须解决自然资源的生产力问题，并借此创造同样巨大的变化。

许多人怀疑我们是否有能力进行快速创新，从而赶上需求飙升的速度。例如，《华尔街日报》上一篇文章的标题是《为什么创新不能拯救我们》（*Why Innovation Won't Save Us*）。在这篇文章中，美国西北大学（Northwestern University）教授罗伯特·戈登（Robert Gordon）写道："证据显示，未来的经济增长最多只是历史增速的一半。"1891—2007年，经济的历史增速是2%。他说，几乎所有重要的发明创造都已经出现在大家面前。为此他警告说："过去的增幅让美国的生活标准每35年就可以翻一番。对未来的多数人来说，生活标准翻一番也许需要100年甚至更长的时间。"

但我们相信，未来这轮革命将会沿袭此前两次工业革命的崎岖道路。革命的种子早已播撒，而且已经在我们的四周冒出了嫩芽。正如威廉·吉布森

（William Gibson）所说的，未来就在这里，只是分布不均而已。

尽管有大量的公司会被淘汰，但这次革命也会创造下一批跨国巨头，而它们将主导可见的未来，同样主导未来的还有推动资源革命的那些反应敏捷的专家们。最后的赢家不仅会充分利用新兴技术，同时也能将这些新兴技术与管理创新综合起来，并沿袭头两次工业革命创造工厂、装配线和其他突破的传统道路。成功的公司根本不会被价格上涨和资源稀缺所打败，反而会抓住对高生产力的商品和服务的需求急剧增长这一机遇，从中获益，并且带领我们所有人进入一个繁荣昌盛的新时代。

我们面临的挑战可能是前所未有的，但简单来说，任何认为我们将陷入全球经济危机的想法都是对人类创造力的完全忽视。若是押注这种想法，绝对不会赢。

RESOURCE REVOLUTION How To Capture The Biggest Business Opportunity In a Century

## 本章小结

**蒸汽机带来的工业革命创造了大量商机，**提供了发财致富的机会，但同时也淘汰了那些没能跟上时代步伐的公司和产业。

**劳动力的大幅提升**同时也让资本所有者的力量得以增强，建立了有限责任公司。

**19 世纪末 20 世纪初的城市化和电气化**也创造了同样巨大的生产力提升的机遇。

**这些创新协助创立了百年来兴盛发展的跨国企业，**并且建立了为这些企业提供支持和资金的银行，让资本配置的效率得到大幅提升。

**两次工业革命都进行了数十年，**并且必须在制造业、冶金技术、管理系统和销售方法等方面有额外的创新，以确保企业的规模得以扩大。

**两次工业革命最初都带来了商品价格的飙升，**因为对钢铁、铜和食品等的需求超过了传统生产方式能保证的产量。但随着更新且生产力更高的自动化方法的出现，这两次革命最终都大幅提高了人们的福祉。

**我们现在面临第三次此类商品价格的飙升，**其推动因素在于城市的崛起和新兴市场内中产阶级数量的增多。

**我们相信资源生产力的巨大变化**不仅会让经济找到应对资源挑战的方法，同时也能带来创造财富和让顶级公司在未来数十年内巩固自身地位的新机遇。

RESOURCE
REVOLUTION

# 02

## 旧法新用

### 页岩气如何改变世界

◎ 米歇尔，从石头里挤出石油

◎ 老技术新用法，美国产油量跃升世界第一

◎ 善用现有科技，赚取双重收益

要想了解资源革命是如何展开的以及资源革命的影响力会有多么巨大，让我们先看看得克萨斯州石油商乔治·米歇尔（George Mitchell）的故事。20 世纪 80 年代初期，在当了数十年成功的盲目开采油井者和独立油气公司领导人后，米歇尔陷入了一种僵局。他在得克萨斯州的油井的天然气产量已经接近尾声，但他手上还有一份长期合同，要给一条通往芝加哥的输气管道提供天然气。所以，他需要更多的天然气。米歇尔知道，自己之前开采的油井内仍然有大量的天然气，在大量尚未开采的区域中也是如此。问题在于这些天然气位于页岩层内，而人们很早以前就已经认定开采页岩层中的天然气的成本过于高昂。

页岩层内存在着大量可加以开采的石油和天然气，它们就存储在岩层的无数小孔隙内。但勘探公司不能简单地直接让钻机开钻到页岩层，然后宣告胜利，并在接下来的数十年里从中抽取石油即可。他们必须让页岩一层一层地破裂，从而释放出天然气；还必须让石油和天然气能顺畅地流动，进而可以沿着管道来到地面。20 世纪 40 年代和 50 年代，人们设计了一套工艺，通过将泥浆注入页岩的裂缝中，让页岩爆炸，从而释放出天然气。但这套工艺的效率太过低下，因而被人们弃用。

只要米歇尔在靠近达拉斯——沃斯堡大都市区（一直延伸到机场下面）的地方钻孔，当钻头穿过巴耐特页岩（Barnett Shale）时，传感器就会报告显示里面有天然气存在。1981年，米歇尔决定对页岩层进行开采。他的工程师告诉他，这种想法太过疯狂。页岩层不会那么轻易地拱手让出自己的天然气。但米歇尔没有太多选择，直接作出了一个重大决定：他会找到使用水力压裂法的方法（见图2-1）。

当时的米歇尔60岁刚出头，差不多是许多人想着要退休的年龄，但他却刚刚迈上人生最重要的旅程。这段旅程彻底颠覆了能源行业的经济学，而且其影响力已经开始在全球各个国家和各行各业激起层层涟漪。他的旅程让我们看到了如何从解决某个供需问题出发，并最终创造资源革命。在这方面，他还有另外一个奇怪的盟友，我们将在本章结束时介绍这家名为Opower的初创企业。米歇尔找到了方法来解决自己在20世纪80年代和90年代遇到的问题，而对所有那些想将当今的资源危机变成机会的人来说，他们可以从米歇尔的方法中汲取宝贵的经验。

扫码关注“未来创客”，回复“资源革命”，一分钟视频了解新兴清洁能源页岩气！

## 米歇尔，从石头里挤出石油

乔治·米歇尔于1919年出生于得克萨斯州加尔维斯顿市，父母是希腊移民。他的父亲在希腊时曾经是一位牧羊人，在美国时靠给人擦鞋谋生。加尔维斯顿市当时是一座人口仅6万的小城市，但有优质的公立学校。米歇尔在校时的表现相当出色，他在15岁时高中毕业。某年的夏天，他和比自己年长10岁的哥哥约翰尼一起去路易斯安那州的油田工作，并且爱上了这个行业。米歇尔后来进入了得克萨斯农工大学（Texas A&M）学习石油工程学，主修地质学。大学期间，米歇尔做过许多份工作，其中包括给同学们裁剪制作衣服。后来，米歇尔以班级第一名的优异成绩毕业。

图 2-1 水力压裂法

**卡车用量**（根据卡车有效载重量计算，单程）
如果使用卡车运输水，则每座井必须由卡车运输 600~900 个单程，或者说在卡车来回运输总趟数中占到67%，这带来了噪声和污染问题。

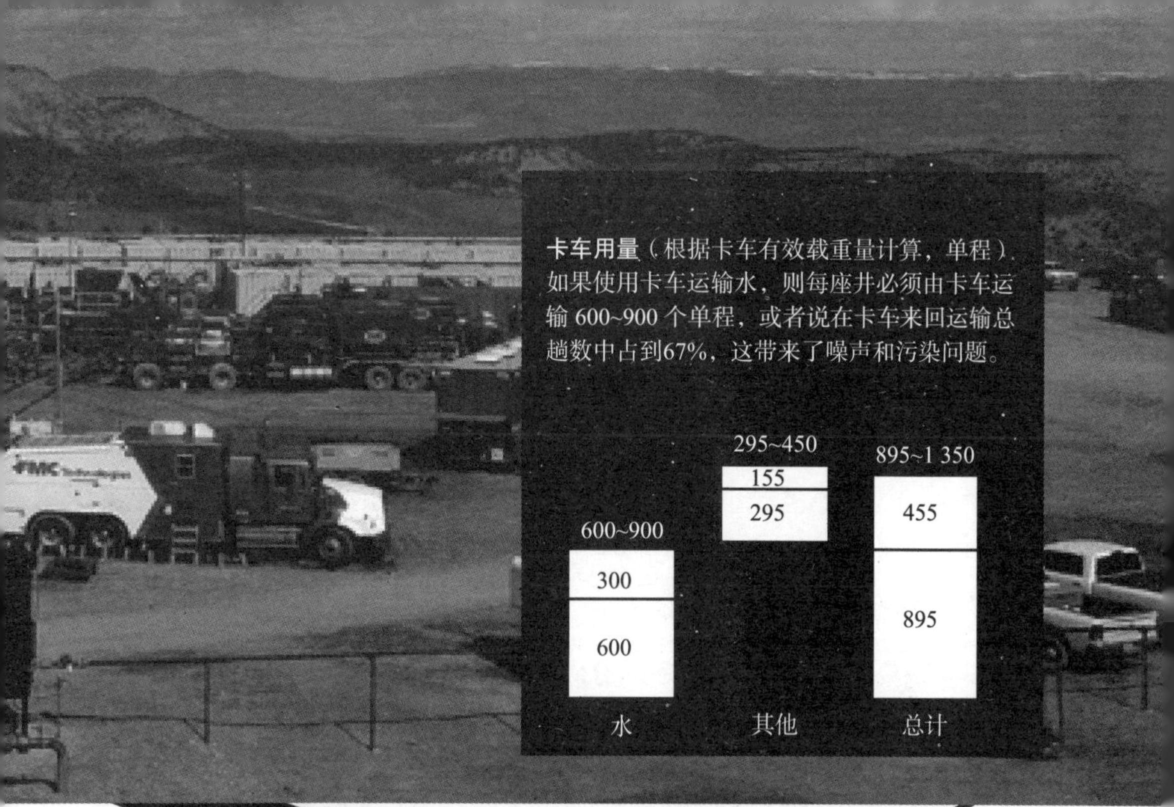


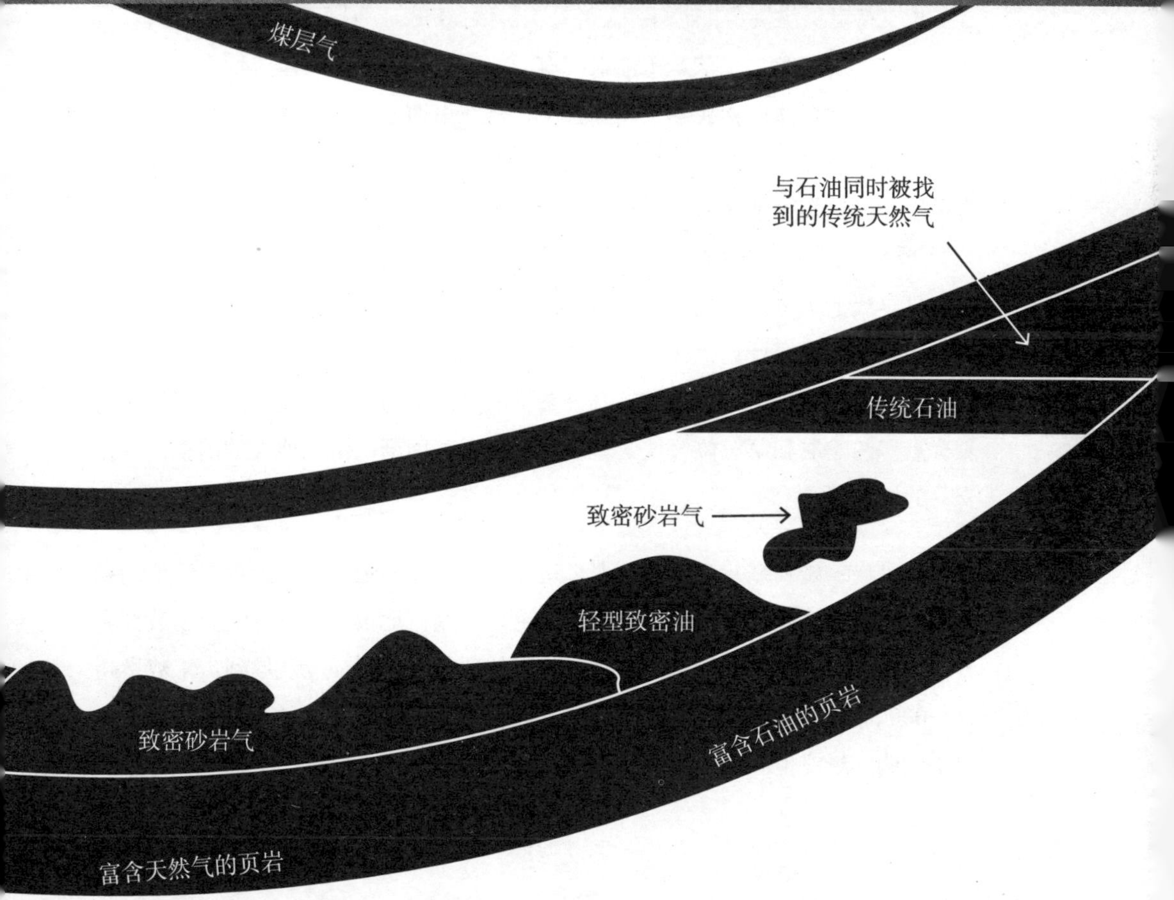

毕业后，他前往美国石油公司（Amoco，最初的印第安纳州标准石油公司，现在的公司名为英国石油公司 [BP]）工作，后在第二次世界大战爆发后应征入伍。军队很明智地让他留在美国国内。他在美国利用自己的工程技术协助设计用于存放军火的设施，开发出了生产枪管的新方法，并且设计了数十个飞机场。1944 年，约翰尼·米歇尔（Johnny Mitchell）正作为乔治·巴顿（George Patton）将军第三军团的一员在法国穿梭，而乔治·米歇尔则忙于同美国陆军工程兵团一起设计设备和方法，以便更快速地将石油和柴油运送给巴顿将军，从而保证其战备资源。

战后，米歇尔兄弟俩和一位合伙人联合成立了一家小型勘探公司。这场战争几乎消耗了所有可用的钢铁，因而严重抑制了石油开采的发展。人们对石油勘探业有极大的兴趣，只不过这种兴趣被钢铁产量抑制了。乔治·米歇尔找来了 6 位支持者提供资金，他们每人每月支付他 50 美元，从而使他能够养活自己，还有他的妻子和第一个孩子（他最终有 10 个孩子）。他和两位合伙人聘请了一位秘书，然后在休斯顿找了一间办公室，挤在里面办公。用他的话来说，那个办公室也就只比一个橱柜大那么一点点。他们没有钱购买地质报告，而地质报告可以帮助钻探工选择钻探目标。但米歇尔有一个朋友在一家编写此类报告的公司工作。他与朋友达成交易，可以在工作日结束时拿到那些报告阅读，然后在次日早晨上班之前立刻归还。为此他都在晚上阅读这些报告一直到深夜。米歇尔负责制订钻探计划，而约翰尼和另一位合伙人负责向财力支持者和其他潜在支持者介绍相关情况。他们的办公室下面是一个药房，那里是油气经纪人的聚会点。约翰尼和第三位合伙人就在药房柜台旁闲逛，留意他人的闲谈，寻找交易的机会。

如果连续碰到好几个枯井，那么这家羽翼未丰的企业就会夭折。但他们经常能在早期就找到石油。他们有着让人艳羡的勘探记录，同时也吸引了数百名其他投资者，争取到了资金进行越来越大的项目。公司一度发展到员工数量超过 2 000 人。在公司发展过程中，每每遇到经济低迷期，乔治·米歇尔便不断出手收购，最终他收购了所有投资人和合伙人（包括自己哥哥）的股份。

石油商与环境保护主义者之间难免存在冲突。但米歇尔在20世纪60年代便对生态问题相当关注，为此甚至为一位著名的研究人员提供资金。这位研究人员曾经在罗马俱乐部的《增长的极限》一书中有所贡献。尽管身处石油和天然气行业，但米歇尔一直支持对化石燃料征税。他同时也关心与种族和城市发展相关的问题。20世纪60年代，在访问了种族关系相当紧张的布鲁克林贝德福德-史蒂文森区（Bedford-Stuyvesant）和洛杉矶的瓦茨区（Watts）后，他决定尝试进行更好的城市开发模式。他在休斯敦附近购买了约200平方千米的土地，然后将其中一半开发成了高档郊区社区林地小区（Woodlands）。这个由设计大师设计的小区有9.5万名居民，还有众多企业园区，常常被人们视为重视环境责任的极佳典范。

水力压裂法的先驱乔治·米歇尔（1919—2013）1979年在自己的办公室内

1981年，米歇尔开始在巴耐特页岩上使用水力压裂法。此时，为了响应石油输出国组织（OPEC）在20世纪70年代提出的能源危机问题，美国联邦政府已经对页岩进行了大量研究。事实上，政府已经和行业展开合作，制作了美国多处页岩的详细地质图。石油行业在3D地震成像上开展了一系列工作，这些行业工作对于在页岩层钻井相当重要。美国能源部也在行业工作的基础上进行了进一步的研究。美国经济地质局已经提供图像，进一步显示了这些岩层的多孔状况。此外，联邦政府为非传统的石油天然气井提供税收抵免，从而激励相关实验。米歇尔的油井就享受到了这些优惠。

也就是说，所有的突破都应该归功于乔治·米歇尔。曾与米歇尔合作过的地质学家丹·斯图尔德（Dan Steward）表示："乔治一直在推动技术的发展。"人人都知道资源在哪里，但从经济角度来说没有人认为这些资源的开采是可行的。只有米歇尔找到了问题的解决方案。

## 老技术新用法，美国产油量跃升世界第一

米歇尔花了整整 18 年的时间才成功破解这个难题。在这一过程中，米歇尔的董事会开始对他产生怀疑。他花了近 10 亿美元来开发这项工艺，几乎等同于整个公司的净值。20 世纪 90 年代末期，天然气的价格开始走下坡路。这时，他认定自己需要更多的资本，于是试图将公司出售，但没有人愿意接手。这个行业对米歇尔完全无视，以至于在 90 年代末期，美国国家石油委员会一份关于天然气储备的报告中竟然对巴耐特页岩只字未提。石油行业、政府和学术界的杰出人士们在该研究报告中断定天然气正日渐短缺，尽管米歇尔早已着手将巴耐特页岩变成全球产量最高的油田之一。这片油田将为美国提供可持续使用数十年之久的天然气。

但他的同事们表示，尽管存在种种困难，米歇尔在工艺开发上相当自律。他系统性地对大量液体、化学物质和其他材料进行排列和尝试，从中寻找效果最佳的组合。一次，米歇尔的一位手下甚至建议将马粪注入页岩层中，毕竟他们已经将其他种种东西都尝试了个遍。

米歇尔在尝试了某种离经叛道的东西后，获得了新的突破。在油田累积的专业经验显示，水不能被注入油井中，因为页岩会吸收水，然后膨胀，结果会导致裂缝合拢，而不是快速大力地将裂缝涨开，促使岩石爆炸。但有条不紊的米歇尔却尝试了注水，他成功了。

2002 年，米歇尔将自己的公司作价 35 亿美元卖给了戴文能源公司（Devon Energy）。他本可以等待市场真正相信水力压裂法，但他已经年逾 80，觉得自己已经拥有够多的东西了。按照《福布斯》杂志的计算，他在 93 岁时的个人净资产达到了 16 亿美元，尽管他已经捐献了至少 1.5 亿美元给得克萨斯农工大学和其他组织。（米歇尔在 2013 年以 94 岁高龄过世。他已经签署了捐赠誓言，承诺不管是在世还是过世之后，都会将自身净资产的一半捐给慈善机构。）

戴文能源公司将这项技术提升到了一个新的层次。公司在水平井钻井方面拥有一定的专利技术。水平井钻井是指一直向下开钻直到地下上千米，然后让钻头的方向调转 90° 再继续开钻。戴文能源公司在使用水力压裂法时尝试从侧面进行，并发现这种方法比以往更胜一筹，甚至相比从当初被米歇尔视作无用的地质层中得到的结果来说，这种方法看上去更让人感到不可思议。从侧面钻探进入水平的页岩层，这种方法与垂直钻数个孔穿过页岩层相比更为高效。而且在使用传感器为操作杆操作员提供信息方面，戴文能源公司是这方面的专家。操作杆操作员会引导用于水力压裂的液体到达可以带来最大产量的开采点。

市场对这种工艺一直心存怀疑。2008 年，石油价格飙升至每桶 140 美元，天然气价格则高达每立方米 0.42 美元，均是这一代人所经历的最高点。石油天然气行业充满了起起落落，今天的成功并不意味着明天的繁荣。但米歇尔已经开启了一个秘密，这个秘密将改变整个市场的发展。能证明这点的证据终于让人无可辩驳。另外一些人开始在得克萨斯州的其他地方、路易斯安那州、俄克拉何马州、北达科他州；加拿大的不列颠哥伦比亚省、艾伯塔省以及“强大的马塞勒斯地区”（the mighty Marcellus）等地方的页岩层照搬了戴文能源公司的技术。“强大的马塞勒斯地区”是一块巨大的岩层，位于纽约州、宾夕法尼亚州、俄亥俄州和西弗吉尼亚州的地下（见图 2-2）。

RESOURCE REVOLUTION
数解资源革命

据行业数据预计，页岩气在美国天然气产量中所占的比例超过了 20%，相当于 2000 年时的 20 倍。而且该数字可能很快就将达到 46%。尽管许多人曾害怕石油会被用尽，但美国现在的储备似乎相当充足，可以至少持续使用 100 年。因此，美国天然气的价格自 2000 年起已经暴跌了超过 2/3。

通过利用同样的技术，非传统的“轻型致密油”产量也在高速增长，其增速甚至超过了页岩气。现在，美国轻型致密油的日产量超过 200 万桶，而且每个月的产量增幅达到 7.5 万桶 / 天。除此之外，每天的传统石油产量也有 600 万桶。美国目前很有可能超过沙特阿拉伯，成为 10 年里全球最大的石油生产国，而且自第二次世界大战以来，美国首次对外出口成品油。美国现在不再进口天然气，而是逐步达到每日出口 2.83 亿立方米，相当于每年价值约 150 亿美元。如果按照当前这种情况继续发展，美国在 2020 年后将无须再从北美之外的地区进口原油。这种非传统石油的增长将会改变全球贸易格局，几乎会消除横跨大西洋的能源贸易。因为美国贸易赤字 60% 来源于石油进口，所以，美国正在朝着大幅改善国家贸易平衡和能源安全性的道路发展。

这还仅仅是这段故事的第一部分。如果能源革命之火冲破美国，传播到全世界，那会带来什么样的影响？

许多公共事业机构修建的煤电厂已经有近 50 年的历史。面对廉价的天然气，众多煤电厂都陷入了困境，甚至一些比较陈旧的核电厂的运营和维护成本都已变得过高。改造的成本高昂，让这些机构难以以最快的速度转换到廉价的天然气。

对那些化工公司而言，它们的大量产品都要使用天然气和相关液体作为原材料。美国的公司有了廉价的天然气，也就立刻有了成本优势，可以与海外竞争对手抢夺市场。最近的一份研究发现，美国的天然气价格自 2008 年以来已经下跌 66%，而欧洲的价格同期上涨 35%。在化学工艺中仍然使用原油副产品的公司现在难以跟上那些使用天然气的公司的步伐。钢铁、玻璃和铝业等能源密集型制造商过去曾为了廉价的原材料和劳动力纷纷逃离美国，现在，他们也许会重新搬回北美，以充分利用平价的天然气和能源。

美国正在加以利用的地质层遍布全球，而且全球商品市场倾向于趋同，所以尽管美国不会永远占据优势，但它有巨大的先动优势，而这种优势完全可以持续一定的时间。其他国家通常规定土地所有者不得拥有地下的资源，其天然气配送基础设施相比美国也更少一些，而且在开发这些资源上所拥有的专有技术也不及美国，因而国外利用这种新能源资源要花费更多的时间。此外，在其他国家可以开始对自身资源启动水力压裂法前，相关专业技术肯定也会有所发展。

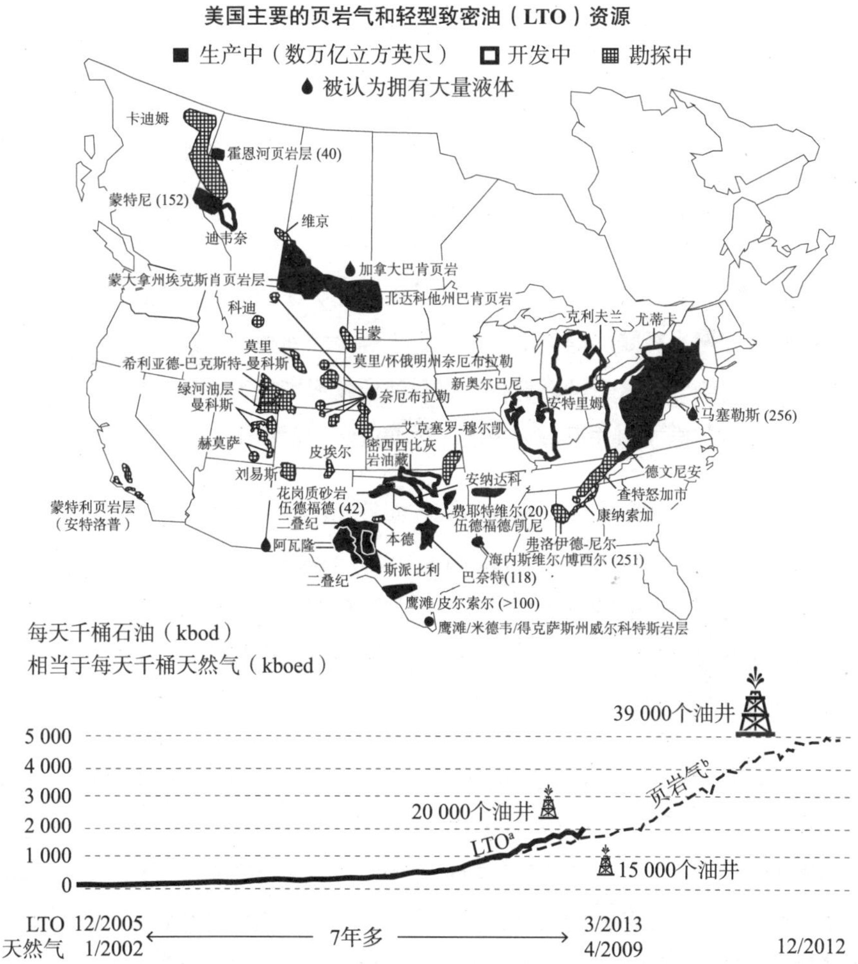


注：a. 巴肯页岩、鹰滩、花岗质砂岩、阿瓦隆、密西西比灰岩油藏、斯派比利、奥斯汀白垩层、博恩斯普林、奈厄布拉勒、蒙特利页岩层、伍德福德——只包括了轻型致密油；2000年1月后的油井产量（至2013年3月止）。

b. 巴肯页岩、鹰滩、费耶特维尔、海内斯维尔、马塞勒斯、伍德福德——只包括了页岩气（由于马塞勒斯的报告时间滞后，生产日期截至2012年12月）。

**图 2-2　美国非传统石油天然气储备**

环保界依然对此工艺心存担忧，这点也是可以理解的。一些人担心在该工艺中所使用的化学物质会污染水源。水力压裂法的使用地点通常要比地下水位低很多，所以中间会有超过 1.6 千米的不具渗透性的岩石可以将化学物质和我们使用的水源隔离开。因此只要小心操作，就可以避免此类问题。但其中仍然存在不确定性。许多人担心技术不过关和套管安装不到位会释放出大量的甲烷，导致环境污染加剧，进而加速全球变暖。事实上，如果操作质量较低的话，就无法很好地完成钻井工作。钻井和水处理操作不当可能会导致地震，不过能源公司会调整它们的钻井模式以避开当地的地震断层，从而减少地震发生的可能。在水力压裂法中使用的水量为每座井 1.89 万立方米。这种用水量也引起了人们的担忧，尤其是在中国、波兰和美国得克萨斯州的部分地区。因为这些地方的水资源相当短缺。即使不存在污染水资源的问题，一些环保主义者也认为水力压裂法会导致这个世界对化石燃料的依赖程度加大，天然气燃烧要比煤干净很多，但其排放物并没有太阳能、风能或水力那样干净。

但天然气的使用正在快速减少污染，而且相比当今其他可选能源而言更安全、更清洁，也更经济合算。此外，随着水力压裂法的不断创新，这项技术将会减少对土地的使用、必需的水量以及对空气的影响。能源公司早已经着手将井的用地量减少 90%。那些能开发出生产力高且无须用水的水力压裂法的公司，将会成为大赢家。

不管怎样，水力压裂法让我们看到了资源革命扔出的漂亮的曲线球——这不仅是因为水力压裂法将一个擦鞋的牧羊人移民的儿子变成了一位亿万富翁。这个行业的发展基于逐步的改变，但水力压裂法快速重新定义了化石燃料的开采和消费。这种改变起源于天然气开采公司，但正如我们所见到的，这种改变的影响力已经远远超过了那些参与资源开采的公司。

米歇尔的创新彰显了我们将在本书中探讨的一些核心原则。

**首先，他将关注重点放在了一个重大的机遇上——这些原则并不需要适用**

**于小机遇。他快速且重复地进行着创新**——所有公司都必须像硅谷的科技公司那样，朝着核心使命不断进行研究和开发。我们将在第 9 章中探讨这项挑战。

**其次，米歇尔和他的团队将软件、其他信息技术与传统工具整合起来，在生产力上实现了巨大的增长。**IT 和重工业的混合使用是资源革命的特点之一。我们将在第 4 章做进一步的探讨。

米歇尔和此后的戴文能源公司在借用科技技术上展现了杰出的才能。他们从视频游戏世界借来了传感器和操纵杆技术，并使用这些优化了石油钻探。如何借用技术将是第 7 章的主题。我们将介绍科锐公司（Cree）如何借用半导体的关键技术来协助改变照明领域。关键技术早已摆在那里——在米歇尔找到如何在页岩中使用水力压裂法之前的数十年里，水力压裂法早已经在那里，只是我们要懂得如何找到这些技术。

**再次，当能源价格达到有史以来的最高点时，米歇尔找到了更划算的替代品。**这一点具有重要意义，它很好地向我们证实了时机的重要性。在市场意识到其中蕴藏的巨大机遇之前，米歇尔和他的团队已经廉价收购了大面积的土地。而且米歇尔将公司交给戴文能源公司的管理团队时，正是他利用水力压裂法进行创新的能力衰退之时。在将水力压裂法提升到另一个层次的过程中，戴文能源公司的水平井钻井技术必不可少。

请注意，尽管米歇尔取得了突破，但戴文能源公司必须不断进行改造，确保工艺的可用性，并且在工艺中包括了页岩油和页岩气的提取，才能保持盈利。

RESOURCE REVOLUTION
资源革命洞察

在第三次工业革命中，快速的变革将会持续存在。剧变会时常发生，而且速度很快。公司只有不断地对核心使命进行再创造才能始终矗立潮头。

## 善用现有科技，赚取双重收益

如果这些目标看上去太过遥远，或者是太过专业，那么让我们再想想看。并非只有政府的政策制定者或工业巨头才能撬动地球。让我们看看另外一个例子。一对大学好友将目光放在了人们相当熟悉且每日都会遇到的问题上，借此打造了一个正处于萌芽阶段的企业。这个问题看上去似乎是不可能改变的，那就是人们忘记关灯的问题。

**资源革命发生在人们熟悉的两个领域：供和需。这两个领域都可能推动指数级的增长。**水力压裂法和水平井钻井利用科学技术将不可用的页岩层变成了宝贵的资源，加大了自然资源的供应。两位大学好友丹·叶慈（Dan Yates）和亚历克斯·拉斯基（Alex Laskey）创立的公司针对的是公式的另一头：资源需求。为了解决这个问题，他们的 Opower 公司利用了最新的云基础设施技术、大数据软件工具以及前沿的消费者心理学来说服顾客减少对资源的使用。

叶慈和拉斯基于 1995 年入读哈佛大学。在入学的第一天，两人在一次冰激凌社交活动上相识。当时正值互联网泡沫开始之时，而叶慈对互联网也是热情高涨。在完成计算机科学专业的本科学习后，他前往硅谷，正好赶上了互联网泡沫的破裂。但叶慈东山再起，与人联合创立了一家教育考试软件的设计公司，而且在 2003 年以 4 000 万美元的价格将该公司卖给了霍顿·米夫林（Houghton Mifflin）。他的银行账户里不再只有数百美元了，他现在已经衣食无忧。他和女朋友（现在已经是他的妻子）购买了一辆丰田 4Runner，并将它运到了阿拉斯加州的安克雷奇。他们将汽油桶放在车顶上用绳子捆住，然后花了一年的时间，沿着泛美高速公路驱车前往阿根廷的乌斯怀亚，通常就在路边宿营。一路上，叶慈和女朋友看到了种种生态受损的情况，这让他在回到家后倍感沮丧。

与此同时，在获得历史学学位之后，拉斯基参与到了对众多政治活动的管理中。“我当时非常善于夺得第二或第三的位置，”他笑着说，“但我总是得不到第一。”在决定寻找新的领域之后，他与叶慈再次相互联系。

两人都想做点什么来保护环境，所以他们盯着写满构想的白板，系统地考虑了各种可能性。他们甚至分析了使用聚酯薄膜大气球来捕捉太阳能板上的亮光的可能性。聚酯薄膜大气球从根本上来说就是更大版本的亮光闪闪的生日气球。最后，他们看到了亚利桑那州立大学（Arizona State University）一位教授的研究，该研究分析了如何激励人们减少用电量。这位教授会在圣迭戈市市民的门上张贴海报，鼓励人们在晚上使用风扇，而不是开空调。海报上的讯息并没有起到作用，但有一条例外。这条奏效的讯息就是：“你知道吗，你的邻居们多数都选择在晚上使用风扇。”

叶慈和拉斯基认为自己可以在这个点子的基础上更进一步，将人们的能源使用习惯与其邻居进行对比，借此鼓励人们减少用电量。他们最初的想法是成立一家非营利性组织来实现这个想法，但很快就在监管机构的力劝之下意识到公共事业机构会很高兴提供顾客数据供自己使用，而且乐于花钱来保护环境。他们汲取了资源革命早期的两条关键经验教训，创立了 Opower 公司。这两条重要的经验教训就是必须在重工业领域大量使用 IT 技术，以及必须探索新的商业模式。

他们的面前有一座高山需要攀爬。因为每度电的价格非常低廉，所以人们不会太在意自己的用电量。两人表示，人们每年只会花上大概 6 分钟来考虑自己的用电量，所以多数人想得更多的是流行歌手贾斯汀·比伯（Justin Bieber），而不是用电量。

但根据那位教授从行为经济学方面的分析以及对信息技术的运用，叶慈和拉斯基开始设计一种错综复杂的能源使用模型。他们不只看房子的大小，还会拿同一地区的同类房子进行对比。通过利用智能电表提供的每秒钟的信息，他们还可以推断出人们在特定房子里的生活情况以及白天家里是否有人。他们甚至可以在计算能源消耗情况时考虑到天气方面的变量。在综合所有信息之后，他们会提供一个复杂的排名，而公共事业机构可以在月账单中使用该报表，向消费者展示他们的用电量与类似环境下其他人的用电量的对比信息。而当顾客发现自己在邻居中排名第43位时，他们就会采取行动了。

Opower公司发现，自己可以通过可用数据向消费者提供反馈，并且就如何轻松节约能耗提供部分建议，而这些方法可以让消费者将用电量减少2%以上。相比于页岩气革命而言，这个项目的影响力也许听起来没有那么大，但全美范围内2%的减幅就可以减少对近130家发电厂的需求。从更大的范围来讲，Opower公司向我们展示了信息技术如何创造广泛的影响力，而在这个过程中所消耗的资源少到基本上可以被忽略。小小的干预也可以快速创造巨大的影响。

这个项目的推进也花了一定的时间。Opower公司很幸运，它于2007年进入市场，那时的天然气价格达到了几十年来的最高点，超过了每立方米0.28美元的大关，朝着0.42美元冲去。天然气价格的上涨导致全美的能源价格上涨，公共事业公司（它们的监管机构）被迫寻找新的方法来节约能源。

Opower公司很快就从部分监管机构和公共事业公司得到了积极的反馈意见，并且得到了风险资金的投资。但公司花了数年的时间才将反馈意见变成合同。为了能够让公司的覆盖范围同电网一样广，拉斯基动用了自己在政坛的部分人脉，在得克萨斯州争取到了州政府官员的听证会，尽管他们并没有期望得克萨斯州在里克·佩里（Rick Perry）州长的领导下会花很多时间在能源节约上。

叶慈和拉斯基应邀在州议会的委员会前作证。他们排队等了好几个小时，最后等到凌晨3点才轮到他们出场。不过在某项议案中，他们的意见被加以考虑。该议案最终帮助他们把得克萨斯州变成Opower公司一个巨大的市场。

RESOURCE REVOLUTION 数解资源革命

坚持带来了回报，Opower 公司从 2010 年起开始陆续在美国和欧洲争取到合同。Opower 公司现在向 1 000 余万个家庭汇报其用电情况，这还只是美国一个国家的数据。他们表示，公司已经激励了人们节约 20 亿度电，价值约 2.5 亿美元。公司的营收将达到 1 亿美元，并且仍在快速发展。

Opower 并不制作硬件，或者向能源消费者推销该硬件。他们的商业模式将重点放在向公共事业公司推销软件上，而公共事业公司就是能源的生产者。Opower 公司避免了昂贵的硬件，而是对资本密集程度不那么高的软件加以利用，从而通过精益运营快速进行扩张。按照传统的方式，公共事业公司只向客户提供纯经济方面的信息，而 Opower 公司的方式是从行为心理学的角度入手，调动了人类爱竞争的天性。Opower 公司是一家 B2B 公司，之所以能取得成功，就在于其 B2C 的能力。

拉斯基表示，他和妻子曾经在纽约州凯茨奇尔的偏远地区租赁过一个星期的度假屋。这次度假让他明白了自己的影响范围可以有多远。当屋主打开房门，带他们四处看看时，她问拉斯基是做什么工作的。拉斯基含含糊糊地解释说是帮助公共事业公司提高能源效率。听到这句话，屋主的话多了起来。她解释说自己的公共事业公司每个月会给她邮寄一份排名表，而她和丈夫在能源效率上的表现低于平均水平。当她讲到自己当时的心情有多么糟糕时，拉斯基的妻子忍俊不禁。最后，她告诉那位屋主，这就是拉斯基的工作，正是他和其他人一起促使公共事业公司每个月在她面前唠叨。

那位女性和其他数百万人被 Opower 公司所触动，虽然他们每个人作出的改变只能算是小小的改变，但当这些小改变汇聚在一起，就会创造巨大的影响力。只靠几个百分比就让消费者关掉电灯，减少用电量，单单在美国一个国家就可以每年节约数十亿美元，关闭大量的发电厂。这个行业自托马斯·爱迪生和乔治·威斯汀豪斯(George Westinghouse)①时期以来就没发生过什么变化。Opower公司借助云计算和信息技术，在减少能耗方面取得了伟大的成果。

Opower公司形容其减少能耗和创收的能力是一条“双重底线”，即在赚钱的同时保护环境。Opower公司的员工被形容为处于“真正的可持续性信徒和商人之间的夹层”的人。Opower公司相信这种“在赚钱的同时做好事”的心态也可以帮助其他行业。“我们的理念可以用在其他事物和行业上，例如医疗保健，”拉斯基说，“我们的产品和商业模式的可复制性相当高。许多行业都可以从帮助客户和公司中获益。”

叶慈和拉斯基将目光对准了这个微不足道的机会——专注于帮助单个客户节省用电，并使用数字时代指数般的种种可能减少了对资源的需求，创造了未来。

Opower公司向我们展现了资源生产力的三个基本原则，即虚拟化、最优化以及减少浪费。我们将在下一章节中对这些原则做进一步的探讨。这样聪明的方法将会创造数百个类似的成功，也会是更大的成功。

公司如果希望在未来二十几年里引领发展潮流，需要怎么做？第3章介绍了相关的成功公式。

---

① 美国发明家、实业家，率先将高压交流电引入美国的输电系统，打破了爱迪生发明的直流电一统天下的局面。——编者注

RESOURCE REVOLUTION How To Capture The Biggest Business Opportunity In a Century

## 本章小结

**米歇尔的能源公司向我们展现了扩大供应的巨大机会。**

**Opower 公司证实了减少需求在经济上的吸引力。**客户将从扩大供应和减少需求两方面同时获益。

**现在，创新通常是将传统的工业技术和新的软件工具进行综合，**这种创新可以快速规模化。

**这些创新通常要求适用于大规模的新商业模式。**

当市场上出现大型的创新，且该创新可以让某项工艺的经济指标提高 5~10 倍时，市场会为之震惊，此时的**改造成本会非常高。**那些不能看到新发展趋势的人会快速破产。

RESOURCE REVOLUTION

# 03

# 资源生产力革命

## 3D 打印掀起剧变

◎ 什么都涨，要解决唯有从第三类要素入手

◎ 汽车业的“革命进度”

◎ 省材料不如省驾驶，无人驾驶汽车的研发狂潮

◎ 埃伦·马斯克：钢铁侠的电动车革命

◎ 资源替代，“你越来越贵，我只好发明更实惠的”

◎ 减少浪费，提升资源生产力的商机无限

◎ 可循环性，比金矿含金量高 100 倍的电子垃圾堆

◎ 重新规划，省下几亿成本

◎ 虚拟化，无人机掀起战场革命

汽车是一种成熟的技术，第一起汽车事故距今即将过去250年。1771年，一位法国人使用一台烧煤的早期蒸汽机拉动大炮，但失控撞到了墙上。自从有了与汽车相关的“我们都要完蛋了”这第一声大喊之后，汽车行业向我们展示了，在重大的工业转变中如何做对，然后做错，然后再做对。

汽车行业同时也让我们看到了五大原则的巨大力量，我们将在本章介绍这五大原则。这也是公司在思考如何赢得资源革命时必须去分析的领域。这五大原则分别是：

1. 寻找机会替代稀缺资源。
2. 消除“从生产到最终使用”整个系统中的浪费情况。
3. 提高“可循环性”——升级、再使用或循环使用产品。
4. 尽可能提高效率、便捷度、安全性和可靠性。
5. 将产品、服务以及产品开发或交付的流程从实体世界搬到虚拟世界中。

19世纪中期，搭乘汽车四处旅行的可能性初见曙光，这时反作用力出现了。汽车被划为“干线机车”，速度被限制在农村地区为每小时6.44公里，城镇地区为每小时3.22公里。此外，在城镇里，还必须有人举着红旗在每辆汽车前来回走。

当时对于该项技术会如何发展，人们有种种错误的假设。例如，许多人担心汽车的使用会受到限制，因为不管怎样，这个世界终究有一天会没有那么多司机来驾驶汽车。还有许多人认为汽车可以使用电力，因为只有这样司机才不用摇动手柄，压缩空气，以启动汽油发动机。这样做的风险在于，摇动手柄时如果打到手臂上，手臂多半就会骨折。

最终，在 19 世纪末 20 世纪初，第二次工业革命让汽车成为一项巨大的成功。鲁道夫·狄塞尔（Rudolf Diesel）发明了内燃机。新的“石油裂化法”让人们可以大范围地使用石油。亨利·福特的自动化装配线让汽车成为大众产品。

汽车在全球流行开来，也带来了道路和城市的发展。石油行业和汽车行业的发展让纽约和伦敦不至于被马粪所掩盖、拯救了全球的鲸群，也让郊区得到发展、生鲜产品得以被运送到城市里，进而开启了经济急速发展的新时代。

## 什么都涨，要解决唯有从第三类要素入手

RESOURCE REVOLUTION
数解资源革命

尽管众多观察家都提出，这个世界很快就需要投入更多资本，但得到的产品和服务却会减少，但是，汽车在 20 世纪初期的发展史却彰显了一个事实，即资源革命是在大幅降低成本，同时大幅提高生产力。以蒸汽为动力的汽车功率为 2~3 马力，单次行驶路程为 48.28 公里，最高时速是每小时 19.3 公里；而 T 型车的功率为 20 马力，单次行驶路程为 402.3 公里（油耗为 9.4

升 / 百公里），并且最高时速达到每小时 72.46 公里。但福特汽车的成本只占蒸汽动力汽车成本的一小部分。这些获得胜利的技术和商业模式也将提供得到大幅改善的性能，即投入减少，产出增多。这就像灯泡发明是为了减少鲸油的使用，并因为在健康程度和工作时长这两个方面都有大幅改善而获胜，有了电灯，人们在天黑后便可以继续工作且不会释放烟灰、有毒性的烟，还不用担心火灾的发生。

按照亚当·斯密提出的三大生产要素，汽车制造商已经投入了大量的资本，并且自福特开始，一直致力于提高劳动生产率。公司将重点放在提高装配线的速度和减少工人数量上，这也带来了丰田汽车的精益生产系统等众多创新，迫使汽车公司在生产制造中加大机器人技术的使用。但钟摆又摆向了另一个方向。在长期担任高效的模范之后，汽车行业现在又遇到了显而易见的问题，而这些问题只能通过关注斯密的第三大生产要素才能加以解决，即土地和自然资源。

亨利·福特（1863—1947）和其公司的一款 T 型汽车，1920 年前后

20 世纪初期，亨利·福特定义了现在的汽车拥有模式。拥有汽车成为一种身份的象征。汽车代表了可以自由前往郊区，代表了冒险，也代表了成就。汽车已经成为一种出行的基本必需品，因为当时的美国基本上完全没有大型交通基础设施。但即使汽车本身的质量和效率在不断得到提升，汽车使用的某些方面却已经不再那么高效（见图 3-1）。

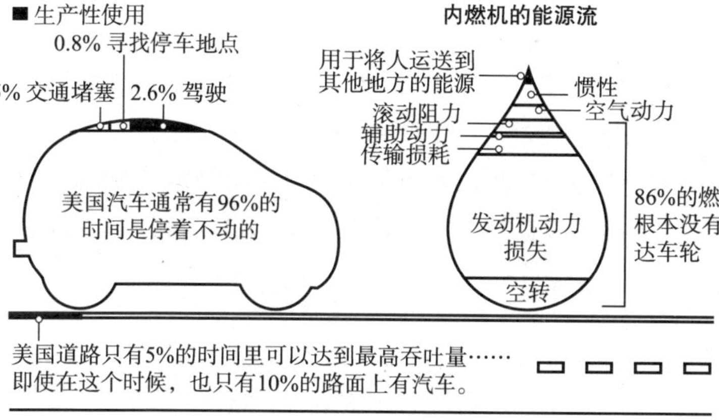


**图 3-1　汽车运输带来的燃料、汽车和道路的浪费**

尽管多数汽车里仍然有 5 个座位，但平均上座率已经跌至每车 1.6 人。美国汽车的重量已经从 T 型车的 544.3 千克增加到现在的超过 1 814.36 千克。正如物理学家、环境保护主义者埃默里·洛文斯（Amory Lovins）指出的，一箱油中只有不到 1% 的能源才真正地用于将乘客从 A 点带到 B 点，其余的都变成了热量、轮胎磨损以及在运输大块金属和空气中白白浪费掉了。

更为糟糕的是，大多数人在拥有一辆汽车后，有 96% 的时间都是将车停在那里。汽车通常是我们的第二大资本支出①（第一大支出是买房子），但在

① 美国人将年开支中的 17% 用在交通上，其中包括 5% 用于汽油，6.1% 用于购买车辆。他们也花了各级政府 1.4% 的 GDP 用于道路上，在交通堵塞中丧失了 1.6% 的 GDP，而且在交通事故中平均每人每年损失 1 522 美元。交通事故也是全球第 9 大死因。

它们的使用寿命内，大部分时间都是被停在家里或停车场。尽管汽车公司已经在金融方面有了创新，它们现在可以将汽车租赁给个人使用，而不是卖给个人后就停在那里，但基本的生产力公式并没有改变。司机对汽车的使用率仍然非常低。

道路的效率同样相当低下。最高吞吐量为每小时每车道 2 000 辆汽车的高速公路上，实际吞吐量不到 10%。如果车辆再多一点的话，交通堵塞便会降低速度，减少吞吐量。高速公路一般都是双向 4～12 个车道，每年 365 天每天 24 小时都可以通行。即使其通行能力得到完全使用，也只是在 5 天的工作日的高峰时段内可以做到这样，有时也仅仅是单向能做到这点。也就是说，如果没有交通堵塞，道路只有 4%～5% 的时间可以达到满负荷。那么，如果我们可以将现有道路的通行量提高 20 倍，或者是将对高速公路的需求减小 90%，那会怎么样呢?

仅仅是投资新设备或提高工人们的生产力，并不能解决这类问题。要解决这些问题，汽车制造商们必须反思自己的产品，这也是百年来的第一次。

## 汽车业的“革命进度”

在这个过程中，他们也许不需要内燃机，不需要汽车的个人拥有模式，甚至可能不需要司机，同时还能在便捷性和安全性上实现突破，并大幅降低消费者和制造商两个方面的成本。

已经有公司抓住了优化汽车的使用情况这一机会。手机应用使得人们更轻松地拼车。Zipcar 在 2013 年年初被阿维斯出租汽车公司（Avis）以 5 亿美元的价格收购。该应用是会员制，人们可以在大城市通过它廉价地租赁汽车，租赁费用按小时计算。每台 Zipcar 估计可以替代其顾客中的 21 辆车。Uber 允许人们通过智能手机召车，从而扫除了出租车系统中的低效问题。进一步来说，

RelayRides 和 Getaround 允许人们将车借给其他人，而不是让车白白地停在那里。通用汽车公司正在与 RelayRides 合作，租车人会得到一个代码输入自己的智能手机，进而通过通用汽车的安吉星（OnStar）系统给汽车开锁。这样的话车主就可以将车钥匙留在汽车里面，从而避免了碰头交接钥匙这一步骤。宝马公司和戴姆勒公司（Daimler）已经启动了汽车共享计划，并公开宣称它们是运输公司，而不是汽车制造商。

很快，道路和其他基础设施也会进行调整，以提高汽车的使用效率。汽车将能与信号灯进行沟通，从而得知自己能否在信号灯变成红灯之前通过路口，由此汽车就能够维持或降低车速以节约燃油。美国交通部的初步试验发现，这类沟通可以在城市里节约高达 15% 的燃油量。当地政府会通过司机手机上的应用告知车主最近的停车位在哪里，司机也可以在到达停车位之前就预先付款，预订一个停车位。在城市的汽车尾气排放中，有 30% 源于人们为了找一个停车位而不停地开车转圈。由此可见，这一举措对节约燃油和减少尾气排放的影响将是相当巨大的。初创企业 Sensity 表示，白炽信号灯将升级为效率更高且使用寿命更长的 LED 灯，而他们将充分利用这次升级换代，为当地市政府提供机会，在新的信号灯中加入传感器，从而能够监控和报告街道旁停车位的使用情况。

Inrix 通过遍布 40 个国家的数千万台移动设备收集地理位置信息，然后将这些数据与其他种种信息（包括音乐会、运动会、即将出现的暴风雪天气等）综合在一起，再通过车载导航系统、智能手机应用、电台和其他设备向司机们提供车流量和最佳路线的信息。Inrix 称，其衡量的美国交通的拥堵程度自 2010 年起已经稳步减少。

Inrix 的诞生源于一个非常简单但深刻的道理，而这个道理通常也是资源革命的推动力。在公司创立之时，市政府若要衡量车流量，多数情况都要开挖道路，然后安装感应线圈，新闻机构则会花钱租来直升飞机用以监控高峰时期的交通流量。但 Inrix 公司的总裁兼 CEO 布莱恩·米斯特勒（Bryan

Mistele）和 CFO 克雷格·查普曼（Craig Chapman）意识到，他们可以将数据收集的工作进行众包，通过人们带在身边的各种传感器免费获取信息。米斯特勒曾就职于汽车行业。他的第一份工作在福特公司，当时负责安装用于处理运输汽车的计算机。后来他跳槽到微软公司，为汽车设计软件。他曾经目睹过对软件需求的急剧增长，但依然为 Inrix 的构想能得到人们如此热烈的反响而感到惊讶。2005 年，当时公司只有 6 名员工。他找到两大数字地图公司中的一家，向公司 CEO 进行演示和介绍，希望能够激起他们使用 Inrix 数据的兴趣。在介绍进行了半个小时之后，该 CEO 用手猛地一拍桌子，叫停了会议。米斯特勒当时心想："喔喔，我们要被赶出去了。"可事实上，该地图公司的 CEO 希望将公司交通部门的 12 个人交给米斯特勒领导，以换取销售 Inrix 数据的特定权利。

**RESOURCE REVOLUTION 数解资源革命**

科技也将大幅减少交通事故，从而减少汽车修理和购置新车的需求。现在，仅仅在美国这一个国家，每年就会有近 940 万辆汽车涉及事故。只要在 20% 的上路汽车中安装自适应巡航控制系统，就可以有效改变交通流量，大幅减少交通事故。其他用于停车和防撞的自动驾驶技术也能够减少事故，目前，大型汽车公司正在稳步推出这些技术。美国最近的一项研究发现，33% 的司机在撞车前甚至都没有踩刹车，99% 的司机没有完全踩死刹车。让汽车在可能撞车之前就自动刹车，这方面还有很大的改进空间。

追求最优化的努力并不总是一帆风顺。例如 Uber 就发现，自己要与根深蒂固的出租车寡头现象做斗争。要在纽约获得经营一辆出租车的执照成本约为 100 万美元，因此，既有的执照拥有者会极力阻止新的竞争类型。出租车公司辩称拼车服务不应该使用 GPS 来衡量准确的行驶时间和行程距离，或者提前

30 分钟预约接客，甚至应该完全禁止“电子召车”——以“保护消费者”为名义。例如，当 Uber 试图在得克萨斯州奥斯汀市推出服务——在西南偏南（South by Southwest）艺术节期间提供免费服务时，本地出租车公司便提起诉讼，并高调组织活动，宣称 Uber 是该市的一种风险。但 Uber 公司获得了稳步发展，公众大声呵斥了出租车公司这些自私自利的说法，并制止了监管机构对出租车公司最初的同情行为。

防撞技术也面临着阻碍，主要是因为当汽车的控制权不在司机手中时，责任划分就变得相当棘手。但仅在美国这一个国家每年就有数百万起事故，而且高速公路上的车祸使得近 3.3 万人丧命，这一数字相当于因为肺癌、枪支和自杀这三种原因导致的死亡人数的总和，也远远超过战争、中毒、火灾和坠落所导致的死亡人数。鉴于这种情况，就难免会得出以下这个结论，即好司机只是少数。政府最终会进行干预，强制使用可以防撞的科技，或者有人会提供激励措施鼓励采用防撞技术，比如保险公司。

聪明的汽车公司目前都将重点放在最优化上，但在减少浪费这一领域中也存在大量机会。例如，3D 打印技术将最终大幅减少浪费。人们在制作车门时不必先生产出一块钢板，然后采用“减法”制造，即在钢板上冲压出一个大洞当作窗户，这不可避免会产生浪费。取而代之的是，完全可以单纯地使用“加法”工艺或压条工艺打印出一块门板，直接成型。事实上，在未来，完全可能“打印”出整个车身，在材料和人工方面创造出各种减少浪费的机会。各种连接处将不再必要，而且材料仅会用在所需的地方。目前的车门都是统一的厚度，这源于钢板生产中的限制。以后，车门的每个部件都可以准确达到所要求的厚度。（稍后对减少浪费的探讨中，我们将对 3D 打印及其意义进行更深入的分析。）

汽车经销网络也会被改造，从而进一步减少浪费。当前在美国，汽车制造商会对客户需求进行种种猜测，之后经销商会对已经在停车场里停放了数周或数月的汽车成品下订单。汽车经销商目前受到各州法律的保护，法律要求由独立经销商销售汽车，而且他们可以自行定价、同消费者讨价还价。但事实情况却是，当消费者意识到从互联网上订购定制汽车且可以送货到家有多么便捷时，法律也会进行修改，从而使汽车制造商最终能够直接接受消费者的下单，砍掉其中所有的低效环节。

## 省材料不如省驾驶，无人驾驶汽车的研发狂潮

尽管汽车制造的规模意味着公司要使用那些明显可用的材料，但一些替代材料也存在大量机会。例如，碳纤维将取代钢铁，因为前者的强度更大，重量更轻，可以提高汽车的可行驶里程，改善加速性能。新宝马 i3 早已使用同波音 787 梦想飞机（Dreamliner）一样的碳纤维车身。同时，电动机可能会大量取代内燃机。

尽管汽车使用的众多材料早就可以循环使用，但“可循环性”（即同生物系统中的养分循环一样，技术和材料可以在经济系统中不断地循环下去）可以带来更大的收益。系统或零部件可以进行升级、翻新和再使用，或者材料得以回收、再循环使用，从而实现多次使用，拥有更长的使用寿命，进而大幅提高生产力。这是因为同样数量的自然资源可以在高效的经济系统中进行更多次的使用，从而发挥出更大的功用。对于汽车而言，可循环性意味着钢铁和玻璃的循环利用率提高，也意味着软件的升级，进而提升汽车的性能。雷克萨斯（Lexus）、福特公司和其他汽车公司已经实现了钢铁和玻璃的循环利用。汽车公司也许不会去考虑虚拟化，因为它们希望汽车得到实际的使用，而不是被绕开。但大量其他公司将会找到方法，帮助人们摆脱借助汽车才能去往别处的依赖。例如，亚马逊公司正在西雅图和洛杉矶进行亚马逊生鲜项目（Amazon Fresh）的无人飞机试运行，从而打破杂货配送的格局，人们不用再前往实体门店购买。亚马逊利用了客户关系最优化技术来加强配送路线的密集度，提高了利润率。

还有谷歌公司。谷歌公司正试图让驾驶员们摆脱驾驶，其研发的汽车早已

在加利福尼亚州、佛罗里达州和内华达州获得许可（司机在车内，随时准备在必要时手动驾驶）。谷歌汽车已经驾驶超过 80.46 万公里，并未造成任何事故。即使谷歌公司不打算将这项技术商业化，该公司也已经在无人驾驶汽车上发起了一场军备竞赛。谷歌公司对召车应用公司 Uber 投资了 2.58 亿美元，由此可见该公司在这个领域是认真的。日产公司早已经表示，他们将在 2020 年前在市面上推出无人驾驶汽车。特斯拉汽车公司和戴姆勒公司也已经作出类似的承诺，而且新的梅赛德斯奔驰 S-Class（Mercedes S-Class）已经接近于实现自动驾驶。

汽车目前的改善升级速度相当快。2008 年，一辆最新式的无人驾驶汽车以 40.25 公里 / 小时的速度在一段封闭路线上穿过了两个街区。现在，无人驾驶汽车完全可以在真实环境中行驶，而且速度达到 120.77 公里 / 小时。对于无人驾驶汽车而言，电子配件是关键所在，所以它们有望按照摩尔定律的速度继续得到改善。摩尔定律认为，数字设备将会以指数级的速度发展。事实上，随着越来越多的无人驾驶汽车上路，电子配件的改善速度也将加快。人主要通过自身经验进行学习，但谷歌汽车内的人工智能软件可以从每辆汽车的各种经验中进行学习。如果有数十万或数百万辆汽车上路，它们将生成道路状况的实时地图，从而使得所有需要了解道路状况的汽车都能知道哪里刚刚发生了漏油事件，或者在道路的哪个位置结了薄冰。

通过虚拟化，无人驾驶汽车将会在汽车使用的方方面面提高生产力。人们需要的汽车数量将大幅下降，因为汽车可以随时得到召唤并使用，而不是 96% 的时间都被停在某处。

RESOURCE REVOLUTION
数解资源革命

举一个最优化的例子。自动驾驶汽车的行车里程数更高，因为它们可以在高速公路上“组成一支车队”，每辆车之间间隔数米。如果第一辆车必须减速或停车，它可以给后面的汽车发出信号，让它们同时踩下刹车。"组成车队"可以使油耗降低 30%~40%，因为除了第一辆车，其余每辆车都可以得到前一辆车的尾流优势。

如果汽车能证实它们自己可以大幅减少碰撞，那么汽车上的许多安全系统和大部分重量就可以被取消。谷歌公司预测，事故数量将会下降 90%。汽车的整体体积也会变得更小。当前，人们在购买汽车时倾向于按照可能的最大需求购买，例如拼车送小孩去踢足球。但有了最优化后的无人驾驶汽车，人们就可以在进行每趟旅程时召一辆车。因为多数旅程只有一人或两人，所以就不再需要那么多大型汽车。

资源生产力上的突破会带来众多影响。同样，成功的无人驾驶汽车也会激起层层涟漪，让自身的影响力广泛传播开来。最大的受益者就是人。谷歌公司称，其无人驾驶汽车可以将事故率降低 90%，如果这一点准确无误，那就意味着美国每年有 3 万多人将能够保住性命。根据美国汽车协会的研究，单单在美国这一个国家就有超过 200 万人不用再因为车祸进急救室，因此可以节约 2 600 亿美元。人们也会每年得到额外的 10 天，也就是我们现在堵车时所浪费的时间。

我们需要修建的道路的数量也将减少，因为汽车行驶时两车之间的间隔距离可以缩短。现在，高速公路的最佳通行能力约为每公里 25~31 辆汽车。如果这个数字增加到每公里约 125 辆汽车，那么就是严重的交通阻塞，速度会降低至每小时 24.15 公里以下。如果谷歌公司的无人驾驶汽车能够进行协调，那么每条车道上每公里就可以行驶 200 辆汽车，而且车依然能保持高速。那相当于让 4 车道高速公路成为一条 32 车道的超级高速公路。我们可以停止修建新的道路，也能够重新利用多数停车场，它们可被用于修建或改造为绿地。许多无人驾驶汽车并不需要停车场，它们会直接去接下一位乘客。

当然，这其中也会有输家。制造汽车和修建与维护道路的公司的业务量将会暴跌。许多汽车保险公司将不再有业务。如果没有事故发生，谁还需要责任险呢？而且，你怎么去偷无人驾驶汽车呀？同样，许多汽车修理厂也会无以为继，主要的修理业务将会是因冰雹和棒球界外球给汽车造成的损坏。随着车辆里程数降低，石油税收减少，政府收入已经在流失。因为所有的汽车都会遵守法规，所以交通罚款会消失。与此同时，政府需要派上路的交警数量将会减少，所需的监狱面积也会减少，因为醉酒驾驶将不再是一个问题。

汽车不再由司机们控制，而是作为一个网络进行管理。这一变革将会为新企业创造各种各样的机会。例如，也许会有公司为消费者提供交通服务，客户按里程付费。研究显示，如果一家公司可以为消费者提供小汽车交通运输服务，价格定为当前价格的 20%，依旧可以创造丰厚的利润。现在，电信公司按分钟计费，净利润率为 8.5%，而汽车公司销售汽车的净利润率为 4%。为什么不能通过按里程计算来创造 15% 的净利润率呢？此外，如果有人可以打破常规，为无人驾驶汽车提供某种运营系统，那么该公司很可能会成为汽车行业的微软或谷歌。

即使无人驾驶汽车不能实现当前所描绘的这种伟大梦想，它也让人们看到了现在的创新成本有多么低廉。谷歌汽车只是 10 多名工程师的工作成果，谷歌公司也只投资了约 5 000 万美元。

## 埃伦·马斯克：钢铁侠的电动车革命

汽车行业的革命潜力早已在特斯拉汽车公司这里显露无遗。特斯拉汽车公司是埃伦·马斯克的设想——很难想象还有谁能够像马斯克一样酷。他就是《钢铁侠》（*Iron Man*）电影中托尼·斯塔克（Tony Stark）的人物原型（在《钢铁侠 2》中有一段对他的描述）。马斯克的基本创意，外加这些创新给其他应用开发者开启的机会，有可能改写整个汽车行业。

马斯克于 1971 年出生于南非，在 12 岁时就初涉商海并取得了第一次成功。他的父亲是一位工程师，给他买了一台计算机，而他借助该计算机开发了一个太空视频游戏，并将该游戏出售。到快上大学的年龄时，马斯克和他的父母认为他应该想办法避免南非的强制性兵役，因为当时仍然存在种族隔离，他们不希望马斯克成为支持种族隔离的力量之一。他的母亲在加拿大出生，拥有加拿大国籍，所以，马斯克前往安大略省的皇后大学（Queen's University）就读。两年后，他又转学到宾夕法尼亚大学（University of Pennsylvania），在那里获得了经济学和物理学的学士学位。随后，他考上了斯坦福大学（Stanford University）的物理学博士，但当时正是 1995 年，互联网的繁荣发展正要开始。马斯克在斯坦福大学上了两天学后就辍学创立了一家公司。

他和哥哥金巴尔创立了 Zip2 公司，为传媒公司维护客户网站。为了省钱，马斯克就睡在办公室的一个蒲团上，然后在当地的基督教青年会（YMCA）里洗漱。该公司的资金不久就被耗尽，必须引进投资者才能为继。但在短短几年之后，1999 年，康柏公司（Compaq）以超过 3.4 亿美元的价格收购了 Zip2 公司，马斯克从中赚得了 2 200 万美元。

也就在这一年，马斯克投资 1 000 万美元创立了一家名为 X.com 的公司，该公司是一家网络银行。X.com 找到了将钱安全地汇入他人电子邮件地址的方法，然后在 2000 年，马斯克收购了一家小型公司，该公司的服务旨在让电脑用户可以互相转账，而这项服务的名字就是 PayPal。很快，马斯克将公司更名为 PayPal，并将其打造成使用最广的在线转账方式。2002 年，他将 PayPal 作价 15 亿美元卖给了 eBay。这一次，马斯克从中赚到了 1.65 亿美元。

在此之前，他早已创立了自己的下一家公司 SpaceX。马斯克最初创立 SpaceX 公司是为了重拾自己对太空探险的兴趣。马斯克投资了 1 亿美元创立该公司，旨在将卫星等货物运送到太空中。他们要从零开始设计火箭和发动机，且这些产品要能重复使用，并且成本要远远低于美国国家航空航天局（NASA）。为此马斯克和他的团队竭尽所能地精打细算，甚至在 eBay 上购买零部件。SpaceX 的火箭由计算机进行引导，计算机是自动柜员机的核心部件，而成本只有几千美元。在 3 次发射失败后，马斯克认为第 4 次是最后一次机会了，因为到那时资金就会耗光。2008 年 9 月 28 日，马斯克进行了第 4 次火箭发射。发射成功了，自那之后也曾出现过紧张的时刻，但 SpaceX 已经名声在外，已经有客户预定了 50 次 SpaceX 的发射服务，发射费高达 40 亿美元。

马斯克向哥哥彼得和林登·赖夫（Lyndon Rive）谈到了自己的想法，并开始进军清洁能源领域。2007 年，他出资创立了 SolarCity 公司。SolarCity 公司的市值目前已超过 30 亿美元，是截至目前最为成功的太阳能能源公司之一。该公司的创新之处在于，不需要客户预先支付太阳能板的安装费用，而是公司自己负责筹资。公司收取的电费远远低于客户们过去所支付的电费，但这个费用已经足以涵盖太阳能板、安装和融资的成本，同时还能获得合理的利润。

所以尽管在撰写这本书时，马斯克才 42 岁，而特斯拉汽车公司也仅创立 5 年，但付出总有回报。

马斯克在 21 世纪初开始对电动汽车产生兴趣，当时他是出于对环境问题的担忧，但也是因为对 AC Propulsion 公司制作的一款很酷炫的跑车模型感兴趣。他筹集了启动资金，并且与另外 4 人创立了特斯拉汽车公司。马斯克就任董事长和首席产品设计师，而且同亨利·福特开发 T 型车一样，他也采用了一种系统性方法减少投入，增加产出。为了实现这个目的，他全面运用了推动资源革命的五大原则。

**RESOURCE REVOLUTION 数解资源革命**

特斯拉汽车公司首先坚持的一个观点是，廉价的电力可以替代石油成为汽车的主要燃料。这其中有一个非常重要的前提：以目前的电力和石油价格来看，驾驶电动汽车行驶每公里的成本是以石油为燃料的汽车的 1/5。那就相当于成本只有每升 10.58 美分，相当惊人。

在特斯拉汽车公司开始了自己的能源替代之路后，他们发现这项改变可以带来很多重要的新特性。例如，电动发动机可以瞬间达到全扭矩状态，而且无须预热，所以，马斯克的家用轿车能够提供像跑车一样的加速性能。尽管电动汽车给人的印象就是美化后的高尔夫球车，但保时捷（Porsche）已经在自己的918 Spyder插电式混合动力车上安装了两个电动发动机，该车可以在3秒之内从0直接加速到96.61公里/小时（见图3-2）。

**图3-2　特斯拉汽车的性能、能耗和安全性**

电动发动机的效率高达95%（见图3-3，相比之下，最先进的内燃机的效率只有40%）。电动发动机比内燃机的噪声也要小很多，而且马斯克将之设计到近乎静音。（一些州的监管机构坚持要求特斯拉汽车公司在汽车设计时要加上一定的噪声，从而让习惯于汽车噪声的行人不会贸然走到马路上被车撞倒。马斯克拒绝了这些提议，因为这就相当于在19世纪中期时要求有人在“马路机车”前举着一面红旗来回走动。对他而言，汽车的静音是其神

① 1英里约为1.6公里。——编者注

秘性之一。）有了充足的电能，马斯克还在车上提供了一套娱乐系统以及高清 17 英寸触摸屏。

仅仅拿出拼图中的一块，然后换上另一块，这几乎不可能完全实现能源替代的好处。所以，马斯克从零开始对自己的汽车进行重新构思。他将汽车的电池安装在车身较低的位置，从而让车的重心更加贴近地面，由此改善了安全性和操作性。他同时还将汽车前面笨重的发动机取消，借此提高了操作性——因为重量上的不均衡可能会导致汽车失衡。

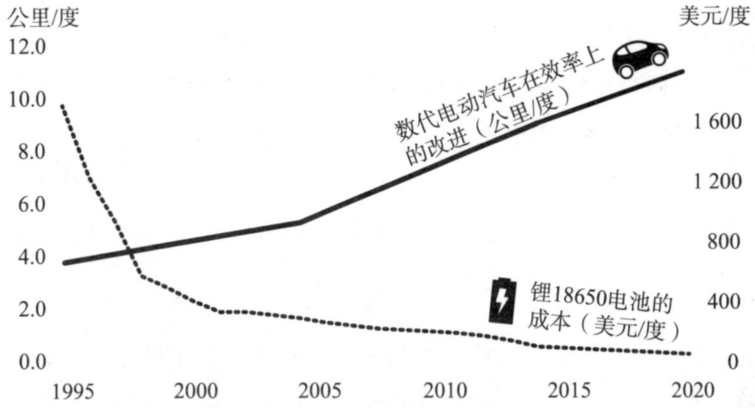


样本车型：1997年通用汽车EVI，2010年雪佛兰Volt，2010年日产Leaf，2011年福特福克斯电动汽车，2013年宝马i3，2013年Smart fortwo。2020年的预计基于对电池成本、性能和车辆效率的改进的预测。

**图 3-3　电动汽车在成本和续航里程上的改进**

马斯克完全不是在制造仅以节能著名的新型高尔夫球车。他的构想赢得了《汽车潮流》杂志（*Motor Trend*）的年度汽车大奖，并且在《消费者报告》（*Consumer Reports*）的评分中获得了 99 分，满分为 100 分。这也是该刊物有史以来打出的最高分。特斯拉汽车公司的小轿车赢得了汽车行业内最高的安全评级，这要得益于其非凡的设计创新，可以提供撞击缓冲区和乘客保护，同时又无须担心发动机的安装。《华尔街日报》评论特斯拉的 S 型车时的在线文章的标题就是:《我很安静，听听我的咆哮声：它不像兰博基尼那么乱喊乱叫，但特斯拉的新 S 型车不是怪物电动汽车》(*I Am Silent; Hear Me Roar: It Doesn't Snarl Like a Lamborghini, but Tesla's New Model S Is No Eat-Your-Broccoli All-Electric Car*)。当《纽约时报》的记者撰写专栏称特斯拉汽车公司的系列产品并不像广告宣传的那样出色时，大量热情洋溢的顾客们利用 Twitter、Facebook 和其他社交媒体分享了自己详细的分析和个人体会，对文章大加驳斥。

从零开始思考如何进行设计，这让马斯克能够充分利用我们清单上的第二条原则，即减少浪费。发动机的体积更小，而且产生的热量减少，这意味着单靠空气就可以让发动机冷却下来，无须特意用水进行冷却。电动汽车不需要传动装置或其他任何机械设备将动力从汽车前面传递到车轮。所以，用电动发动机替代内燃机使得制造商在生产汽车时不再需要发动机冷却、传动装置以及引擎盖下面的多数配置，但电动汽车的加速性能更好、操作性更强、安全性也更高。电动发动机同时也不需要那么多的保养。事实上，没有了传动装置，没有了离合器，没有了火花塞，也就几乎没有其他可能磨损的零部件，特斯拉是第一款不用进行保养保修的汽车。

借助电动发动机本身的优势，马斯克竭尽所能地在自己的汽车上减少能源消耗。他开发了错综复杂的软件来控制充电和放电、电池组温度以及充电量，借此来优化效率，并且大幅延长了电池的寿命。马斯克使用了 8 年的道路数据来最优化汽车的性能，在汽车续航里程上远远将竞争对手甩在后面。根据美国环境保护署的资料，特斯拉汽车的续航里程达到了 321.87~370.15 公里，具体数值取决于不同的车型。但他推荐只使用该续航里程的 90%，因为将最后的 10% 耗尽的话会影响电池的寿命，所以，特斯拉汽车真正的续航里程是 289.68~329.92 公里。

特斯拉还在全美建设了一个超级充电站网络，并且在所有可能的地方使用太阳能充电。该充电站网络免费提供给特斯拉汽车的车主们使用。马斯克的目的是为了让特斯拉汽车的车主们能够从洛杉矶驱车前往纽约，而且不用花一分钱购买燃料。（波士顿至华盛顿特区，以及旧金山至洛杉矶之间的充电站网络已经在使用当中。）随着电力技术和混合技术的发展，充电基础设施应该会让电力交通能源的价格达到每升约 0.265 美元的水平①。我们再来谈谈减少浪费。

马斯克为特斯拉汽车的电池组设计了一个循环项目，使得电池组拥有更高的再使用率。该项目重新提取电池组中的钴，将其与锂分离开来，才能进行更安全的处理。

特斯拉最大的创新也许是其对系统和网络的最优化。我们在前文已经探讨过最优化对提高性能和减少浪费这两个方面的影响。尽管在汽车现有设计上增加一个电池会导致性能下降，但特斯拉将关注重点放在了对整个系统进行最优化上，这项工作将各个方面都变成了一种优势，增强了整体性能。

特斯拉汽车公司通过移动设备将每辆汽车连接在一起，这意味着特斯拉公司可以远程对关键软件系统进行升级，由此提高了其虚拟性。特斯拉提供夜间软件升级，就像 iPhone 上的升级一样。升级可以增加应用，例如导航选项和娱乐频道，或者是调整性能参数。保养网络也可以接收汽车的数据。导航和娱乐系统可与个人设备进行同步，无须物理连接。

特斯拉汽车公司的许多举措依然可能会出错，这也是不可避免的。在一些州内，汽车经销商们试图利用州法律和地方法律保护自己，阻止特斯拉汽车公司直接面向消费者进行销售。他们的目的是要么终止特斯拉汽车的销售，要么强迫其通过既有的经销商网络进行销售。（在技术领域，汽车经销商所做的这些事就相当于百思买公司 [Best Buy] 因为苹果公司推出在线苹果商店而对其进行起诉。这种想法会被人笑掉大牙的。）

当在舆论上无法获胜时，经销商们拿起了法律武器，例如，印第安纳州要

① 电力的成本等同于每升 10.58 美分。我们已经在该数字上增加了 15.87 美分，因为要考虑到税赋的增加。现在，电的税率比石油低很多。如果有大量消费者改为使用电力交通工具，那么政府会通过提高电力税来弥补其中政府收入的减少。

求经销商手中至少备有 10 辆汽车。像特斯拉汽车公司这种创新型小公司如果想在交通繁忙的都市开店，其店面成本会非常昂贵，而且他们只想通过演示样车来获得消费者的关注。

当然，电动汽车的真正问题在于电池。其续航里程有限，而且要实现与以汽油为燃料的汽车同样的续航里程，成本会高得骇人，这点也是必然的。对于续航里程达到 321.87 公里的电动汽车而言，其电池成本为 2 万美元。此外，充电时间也比加满一箱油的时间要长得多。使用交流电充电器需要 4~12 个小时，使用直流电充电器需要 30 分钟至 2 个小时。

但这些问题正在逐渐消失。2008—2013 年间，电池价格从每度 1 000 美元降至每度 400 美元，而且电池技术的改进将会使其成本在 21 世纪前 10 年的末期降至每度电 150 美元以下。那么，电池组的成本就可以从 2 万美元降低至只有 5 000 美元；而且到时，每辆汽车都会希望安装电池来获得一定的性能和效率。为了解决充电时间长的问题，特斯拉汽车公司的超级充电器在 30 分钟内就可以将电池充满 50%。

在如何进军市场方面，马斯克通过一个异乎寻常的决定给自己创造了更多的时间对特斯拉的升级改造进行思考与完善。尽管汽车长久以来一直被视为大众市场产品，但马斯克决定将第一批汽车的销售目标对准汽车迷。他知道自己的第一款车特斯拉 Roadster 价格昂贵，而且在续航里程和充电时间上无疑会存在问题。这些都会导致大众市场对特斯拉汽车的兴趣有限，但汽车迷们却会愿意支付高于 10 万美元的标价购买，并容忍这款汽车存在的一些不便之处。马斯克在最初并不需要卖出大量汽车，但他必须将买家们变成自己的信徒，并且力争建立一支追随自己的信徒队伍，才能打造出伟大的汽车产品。

2010 年，第一批 Roadster 下线。自此之后，特斯拉汽车公司已经售出 1 万多台汽车，而且这些汽车已成为硅谷和其他富裕地区人们身份的象征。据称，特斯拉汽车公司已于 2013 年第一季度开始盈利，而且市值超过了 200 万亿美元。现在，马斯克的关注重点已经放在了一款 6 万美元的车型和一款 4 万美元的车型，这两款车型每周的销售量达到 500 台。马斯克已经向公众展示了 X 型 SUV 的样车，而且正在设计下一代特斯拉中型车，定价将为 3.5 万美元。

RESOURCE REVOLUTION
资源革命洞察

正如马斯克的故事展现给我们的，寻找运用这五大原则的方法将帮助公司找到机会，在资源革命中获胜。这五大原则无先后顺序，也不需要按步骤进行。事实上，它们通常相互重叠，例如，资源替代促使马斯克寻找减少浪费的方法。但这五大原则是帮助大家将即将到来的机遇进行分类的方法。

让我们逐一对这五大原则进行更详细的探讨。

## 资源替代，“你越来越贵，我只好发明更实惠的”

RESOURCE REVOLUTION
资源革命洞察

资源替代的指导原则就是，分析公司核心产品使用的每种资源，以及客户使用或消耗的每种资源，然后再寻找性能更高、成本更低或者是不那么稀缺的材料来替代这些资源。但同马斯克一样，不要想着用新资源直接替代当前的材料。分析这些资源替代如何才能带来更优越的整体性能。例如，碳纤维不仅可以减少重量，同时还能让使用它的公司打造出更出色的汽车或飞机。

通用电气公司和苹果公司已经拿着元素周期表，对上面的元素一一进行评估，看哪种元素在供给和调控方面存在的风险最大（见表 3-1）。他们已经针对每种存在风险的元素发现了替代机会。我们最近刚刚完成对一家大型石油公司的评估。该公司正在分析自身供应链中存在的资源风险，并且发现在未来 10 年里，水资源的短缺可能会让公司的增长大大低于预期。提前 10 年进行分析，这让该公司有了时间优势来应对可能的局限。

除了在车身使用碳纤维外，许多新材料已经开始重塑工业和消费产品。在纳米级别上对材料科学更深入的了解，外加先进的计算机处理能力，这些因素已经在材料的表面特征、吸收特性以及光学性能和电气性能上推动了众多革命。活性炭是另一种形式的碳，通常由有定制孔隙的纳米颗粒组成。活性炭正在大幅改善滤水器和电池中电极的效率，甚至可能会提高发电厂废气洗涤器的效率。自数百年前发明铅水晶以来，玻璃首次得到彻底的改造，有了从高带宽网络光纤到康宁公司（Corning）的大猩猩玻璃（Gorilla）等一系列新产品。大猩猩玻璃可以让便携式设备上的触摸屏发挥想象力，很快就会应用到大型互动屏幕上。一家名为 View 的公司甚至创造了一种名为“动态玻璃”的产品。该产品可以改变光传播和红外线传输，允许人们对窗户进行编程，从而使夏天时的窗户可以阻挡阳光，深冬时又能收集阳光，这样就可以替代地中海气候地区的制冷制热空调。在这些地区，白天炎热而晚上凉快。

另一种资源替代来源于生物学。瑞士工程师乔治·德·迈斯德欧（George de Mestral）于 1941 年发明了维可牢尼龙搭扣。当时的他决定进一步分析自己从狗身上摘下来的苍耳，看看这些苍耳能黏在狗毛上到底是什么原理。模仿鲨鱼皮肤的皮质鳞突可以降低潜水艇的噪声，同时也能减少游泳衣的阻力。受到荷花结构的启发，德国公司 Ispo 发明了一种能够防尘的涂料。

在伊拉克战争中，防弹衣中笨重的钢板被更轻、更易移动、也更强大的陶瓷复合材料板取代。陶瓷复合板就像是甲壳类动物的壳。尽管简易爆炸装置导致的伤亡人数增加，但这种防弹衣减少了伤亡情况。我们在本章稍后将看到，大自然也可以激发自身生产流程的改变。熔炼过程要求高温高压环境，而且会消耗大量能源，但大自然却用室温下以水为基础的自我组装加以取代。自然过程通常都是可逆的，也就是说，材料可以得到回收再利用。

资源替代的潜力甚至出现在了食品生产领域。例如，汉普顿·克里克食品公司（Hampton Creek Foods）正在使用玉米生产鸡蛋。每年全球的鸡蛋产量约为 1.7 万亿个，但其中只有 6% 在商店出售。其余的均被用于生产蛋黄酱、烘焙食品以及其他幕后用途。汉普顿·克里克食品公司已经开发出“工厂生产的”鸡蛋，这种鸡蛋的替代品被称为人造鸡蛋（Beyond Eggs），使用豌豆、甜高粱、黄豆和其他植物制造而成，在味道上与鸡蛋类似，而且营养价值与鸡蛋相当。汉普顿·克里克食品公司认为植物可以直接为人类提供营养，无须再通过母鸡这个环节。该公司表示，其工艺的成本比养鸡下蛋低 20%，而且随着生产规模的扩大，成本将会进一步下降。汉普顿·克里克食品公司同时也表示，公司产品受干旱的影响相比也小一些。当前，鸡蛋的成本中约有 70% 来源于玉米，而这种农作物对干旱相当敏感，并且正日渐与石油的价格挂钩。汉普顿·克里克食品公司使用更易成活的农作物，而且减少了对石油的依赖。所以，该公司的人造鸡蛋也许可以让大型食品制造商降低成本，同时减少风险。

新的食品类型不一定只针对人类。德国巴斯夫公司已经开发出了新的藻类品种，国家水产集团（National Prawn）使用这种藻类在沙特阿拉伯的农场里养殖虾。

普罗泰拉（Proterra）是一家公交车制造商，也让人们看到了资源替代是如何在多方面创造价值的。普罗泰拉使用碳复合材料的轻型车身取代了传统的金属车身，并用电动马达和电池取代了内燃机。同普锐斯（Prius）的混合动力车一样，普罗泰拉的公交车可以从刹车中获得能量，然后将这种能量存储在电池中再加以使用，这在停停走走的城市交通中是相当大的优势。总而言之，在城市内行驶时，普罗泰拉的公交车在燃油效率上要比使用化石燃料的传统公交车高出 4 倍。普罗泰拉的资源替代是针对产品的应用特别设计的，但它为众多公司带来了巨大的成本节约。

**表 3-1** **可能存在的资源短缺**

目前可持续　有一定的担忧　巨大的风险/影响

| | | 短缺的可能性 | | | | |
|---|---|---|---|---|---|---|
| | **全球市场规模**[c]（10亿美元） | **储量可用年限**（储量/年产量） | **波动性**（2004—2009年的标准价格偏差/价格中值） | **地域集中程度**（拥有大量储备的国家数量） | **依赖程度**（只作为另一种材料的副产品被开采） | **可循环性**（循环使用方面的分类等级和比例预计） |
| 磷 | 21 | 406 | 62% | 高 | 低 | 低 |
| 碳酸钾 | 18 | 283 | 68% | 高 | 低 | 低 |
| 稀土 | 11 | 846 | 42% | 高 | 高 | 低 |
| 铬 | 44.7 | 16 | 29% | 高 | 低 | 60% |
| 钒 | 1.2 | 243 | 45% | 高 | 中等 | 中等 |
| 焦煤 | 151 | <50 | 34% | 中等 | 低 | 低 |
| 铁矿石 | 206 | 75 | 30% | 低 | 低 | 61% |
| 锗 | 0.1 | N/A | 34% | 高 | 高 | 30% |
| 铂族元素[a] | 20[d] | 174 | 24% | 中等 | 中等 | 中等 |
| 铟 | 0.3 | N/A | 24% | 高 | 高 | 60%~65% |
| 钴 | 3.0 | 83 | 38% | 高 | 中等 | 25% |
| 钼 | 6.0 | 42 | 34% | 低 | 低 | 30% |
| 镓 | 0.1 | N/A | 10% | 高 | 高 | 高 |
| 钨 | 1.6 | 48 | 33% | 高 | 低 | 30%~40% |
| 铝土矿/铝[b] | 72 | 133 | 18% | 高 | 低 | 48% |
| 镍 | 29 | 49 | 42% | 低 | 低 | 43% |
| 铜 | 144 | 39 | 30% | 中等 | 低 | 32% |
| 锌 | 28 | 21 | 45% | 低 | 低 | 30% |
| 金 | 104 | 20 | 40% | 低 | 低 | 高 |
| 铅 | 20 | 20 | 30% | 低 | 低 | 77% |
| 锡 | 7 | 20 | 24% | 中等 | 低 | 34% |
| 银 | 14 | 23 | 29% | 低 | 低 | 高 |
| 锂 | 0.1 | 514 | 8% | 中等 | 中等 | 中等 |

注：a. 铂族元素包括钌、铑、钯、锇、铱和铂。之所以将这些元素归为一组，是因为它们的物理和化学特性相似，而且一般出现在同一矿石内。

b. 储量和地域风险的数据隶属于铝土矿，其他数据隶属于铝。

短缺带来的影响

| 可持续性 | 对生产流程的贡献 | 与食品/能源方面的资源关联 | 使用行业 |
|---|---|---|---|
| 难 | 大 | 强 | 农业 |
| 难 | 大 | 强 | 能源、化肥、火药的主要成分 |
| 难 | 大 | 弱 | 能源、玻璃行业的着色剂和抛光剂 |
| 可能 | 大 | 强 | 能源、汽车、纺织、建筑、电子 |
| 难 | 大 | 中等 | 能源、钢铁、化工业、陶瓷生产 |
| 挑战 | 大 | 强 | 钢铁生产 |
| 难 | 大 | 强 | 钢铁、建筑、工业应用 |
| 挑战 | 中等 | 弱 | 能源、科技、塑料 |
| 难 | 中等 | 弱 | 科技制造、医学、玻璃、石油天然气 |
| 可能 | 大 | 弱 | 能源、牙科 |
| 挑战 | 大 | 强 | 能源、钢铁、医学、农业 |
| 可能 | 大 | 中等 | 能源、汽车、塑料 |
| 挑战 | 中等 | 中等 | 能源、科技制造、医药 |
| 可能 | 大 | 中等 | 能源、高强度工业流程 |
| 挑战 | 大 | 中等 | 建筑、制造、航空航天 |
| 难 | 大 | 弱 | 建筑、化工 |
| 挑战 | 大 | 中等 | 能源、建筑 |
| 可能 | 大 | 弱 | 汽车、建筑 |
| 挑战 | 小 | 弱 | 珠宝、电子、医学、航空航天 |
| 挑战 | 大 | 弱 | 科技制造、润滑和传热、涂料 |
| 可能 | 大 | 弱 | 电子制造、建筑、化工、玻璃器具 |
| 可能 | 中等 | 弱 | 能源、家居用品、铸币、珠宝、牙科 |
| 挑战 | 小 | 强 | 能源、陶瓷、制药、航空航天 |

c. 只要有可能，市值指的是提炼后的金属，例如铝金属的市值，而并非铝元素或铝矿石。

d. 2009年的数据。

同所有电动交通工具一样，普罗泰拉的公交车也是一种重要选择。传统公共汽车如果以汽油为燃料，就只能用汽油，而柴油车只能烧柴油；但使用电力的交通工具可以使用任何一种类型的燃料，不管是天然气、太阳能，还是其他能发电的能源都可以，具体取决于当时哪种燃料最具成本效应。

有时，替代的选择和替代品本身一样可以创造巨大的价值。久而久之，让资源替代变得轻松的那些科学技术将会进一步降低成本，也会更加稳定可靠（见图 3-4）。

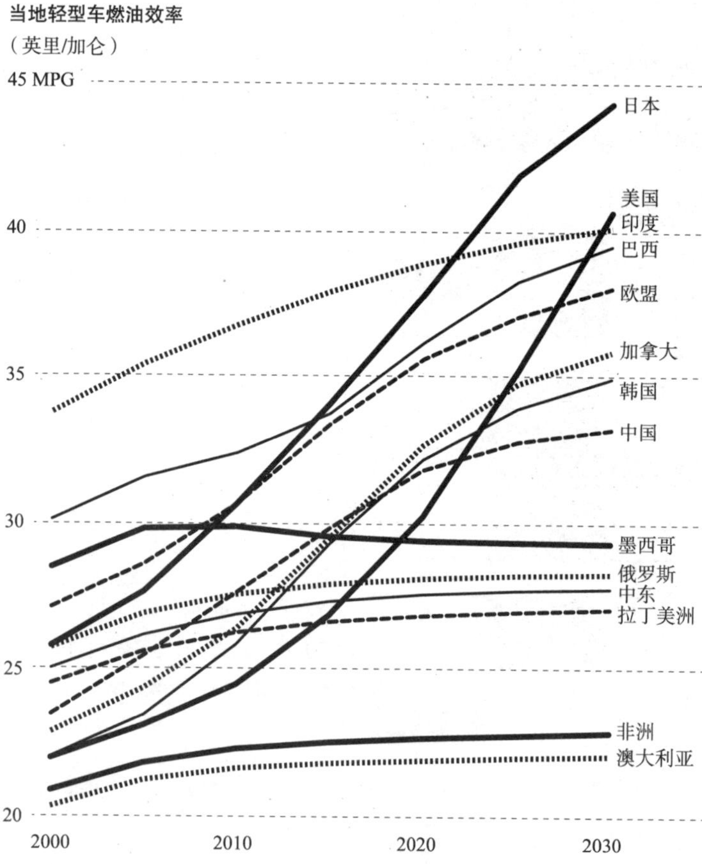


图 3-4　各国燃油效率

## 减少浪费，提升资源生产力的商机无限

尽管在过去 20 年里，劳动生产力已经翻了一番，但资源生产力只提高了 5%~10%，而且这并非因为缺乏改善空间。

在现有的工业流程中，浪费的最佳例子之一就是能源，而且这种浪费通常以蒸汽或热量的形式出现。我们曾与一家表面活性剂制造商有过合作。该公司发现其使用的能源中，只有 10% 真正地被用于制造产品。其余都在对同一设备进行加热、冷却和再加热的过程中被浪费。

当前，标准的空调工艺效率低下得让人难以置信。人们通过降低湿度对空气进行冷却，但此后在释放出冷气之前空气必须再次被加热，以便使人感到舒适。在多数制造工艺中，加热刚刚被冷却或是冷却刚刚被加热的某样东西，这种状况相当常见。

将铁矿石变为各种类型的特种钢的过程也是低效的范例。例如，很多工艺都会在不同步骤中添加碳，然后在后续步骤中又要去除碳，这仅仅是为了在后面的步骤中又再次添加并再次去除。新的制钢技术（例如电弧炉）在资本成本上不及传统的氧气顶吹转炉的 1/5，而且将回收的钢作为原材料投入，由此相比利用铁矿石来炼制生铁所需的能源将大幅减少。由超低二氧化碳炼钢技术研发项目（ULCOS）倡导的技术（如熔融还原工艺 [Hlsarna] 和电解铁矿石 [Ulcowin]）对热量进行再利用，将之用于对来料进行预加工、去除氧气和其他杂质,从而可以节约 20%~30% 的能源。能源使用的减少也能大幅降低成本，因为能源是钢铁生产中的第二大成本，仅次于原材料。

根据我们的经验，制造商有机会将能源使用量减少 30%，将材料使用量再降低 30%，从而大幅提高经济性。我们合作过的一家精炼厂通过将燃料气转变为石油和柴油而增收 200 万美元。其中的挑战在于，产生燃料气的部门并不生产石油，而催化裂化器的操作工既不知道可以额外使用这些原料，也不知

道早已经有管道可以传输这些原料流。其他类型的企业的经历可能会各有不同，这在一定程度上取决于企业的规模和所属的产业，但如果说有公司找不到减少能源和材料浪费的方法的话，这也是极为罕见的。

许多公司已经在努力减少对其加工的原材料的浪费，因为这种浪费带来的废料完全可以累积起来，在许多情况下都可以被退回到上流供应商处进行循环利用。例如，对航空航天领域的钛和汽车行业的钢铁的循环利用。但能源、水以及蒸汽这种组合形态就没有那么直观了，而且更难以进行追踪。因此，这种浪费得到的关注就相比较少，尽管它们对成本而言同样重要，而且对污染的影响更大一些。

若要在生产过程中消除能源或水资源的浪费，最好的方法就是评估整个生产过程中使用了多少能源或水，以及实际操作中的每个步骤所要求的能源使用量或水使用量又是多少。在通常情况下，实际使用的能源量会超过从技术角度要求的量的两倍。我们曾经为一家化工公司提供咨询服务。该公司进行了一项变革，通过多蒸发掉一些水，就能立刻让产品干燥环节的能源消耗量减少10%。另一种更为简单的方法就是拿着一台热成像枪在生产线旁走动，这样可以快速确定整个系统中哪个环节的能源正在外漏。

**RESOURCE REVOLUTION 资源革命洞察**

在考虑减少浪费的方法时，不能只局限在生产环节。产品可以进行重新设计以减少浪费，有时甚至会从最基本的层面重新设计。而且，公司不应该只想着从自身出发去减少浪费。在思考减少浪费的问题时，最好是覆盖上游的供应商和下游的客户。

波音公司调整了零部件的规格，从而帮助供应商减少了材料要求和运营成本。与此同时，他们也通过降低燃油消耗量和设备故障时间来减少航空公司的运营成本。好市多（CostCo）公司重新设计了包装，从而使其供应商可以降低运输成本，而且这些成本上的节约也可以传递到客户身上。

**RESOURCE REVOLUTION 数解资源革命**

EcoMotors 公司正在通过对内燃机进行再创造来减少浪费，公司重新使用了一项古老的技术。该技术让汽缸里的活塞对置，这样在一个活塞上升时，对应的活塞就会落下。该初创企业的技术有望使燃油效率提高 20%~50%，同时将发动机的成本降低 20%~50%。这些发动机的体积和重量只有传统发动机的一半，如果将它们设计到更轻型的汽车上，则有可能创造更进一步的节约。在轻型的五座汽车上，这种发动机可以实现每升汽油跑 42.51 公里。EcoMotors 公司在 2013 年年初宣布，一位来自中国的合伙人将会投资 2 亿美元修建工厂批量生产这种发动机，预计在 2014 年推向市场。

种种减少浪费的举措汇集在一起，足以带来巨大的影响。美国针对交通工具推行了更为严格的公司平均燃油经济性（CAFE）标准。在该项目推行的这 20 年里，它不仅让燃油的平均效率达到 23.17 公里 / 升，同时还可以节约 1.7 万亿美元的燃料成本，相当于减少了 120 亿桶的石油进口需求[①]。

Kaiima 公司则进一步对粮食作物的生物学进行了再设计。鉴于目前的气候状况，玉米的生产情况要比多数谷物都强，这是我们遇到的一项挑战。玉米变得无处不在，据估计，杂货店里的包装食品中，有 60% 都含有一定的玉米

① 尽管采用了提高燃油效率的新技术，例如燃油喷射装置、计算机发动机控制、更轻的重量以及采用了新型材料等，但这些新技术会增加汽车的前期成本。据美国能源情报署估计，增加的前期成本约合每台车 3 000 美元。相比于每台车预计可节约的 8 200 美元成本而言，这个数字要小很多。此外，经验告诉我们，新技术的成本在批量生产后会急速下跌。

成分。但从营养学的角度来看，人们如果摄入更多样的谷物会更健康。那么对小麦、大米和谷物进行设计，让它们可以同玉米一样适应相对干旱的环境，在田间地头也能生长，这其中就蕴含了巨大的机遇。Kaiima公司也在对其他谷物进行重新设计，让它们拥有多倍染色体。这也意味着谷物会拥有额外几对染色体，因而更具营养价值。与此同时，人们认为多倍染色体谷物比转基因生物更为安全，因为后者经过基因工程已经发生了改变。如果Kaiima公司取得成功，谷物生产所需的水、土地和能源就会减少，同时还能提供更丰富的营养和更多样的食物选择。不管是哪一条，对于我们这个中产阶级占多数的世界来说都是至关重要的。

Kaiima是一家以色列公司，其名称在阿拉姆语中的意思就是“可持续性”。该公司已经生产了多种多样的蓖麻。这些蓖麻每平方米的生物燃料产量是此前的3~4倍。该公司正努力朝着10倍的改善方向发展。

在食品链的另一端，Winnow Solutions公司等企业与饭店、医院和食品服务企业合作，运用软件、运算公式和规模来跟踪饭店的食物使用和消耗情况，对菜单和分量进行调整，从而将食品浪费砍半。

我们在上文中也曾讨论过如果3D打印技术（或者说增材制造）得到广泛运用，那么汽车行业就可以大幅减少浪费。其实这项技术也可以广泛运用到各种制造业中。3D打印不存在浪费。在打印某物体中没有用到的材料可以留在打印机内，以后再接着使用①。此外，零部件不用打包和运输。它们可以在使用场所当场打印。人们也无须去销库，因为物体只会按需打印。

这个打印过程在20世纪80年代被理解为一种“远距传物”，即将东西传输给几个月都不会冒出水面的核潜艇。虽然没有人会让苏格兰犬驮运自己，但这个理念就是海军可以将物品的设计传递给水下的核潜艇，而在核潜艇里，打

① 在3D打印过程中，激光会射入一堆材料，将这些材料固化在一起。这一层材料可能会薄到看不见。接着，这层材料会被放到最下面，然后激光在顶层再固化下一层。整个过程会重复，直到“打印”出所需的物品。

印机可以打印出所需的物品。这个工艺已经经历了较长时间的发展，现在正是进入实际应用的黄金时期。

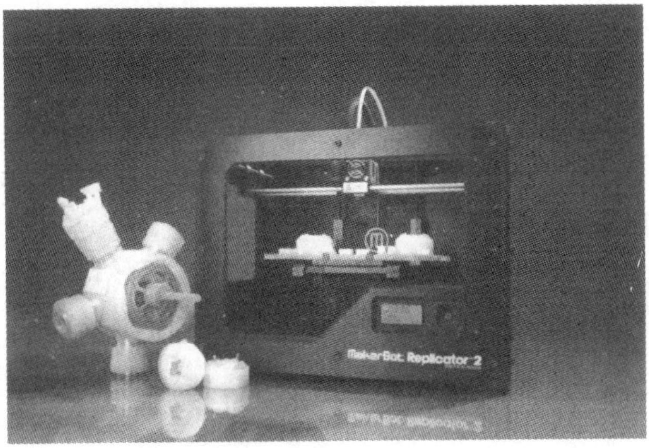


MakerBor 公司的桌面 3D 打印机 Replicator 2，于 2012 年推出

尽管 3D 打印机最初只针对塑料，但现在已经可以使用钢铁、钛、黄金和其他金属进行打印。这项工艺最初只是用于样品或设计工作，如今 3D 打印正用于各类物品的生产过程中，从髋关节替代装置到支架、再到 iPhone 手机外壳和珠宝，应有尽有。3D 打印大幅减少了资源浪费，并为人们提供了定制化的可能。这其中的发展机遇将是无限的。

几乎各行各业都会受到 3D 打印技术的影响，而不只是那些大型生产企业。例如，所有飞机维修企业不久都将拥有一台 3D 打印机，用于打印飞机上任何零部件的复制品，而且两者会一模一样，由此减少了全球的库存要求，飞机每年也会有更长的飞行时间。

减少浪费的指导原则就是丰田公司著名的“改善”（kaizen），即排干沼泽，让岩石暴露出来。这也意味着要对物料、水和能源的投入进行测量，然后将它们与生产出来的产品进行对比，从而了解其中产生的浪费。浪费包括废料、机器闲置、换模时间或其他中断等情况。

## 可循环性，比金矿含金量高100倍的电子垃圾堆

尽管减少浪费这项举措限制了产品生产过程中对自然资源的使用，但可循环性旨在发现产品被使用后依然存在的价值。

RESOURCE REVOLUTION 数解资源革命

铝就展示了循环使用的强大威力。自1970年开始，在短短10年内，铝业使用的回收原料就从20%上升为70%。这项改变也颇费了一番努力，因为收集和处理所有的铝罐和其他垃圾并非易事，但它节约了从铝土矿中冶炼新铝所需能源的95%。将这些数字转换成燃料来看的话，每个空的苏打水铝罐如果被丢弃的话，那么它所浪费的能源就相当于半罐石油。铝循环使用的这项改变导致一些公司生产力过剩，因为它们依然坚持旧模式，只能大量使用能源从铝土矿中生产铝。

循环再利用可以创造巨额利润。这项工艺通常成本更低，因为对能源的需求减少，而且循环再利用的公司可以购买废料进行加工，其成本只占新原料的一小部分。运输成本也会下降，因为废料中的浪费要低于铝矿石。就铝来说，铝土矿中仅有15%~25%的铝，所以在运输铝土矿时，其中至少有3/4的其他物质会被废弃。

在汽车领域，零部件常常会被翻新和再使用，金属废料会得到回收。江森自控有限公司（Johnson Controls）的回收业务就做得红红火火，该公司从本质上来说就是出租汽车电池里的铅。公司出售电池，然后在电池电量用完后再将它们回购。多数消费者在购买电池时需要支付一笔电池处理费用，所以也是在为电池的处理出资。江森自控有限公司将电池中的铅提炼出来，然后在下一批

电池中再加以使用，从而避免了其产品对环境的潜在影响，同时也大幅减少了铅这种电池中成本最昂贵的零部件的投入成本，所以竞争对手们难以进入这个行业并做到盈利。（除了铅之外，电池的大部分组成成分就是塑料、酸和一些电线。）所以，若说江森自控有限公司从出售电池变为了将铅“租赁”给那些需要适量蓄电量的公司并不为过。

弗雷多拉科技公司（Friedola Tech）是一家德国公司，创立于 20 世纪 80 年代，创立之初是为了应对当时的一些环境问题。该公司从工业公司购买特定的废弃物，然后将它们变成塑料的汽车零部件和其他物品；其产品并无特色，但有一个竞争优势，即材料成本非常低廉，因为公司购买这些本来要丢到垃圾堆里的东西并不需要花多少钱。

卡特彼勒公司（Caterpillar）也已经开始鼓励可循环性。客户在购买产品时会预交一部分订金，当产品到达使用期限，用户将产品退回卡特彼勒公司时，这笔订金就会被退回。而在购买产品时，卡特彼勒公司的定价也比“新品”低很多。卡特彼勒公司表示，该项目让其每年可以回收 0.67 亿千克铁，并且公司的目标是自身产品使用到最后没有任何零部件，只能被送到垃圾填埋场进行处理。与此同时，卡特彼勒公司认为可循环性意味着相比从零开始生产产品，公司在生产一台产品上可以减少 85%~95% 的能源和材料使用。

作为一个成熟的市场，汽车行业已经利用了诸多提高可循环性的机会，但更大的机会正出现在那些新兴市场中，例如消费电子行业。人们在购买新车时可以将自己之前用的那辆车卖给经销商，或者直接在购买新车时抵扣一定的金额。这种方法也可以用在其他产品上，最近则被用在了手机上。例如，eRecycling 公司与美国的手机运营商合作，如果客户在购买新手机或配件时退回自己的旧手机，则可以享受到大概 50 美元的折扣。eRecycling 公司会将手机中的数据清除，对手机进行翻新，然后再将它们卖给低成本的美国运营商或发展中国家的运营商。该公司引用政府的数据表示，美国人每年会购买 1.5 亿部手机，但其中只有 10% 得到再使用，所以潜在的供应量是相当庞大的。而且，发展中国家的胃口也非常庞大。在诸多国家里，拥有手机的人数甚至超过了通电通水的人数。麦肯锡公司的一项研究发现，通过翻新和重复使用电子产品，每年可以再创 9 000 亿美元。

RESOURCE
REVOLUTION
资源革命洞察

公司可以从设计开始的各个环节参与这项工作。设计师应该从最开始就考虑到产品的寿命问题，并且要保证产品中有价值的材料和可重复利用的零部件易于拆卸和回收。负责设计的公司在之后可以拟定多种从可循环性上创收的方式，其他公司在这些环节中看到机遇后也可以加入其中，就同 eRecycling 公司一样。

ATMI 是一家半导体和生命科学的技术提供商。对这家公司而言，电子产品的循环利用就是一座金矿，实际也是如此。该公司发现，电子产品的废弃物中所含黄金的比例是南非最佳金矿中黄金含量的 100 倍，于是公司开发专利工艺来提炼黄金。历史上，从电子废弃物中提炼黄金的工艺要么毒性大（整个过程中必须使用会释放有毒蒸汽的酸），要么就是能源消耗量很大（熔炼炉的温度必须非常高才能融化金属，烧掉杂质）。所以，许多黄金最终都被送入了垃圾填埋场。黄金信徒们可以随心所欲地大肆宣扬黄金这种金属的价值，但我们每年却会将 35% 的黄金白白扔掉。这些黄金可被用于制药、生产电子设备以及其他工业用途。ATMI 公司已经开发出一种水溶液，该溶液可以将黄金溶解，再将其从电子废弃物中提炼出来。这些水溶液相当安全，甚至可以饮用。一台集装箱大小的机器就可以对整座城市的电子废弃物进行循环利用，每两天就可以通过电镀法生产出金条，其纯度达到了 100%。这台机器可以被轻松地运送到电子废弃物的所在地。

ATMI 公司在创立之初从事的是与此截然不同的一种业务。公司当初为半导体公司生产专业储气容器。ATMI 公司的发展速度是半导体行业的两倍，而且毛利率超过了 50%，但半导体行业的发展已经逐渐放缓，现在大概处于 5% 的年增长率水平，其发展周期已经过半。所以 ATMI 公司带着自己的核心竞争力，寻找有待解决的其他问题。其核心竞争力就是一支由组合化学家组成的博士团队和复杂的建模与优化软件。使用 ATMI 公司工艺的电子制造商和循环利用商已经成为全球黄金生产成本最低的企业，而且利润空间非常大。

作为黄金回收利用工艺的副产品，ATMI 公司会回收将芯片固定在板子上的焊料，由此减少焊料中的铅对废弃物堆放点的污染。此外，废弃电子产品上的芯片在经过水浴时，会通过一个过滤篮进行过滤。水浴使用的是专利的非毒性化学物质。因为芯片没有被暴露在高温或机械应变下，所以它们可以被清洁、干燥、分类，然后再被用在其他产品上。相比于从芯片中仅提取金属成分而言，这种方法可以大幅提高它们的价值。自从在 2011 年推出该项技术以来，ATMI 公司已经成功地将其化学药品的成本降低了 50%，固定设备的成本也降低了 90%。该公司发现了一个庞大的机会，而他们在利用该机会上才刚刚起步。

ATMI 公司的黄金回收工艺只是一个例子。从生物学领域得到启发的制造和回收工艺还有许多。传统的制造或回收工艺靠的是有毒的化学物质、高温或其他人造催化剂。但现在这些流程通常采用的是水溶液，根据电子梯度或化学梯度进行自我装配。由此，对能源的使用也大幅减少。例如，这些工艺可以生产出明亮的色彩，模拟光学效应，让蝴蝶的翅膀拥有彩虹的颜色，同时又无须使用既有毒又稀有的钴。而且，这些工艺同时还可以提高材料的强度等特性，纤维素（植物的结构材料）、甲壳素（昆虫和指甲的结构材料）以及钙（蜗牛和甲壳类动物的结构材料）等可以被分层堆积并对齐，使其强度超过钢铁。因为这种所谓的制造工艺无须熔化、化学转化或是额外添加有毒物质，因而新的材料可以得到回收利用，或者是进行自然生物降解。

美国废弃物巨头废弃物管理公司（Waste Management）将废弃物变成产品，

其业务发展得红红火火（见图 3-5）。废弃物管理公司的核心业务就是收集生活垃圾和商业垃圾，再将垃圾运往垃圾填埋场。但因为垃圾量的整体下滑，所以公司开始寻找其他创利机会。废弃物管理公司每年会收集 1 亿吨左右的垃圾。该公司估计，如果可以有效地将垃圾中的所有物质进行分类挑选和再出售，那么每年就可以创造 150 亿美元的营收，这个数字相当于公司当前的规模翻一番还多。尽管废弃物管理公司还无法将垃圾中的所有东西全部进行分类，但公司已经开发了 131 个项目，将垃圾填埋场的沼气变成能源，还有 17 个垃圾焚化发电厂。总的来说，2011 年，废弃物管理公司的发电量为 117 万户美国家庭供电。现在，公司已经在俄亥俄州建立了一家试点工厂，将废弃的塑料挑选出来，把它们变成石油。该工厂预计每年可以生产 7.5 万桶原油，相当于得克萨斯州 30 个平均规模油井的产量。

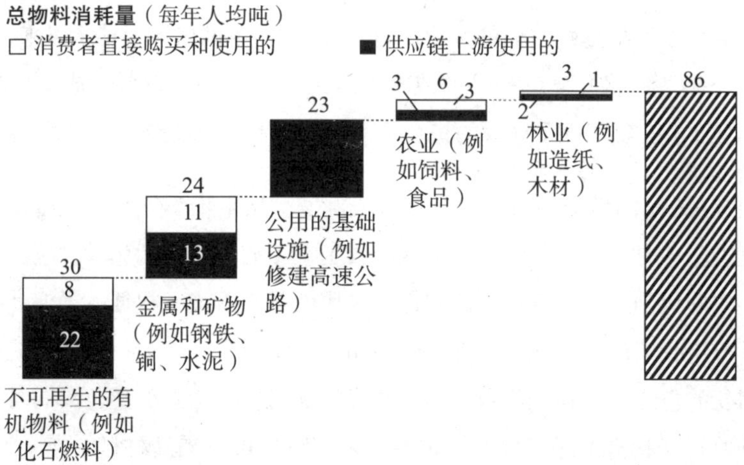


图 3-5　美国年能源消耗量：平均每人 86 吨

一些公司追求可循环性的目的相当明确，就是清洁环境，同时还能从中盈利。例如，雷·安德森（Ray Anderson）及其界面公司（Interface）从菲律宾回收被废弃的渔网，然后将这些尼龙变成地毯。

**RESOURCE REVOLUTION**
**资源革命洞察**

在思考可循环性时，一条经验法则是，循环利用的闭环越紧密，其中创造的价值就越高，竞争优势和差异化就越强。手机的重新使用要比芯片的重新使用价值更高，而后者又比将芯片熔化或打磨从而提炼出黄金和银更有价值。回收稀有金属、避免大量使用能源或水、避免产生有毒的废弃物或副产品，这些都可以创造价值。

## 重新规划，省下几亿成本

最优化带来的新机遇多种多样，远远不止汽车产业中的那些变化。而且这些机遇对于经理人来说，是最为重要的原则之一。任何企业中处于任何级别的任何人都可以利用这些新机遇。问题在于，究竟是去解决那些大问题还是应对一些小问题。在资源的使用上，方方面面都存在低效的问题，并等待着大家加以解决。

例如，有些公司意识到它们不应该只是想着快快将客户所需的产品从工厂或仓库运送到客户手中。有些货物要在一天之内送达非常艰难，而且一天的成本就高达数百万美元。假如应用材料公司（Applied Materials）一套 4 000 万美元的设备正闲置在某家半导体生产工厂，而且成为了这家价值 40 亿美元的企业的生产瓶颈。因此，应用材料公司开始对设备的发货进行最优化。不管设备存在何处，他们都会进行跟踪。这样客户就可以在附近找到设备加以借用，直到新的设备到货。同样，许多航空公司现在也会在交通枢纽处共享资源，提供彼此所需的设备。

日本小松公司（Komatsu）在这方面做得更好。他们开创了一个市场，允许客户彼此之间进行租借，并对设备的使用做了进一步优化。需要一台 30 万美元的挖土机，但只需要几天的时间？小松公司会帮助该公司找到另一家有机器闲置的公司。有设备现在不在使用当中？小松公司将帮你找到租客。

马来西亚吉隆坡曾请专业人士针对该城的货运进行大型研究，并且找到了相应的方法对货运进行协调和合并，从而提高了货运速度；同时，拥堵和污染也降低了 20% 还多。联合包裹速递服务公司（UPS）对其卡车路线进行了调整，尽量避免左拐，由此减少了油耗，提高了安全性和速度。我们曾帮一家大型公共事业机构将读表成本降低了 30%，方法就是根据新的交通情况和客户使用模式对司机的路线进行重新规划。

美国空军也找到了新方法：让飞机以一定队列飞行，就如大雁以 V 字型队列飞行一样。新的队列模式参照了大雁“涡流冲浪”式的飞行方式，节约了 20% 的燃料。空军的燃料消耗量相当大，是世界上最大的燃油消费者。

每架飞机在领头飞机的侧后方跟着飞行，飞机高度略低于领头飞机，同时在水平面上与领头飞机保持一定的距离。这样后面的飞机就可以借助前一架飞机产生的涡流，加大向上的力量。两架飞机之间的距离必须相当精确，从而能借力于前一架飞机产生的涡流，因为在向下的气流中飞行会影响到向上的力量。历史上采用的飞行模式是基于几何学和飞行员的可见度设计的，在第二次世界大战期间还考虑到了炮塔的位置。采用新模式的成本并不高。它需要修改自动驾驶仪的 4 行代码，从而保证飞机间距的准确性。飞行员也必须进行一定的培训，不要人为控制自动驾驶仪。

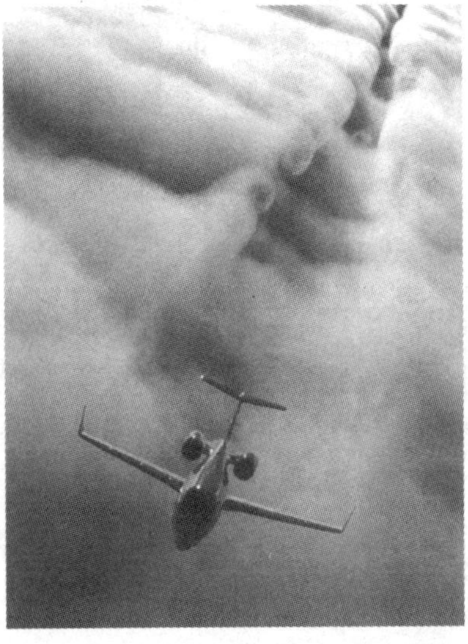

一架商务机在云层下飞行时形成了涡流

**RESOURCE REVOLUTION**
**资源革命洞察**

公司在思考哪些机遇最具潜力时的指导原则是：哪些昂贵的资产在大部分时间里都是闲置的，或者哪些大量消耗能源的设备在运转过程中并没有产生什么作用。这些设备有可能是建筑设备、空着返回的集装箱或者是因为交通拥堵而在机场上空盘旋的飞机。所有这些都可以通过IT解决方案对路线、时间安排、负载和共享等进行最优化。

## 虚拟化，无人机掀起战场革命

多数公司努力在虚拟化的两个基本维度上开展工作，即将活动从真实世界搬到虚拟世界，或者单纯地停止做一些事情，因为这些事情已经自动化了——虚拟化给商业模式带来了挑战。当然，能通过电子邮件和视频会议与客户进行互动是件好事，这样的互动效率更高。公司如果能够将互动中机械方面的工作变成自动操作，那也挺好。但公司通常不喜欢看见自己的核心活动也转移到虚拟世界，因为营收似乎降得比成本还快。看看报刊吧，它们从电子广告中获得的营收只有针对相同受众的实体广告的 16%。公司当然不希望停止那些可以创收的业务。

汽车公司不希望人们少开车，但发达国家目前正是这种情况。美国的人均驾驶里程在 2004 年达到最高峰，但自那之后已经稳步下滑。原因目前还不是非常清楚，但肯定不只是因为大萧条。下滑出现在大萧条之前，而且即使在经济反弹之后，下滑仍在继续。石油价格增高肯定是其中一个因素，但也许更为重要的一点在于，许多人完全可以虚拟化地处理一些事情，再也无须像以前那样开车前往。一份关于美国人拿到驾驶执照的年龄的统计数据显示，10 多岁

斯蒂芬5~10年前日常工作中常常要用到的众多东西，现在它们已经被数字应用取代

的青少年们对驾驶的兴趣也在下滑。其中的原因之一可能是因为他们能够通过 Facebook、Google+ 和其他社交媒体进行联系。Skype 和其他视频聊天软件更是允许人们无须驱车去某个地方也能“见面”。人们现在更多地进行远程工作，由此工作也慢慢变得虚拟化。不管汽车公司是否愿意，虚拟化都将会持续发展，所以它们必须做好准备。

为了说明我们生活中的哪些方面可能会消失或虚拟化，斯蒂芬拿出了一系列他不再拥有或不再用的东西（参见第 102 页），尽管就在 5~10 年前，这些东西还是我们日常生活中的一部分。

手电筒的例子告诉了我们，固步自封的公司会有怎样的结局。镁光公司（Maglite）在美国的手电筒市场上曾占据相当大的市场份额，但却错过了向 LED 灯市场转变的机遇。中国的朗恒电子有限公司率先推出 LED 手电筒，并且赢得了大量的市场份额。现在，鉴于每台智能手机上都装有 LED 灯泡，手电筒市场正在大幅萎缩。至于手电筒，手机里已经有应用来取代它。

再快进一点。就在几年前，闹钟是个多么普遍存在的物件。所有这类个人物品在几年后都有可能从市面上消失。这些改变可能像名片这样微不足道，也可能像尼尔·布鲁（Neal Blue）几年前发现的机遇那样伟大。布鲁是通用原子公司（General Atomics）的 CEO。他曾经有个想法：如果军用航空走虚拟化的道路，会怎样？如果他可以让飞机不需要飞行员也能飞行，又会怎样？

答案就是：这其中蕴藏着大量的机会。

军用飞机不仅可以减少飞行员的重量，还可以减少飞行员所用的许多物品的重量，比如氧气系统、仪器仪表、一切便于飞行员进行操作的空间、安全和逃生系统，甚至是一些防御装置。因为成本不那么高昂的无人驾驶飞机不再需要飞行员，所以也就不再需要相应的保护措施。少了这么多重量，又缩减了大量的空间，这样的飞机不仅更轻，同时也意味着无人驾驶飞机可以在空中停留更长的时间，携带更多的燃料或武器（取决于机身和发动机），或者是大幅减小雷达截面。

传统观念认为制造无人驾驶飞机需要5年时间，而且至少要耗资10亿美元。但通用原子公司只花了2 000万美元和6个月就利用割草机发动机开发出了一款样机。当五角大楼的一位官员前去考察时，布鲁问他美国国防部是否对无人驾驶飞机感兴趣。他得到的回答是，如果有样机的话，也许会有兴趣。布鲁表示自己刚好有一台样机就在外面飞。

五角大楼以每架300万~400万美元的价格购买了大量无人驾驶飞机，这些钱只占F-35成本的一小部分——F-35是下一代有人驾驶的传统战斗机。五角大楼计划在F-35的寿命期内投资1.5万亿美元，平均到每架飞机上约为6亿美元。

无人驾驶飞机已经改变了战争的本质。美国军队在阿富汗和巴基斯坦使用廉价的无人驾驶飞机攻击目标。无人驾驶飞机的使用已经引起人们的种种担忧：发动战争是否已经变得太过容易？军队和情报机构是否有适当的保护措施，以确保他们所杀的那些人真的会给美国造成危险？

尽管美国国防部的这位顾客不一定要去考虑如何对无人驾驶战斗机进行创新，但通用原子公司看到了进行改善的机遇，也让人们看到了资源革命是如何创造了最大的价值的。

当前这一代无人驾驶飞机还只是这种发展演变的第一步。无人驾驶飞机通过省掉飞行员减少了成本，但同时也提高了飞机在空中停留更长时间的能力。飞行员在生理上的一些需求是有人驾驶飞机的一种局限。截至目前，无人驾驶飞机尚未利用到没有飞行员后的其他优势。在历史上，飞机会受到材料强度的限制。现在，许多材料都可以承受住20~25G的力量（G是重力加速度）。但即使是经验最丰富的飞行员也只能承受住9G的力量，而且只能坚持短短的几秒钟，然后就会丧命。

无人驾驶飞机比载人飞机更容易操作。罗克韦尔·柯林斯公司（Rockwell

Collins）已经演示过一个自动驾驶控制程序。该程序通过计算机就可以持续安全地操纵飞机飞行，尽管该飞机的机翼少了 1/3，而且控制界面只有以前的一半大小。要操控该飞机，必须在几百分之一秒内进行反应，而这也是人类无法做到的。

现在，无人驾驶飞机由飞行员在美国的基地里进行遥控，空军不太愿意扩大无人驾驶飞机的使用，原因在于通讯会受到干扰或操纵。但按照摩尔定律，计算机学会如何让飞机在存在争议的领空内自动飞行并不是什么多么令人惊奇的事。从多个方面来看，相比于谷歌公司的计算机在拥挤的郊区街道驾驶汽车而言，在空中飞行反而没那么复杂——街道上有行人走来走去，有人在泊车，还有交通信号灯。

鲜有机遇可以像通用原子公司发现的那般宏伟，但仍有大量的机会可以将现实世界里的一些事情放到虚拟世界中去做，或者是通过提供节约和便捷来进军新市场、赢得新客户。美国航空公司（American Airlines）现已经在 iPad 上存储飞行记录、导航地图和飞行手册，不再需要此前使用的一个重达 15.87 千克的包，从而节约了驾驶舱的空间，也减少了价值 120 万美元的燃油使用量。通过网络报税也减少了数据处理和记录存储的成本，同时提高了准确度和退税速度。

应用资源革命的核心原则（见图 3-6），推动下一代工业革命，这其中的机遇无处不在。各个领域中的机遇并不是以渐进的方式使用创新，而是对产品和行业进行再创造，让产品可以好上 10 倍，从而以全新的方式满足客户，并且在这个过程中建立起全新的企业。鉴于目前市场上可用的技术种类之繁多，资源革命带来的结果将会相当骇人。19 世纪末期，通用件给制造业带来了一场革命，实现了大规模生产。同样，软件也展现了创新的速度正在越来越快，因为每个新的软件开发商都可以使用此前开发时的代码模块。在第 4 章里，我们将会向大家介绍公司应如何获得进一步的发展——其中包括在工业流程中将工业技术、软件技术和规模化的创新集于一体，从而实现资源生产力的巨大改善。

**成功的解决方案的特征**

- 实现更出色的绩效——更快、更安全、更清洁、更便捷
- 大幅降低成本，同时更加环保
- 能够实现产业规模
- 向后兼容
- 50%~80%的资源生产力改善：2年的投资回收期
- 高生产力的商业模式

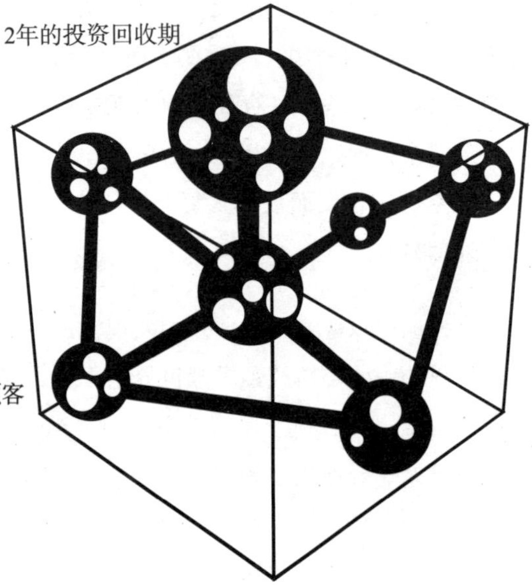

**构件**

- 通用件
- 系统整合
- 内置软件；远程升级
- 纳米技术和生物学方法
- 网络效应
- 逐步进行，加大规模；逐个顾客细分群进行
- 用计算机方法进行测试/模拟

**组织原则**

- 标准的操作系统
- 网络化的组织
- 坚定的拥护者
- 资源生产力的衡量指标
- 高生产力的来源和人才类型
- 自由职业者的创新；众包

**生产力的来源**

- 替代：更轻、更强大、更廉价、资源风险更小
- 减少浪费：资源生产力是新的精益生产
- 可循环性：闭环设计
- 最优化：实时分析或预测分析，以减少资源需求或提高资产利用率
- 虚拟化：将资源视为一种服务

图 3-6　资源革命的原则

RESOURCE REVOLUTION How To Capture The Biggest Business Opportunity In a Century

## 本章小结

**替代稀缺资源的机会有很多。**例如公司可以问问自己，如何将现有产品的重量和成本缩减 80%？

**系统的各个环节都可以减少浪费。**如何才能将制造中的能源使用量减少 30%~40%？如何将水的用量减少 80% 或更多?

**可循环性可以得到增强。**从废弃物中提取黄金的下一个机遇在哪里? 公司要如何将设备销售转变为服务?

**虚拟化工作将会有大幅发展。**要取消驾驶员以提高安全性、可靠性和生产力，下一个机遇在哪里? 哪些事情如果采用专业技术远程来做的速度会更快?

**工业设备的网络最优化可以带来大量的节省。**

RESOURCE REVOLUTION

# 04

## 制造的模块化

### 30 天盖起 15 层高楼

◎ 建筑业革命：用搭积木的方法盖大厦

◎ 烤面包机居然激发出 Java 语言

◎ 用迪拜塔 1/10 的成本 90 天建成世界第一高楼

◎ 神奇的通用件，其实是老发明再扩大应用

◎ 界面整合：再挑剔的顾客也能满意

资源革命的种子还可以在哪些行业里播撒？最好的例子莫过于建筑业[①]。射钉枪和往复锯也许算是最先进的大创新了。当然，计算机辅助设计（CAD）[②]在设计和渲染方面也带来了莫大的帮助，但在施工工地，一切和过去100年，甚至更久以前的情形几乎一样。当特卫强（Tyvek）房屋包层材料用完或是太多往复锯的刀片破损后，人们多半还是要跑到五金店购买。随着工程的进展，成堆的碎石被铲进垃圾桶内被拖走。尽管几十年来，制造业的劳动生产率持续得到改善，但施工现场的劳动生产率在过去20年里一直在下滑。施工工地的所有原材料最终会浪费10%~15%。美国有36%的生活和商业垃圾是建筑垃圾。几年后，当住户需要进行装修时（以办公场所为例，也许仅仅只是几个月后），一群工人会拿着撬棍进来，把所有东西都拆下来，装满更多的垃圾箱，从而另一支施工队伍可以从零开始进行装修。

① 事实上，从整体的建筑速度和资源效率来看，我们已经回到了100年前的状态。当时，西尔斯公司（Sears）通过帆船在整个西方世界销售组装房屋预制件。这些预制件包括有预先裁切好的木料、钉子、玻璃和详细的设计图。该设计图进行过全面的测试，所有的零部件都可以快速进行安装，而且成本低廉。最终可以装配出漂亮的维多利亚式房屋或平房。斯蒂芬就住在用预制件搭建的一所平房里。这栋房子由南太平洋铁路公司（Southern Pacific）运送，1902年在帕洛阿尔托市组装，费用为500美元（约等于今天的1.4万美元），房子的土地成本为2美元。房子里预装了电线，在当时被认为是一种奢侈。此外还有铸铁的室内管道和采暖系统。这些房子在当时采用的是最新的设计，为人们提供了最舒适的生活条件。

② 指利用计算机及其图形设备帮助设计人员进行设计工作。——编者注

事实上，建筑工作的效率可以得到大幅提高，而且就像我们在汽车行业所看到的那样，这项工作可以创造意想不到的高效，同时减少浪费。变革源于第 3 章所探讨的五大原则，即资源替代、减少浪费、可循环性、最优化和虚拟化。这些改变此后可以逐渐累积，原因就在于我们将在本章中探讨的两种思想的力量：通用件以及通过软件将通用件联系在一起。

## 建筑业革命：用搭积木的方法盖大厦

通用件的想法来源于早期的工业革命。当时的人们就已懂得通用件可以让工厂的生产速度大幅加快，而且售后维修也会更为轻松和高效。正如我们将看到的，通用件的概念不仅可以用于汽车和家用电器，同时也可以运用到整个建筑、工厂和工作流程，甚至是基础设施体系中。模块和标准界面的使用使得实体和流程得以实质地结合在一起，结果就同此前的工业革命所带来的成果一样：效率提高，产品质量改善，浪费减少。此外，系统可以更快速地得到配置，并且在未来进行改变的灵活性也更大。

在零部件变成通用件后，就可以使用前所未有的方法在大型工业应用中嵌入软件。这些软件可以加快升级周期，降低成本，并且加速性能的改善。由此可见，一个整体的重要性远远大于一堆零部件拼凑在一起所发挥的效用。

在建筑行业内，革命的种子早已在加拿大艾伯塔省卡尔加里市的泥土里种下。或者说，是在 DIRTT 公司里播下了种子。这家年轻公司的全称是“Doing It Right This Time”，意思就是“这次做对了”。

该公司的发展历史独一无二，可以追溯到一位只上过 7 年级的丹麦家具木工，但也可以回溯到目前正在火星表面游走的好奇号火星探测车和一对加拿大夫妻的烤面包机。这可能让人觉得难以置信，但这个烤面包机也启发了 Java 编程语言的设计。（此后我们将做更详细的介绍。）

DIRTT 公司进行的是内部装修工作，但整个工厂的环境井然有序、干净整洁，与传统工厂里的嘈杂和灰尘满天截然不同，而且传统的装修方式还会给住宅和办公室带来成堆的垃圾。DIRTT 公司在完成制造工作后，会将所有零部件装入一个集装箱，然后运送到住宅或办公室。本地的施工队伍再使用扣件将所有零部件组装在一起，而这些扣件此前在工厂里已经固定在零部件上。仅此而已，你就可以将一个空荡荡的地方变成一间办公室、一间医院病房或者是一间儿童房。

DIRTT 公司的产品并非只有隔断墙，它还提供玻璃、门、搁架以及可以嵌入或装到墙上的其他固定装置，甚至包括了双层床、医疗监护仪、医院使用的氧气供应管道、显示屏、控制系统以及供会议室使用的带内置灌溉系统的绿色植物。如果客户需要，DIRTT 公司甚至可以安装厨房洗涤槽。DIRTT 公司按照所需的长度切割电线，然后使用不同的颜色标识电线，并将连接器附在上面，以便所有零部件可以轻松地组装在一起。DIRTT 公司对需要安装在墙上的一切东西进行裁剪。换言之，DIRTT 公司生产办公室及其他类型房间的内部装修，而隔断墙只是作为组织原则。

鲜橙色的堆码包装“小器具”可以让 DIRTT 公司的产品在运输过程中将浪费和损坏降到最低，而且这些小工具可以循环利用

DIRTT公司于2005年由莫根斯·斯梅德（Mogens Smed）、巴里·洛伯格（Barrie Loberg）和杰夫·高斯林（Geoff Gosling）联合创立，当时该公司还只是其所在市场内的一只小蚂蚁。单单美国的写字楼建筑市场产值每年就达到1 000 亿美元。在其 7 年的发展道路上，DIRTT 公司已经赢得了一些知名客户，其中包括硅谷的部分大型科技公司、华

尔街的大银行以及一些大型连锁医院。目前，DIRTT 公司正利用自己在卡尔加里市石油领域的人脉开拓中东市场。

RESOURCE REVOLUTION 数解资源革命

客户们从 DIRTT 公司身上看到了什么？第一个答案非常简单：价值。DIRTT 公司装修的办公室在材料和人工成本上只有传统建筑公司要价的 50%。（通常情况下，空间越复杂，DIRTT 公司就可以节约更多的成本。如果某家公司只是使用石膏板进行隔断，那么能利用 DIRTT 公司节约下来的成本就相当有限。）第二就是节约时间。DIRTT 公司通常可以在确定尺寸后的 3~4 周内完成办公室的装修工作①，而传统的建筑公司在所需时间上是难以预料的，通常都要以月来计算。此外，DIRTT 公司的项目噪声少、灰尘少且破坏性也小。多数人工工作都是在 DIRTT 公司的工厂内进行，而并非在施工现场。DIRTT 公司在卡尔加里市、菲尼克斯市和佐治亚州萨凡纳市分别设有 3 家工厂。第三，现场装配时间只要 2~3 天。医院对于 DIRTT 公司来说是块重要业务单位，部分原因在于医院无须因为施工而停业数周或数月的时间。

此外，对 DIRTT 的零部件而言，定制尺寸并不需要额外付费。事实上，并不存在什么定制尺寸。任何尺寸都可以提供。想要一个深 0.76 米的柜子（标准的办公室家具尺寸）？好。但 0.71 米也是可以的，0.7 米也行。客户选择非常规的尺寸并不需要额外付费。事实上，公司要付的费用甚至更少，因为所使用的材料更少。这点有悖于传统的家具行业。按照传统的做法，对尺寸做修改就等同于特殊订单，那么所需的时间会延长 2~3 倍，而且还要额外承担人工设计和制作的成本。

① 一般一支由 12 人组成的队伍可以在一周内安装 2 508.38 平方米的 DIRTT 公司预制办公室，安装完后业主可直接入驻。

成本节约还只是开始。如果有什么东西可以组合在一起，那也就意味着它们可以拆开再利用。客户可以自行决定门是朝外开还是朝内开，或者朝左边开还是朝右边开，又或者是推拉门还是推门。客户也可以对隔断墙进行改装，或者是增加搁架，或者是在办公室里添加平板电视，将房间改成会议室。客户还可以进行其他任意改变，而安装人员只需要几分钟的时间进行操作，因为在设计零部件时就充分考虑到了这种适应性。

DIRTT 公司表示，客户在搬入新的办公地点时，通常可以对此前办公地点内 80%~85% 的装修进行再利用。一位大型客户将 5 家分公司合并在一起，共同在一栋 12 层的楼里办公。而他们只是将隔断墙和门打包，然后再把它们同打印机和文件柜一起搬到新的办公地点。

便携式的隔断墙甚至可能带来税额优惠。在报税时将这些室内装修归类为家具，它们的折旧速度要比建筑快。折旧年限是 5~10 年，而不是建筑的 30~50 年。

DIRTT 公司是如何实现如此惊人的速度、效率和节约的呢？在宜家（IKEA）和塔吉特（Target）公司内，我们可以找到预制家具。但 DIRTT 公司的理念并不只是对这些预制家具进行渐进式的改善。他们的工作体现了概念上的突破，其他对资源使用进行创造性思考的创新型公司也有着相同的特点。

斯梅德、洛伯格和高斯林在资源生产力方面找到了自己的道路。从某些角度来说，这条道路在本质上具有很强的技术性，而且在他们的行业内可谓是独一无二。

不过，他们的基本方法和我们在越来越多的其他公司身上看到的方法并无二样。波音公司就是这些公司中的一家——波音公司打造其 787 梦想飞机的方式和 DIRTT 公司设计办公室的方法大体上是一致的。

**RESOURCE REVOLUTION**
**资源革命洞察**

DIRTT 公司已经打破其产品的设计和制造流程，将其分解成最基本的零部件，然后再思考如何将这些零部件装配在一起。该公司已经消除了浪费、提高了灵活性，并且突破了旧的技术，例如钉子和螺丝。而他们之所以能做到这点，是因为做到了从整体来分析自己的产品。

让我们更进一步讨论一下这一点。

DIRTT 公司展现了第一条原则的强大力量。例如，DIRTT 团队并不是想着如何打造一扇更高质量的门，而是从客户需求的角度思考门是什么——门是一个有实体的障碍物：它可以保护隐私；它要朝一定的方向开启；它可以让光透射进去，同时又不让外面的人看到门内的情况，或者它还可以是透明的；还可以隔音。DIRTT 团队并不是在现有产品的基础上进行改进，而是对门的各种功能单独分析，然后思考如何按照功能将门分解为不同的零部件，从而使每种功能可以相互进行转换。所以，同一个门框可以将铰链装在左边或右边，可以是朝外或朝内开启，或者完全不做推门，而是悬挂在顶部变成推拉门。门把手也是如此——DIRTT 公司不是单纯地提供门把手在右边或左边的门，而是生

DIRTT 公司的隔断墙连接件可以无缝安装和拆除隔断墙

产统一的门板，然后可以把门把手装在任何一边。想要一扇可以透光的玻璃门，还是保证隐私的实心门，但又要透气？想要一扇隔音的门？都没问题。DIRTT 公司只需要对装在门框里的门板重新配置。想要一扇打磨得很漂亮的木门？DIRTT 公司也可以做到，只是改变一下门的表面，同时将同样标准化的连接件藏在里面。

客户可以改变隔断墙的高度、长度、厚度、表面材质、出口位置（或通风口、排水口、以太网端口），还可以在隔断墙上安装电视、植物、水槽、柜子，甚至是床。DIRTT 系统的出色之处在于其基本的构件都是一样的，即立柱、相邻截面连接的方式以及门板装入门框中的方法。

所有一切都有其参数。也就是说，每个零部件的装配方式是标准化的，但每个零部件的尺寸、材质和颜色都是可以改变的。想要有织物感的隔断墙？那么只需要更改隔断墙的面板。想要可以写字的黑板或白板？隔断墙面板也可以进行相应处理。或者是玻璃墙、木墙或金属墙，又或者带安装架，能装电视机和有线电视……甚至是鱼缸。

按照旧的模式，隔断墙和家具是由钉子、螺丝钉、螺母螺栓、榫头和榫眼、订书钉或胶水等连接起来的①。但对于 DIRTT 公司来说，螺丝钉、螺栓和此类东西都太过粗糙。从设计上来说，这些东西会破坏材料本身，从而导致不可再修复。当然，承包商可以将木桌子拆开，将桌子脚锯下来，然后再重新装在一起，只是桌子的高度会有所变化。但承包商无法让桌子脚长长。

---

① 当螺纹最初被标准化时，也算是一种创新，每个制造商都可以使用其他制造商生产的螺丝钉。现在，我们想当然地认为螺丝钉顺时针拧就是拧紧，除了一些特殊的情况。但螺丝钉标准化的工作却花费了 150 余年。在 1800 年亨利·莫兹利（Henry Maudslay）发明螺纹车床时，标准的螺丝钉才成为可能。1841 年，约瑟夫·惠特沃斯（Joseph Whitworth）的“英国惠氏标准”螺丝钉被用在了多数铁路上，螺丝钉的标准化工作往前迈了一大步。最终在 1947 年推行了国际标准，要求各国政府遵守。宾夕法尼亚铁路公司（Pennsylvania Railroad）、苏黎世的国际大会以及一场战争（美国在战争中为欧洲提供补给），这些都在其中起到了很大的推动作用。我们认为螺丝钉是一种非常简单的东西，但实际上它们至少拥有 10 个尺寸（公母、右手还是左手、螺纹的形状、角度、导向、牙距等）。要想交替使用，就必须满足这些尺寸。

DIRTT 公司的连接件一点都不像螺丝钉或钉子。多数连接件是挤压铝型材轨道，形状非常复杂，综合使用了直线和曲线元素，旨在确保零部件可以紧密连在一起，有足够的强度，但同时又能轻松地朝一个方向滑动，从而便于安装和拆除。安装和拆除都只需要很简单的工具。

斯梅德关于家具的知识来源于他的父亲。他的父亲是加拿大的一位丹麦移民，只读过 7 年级，但教会了儿子很多东西，其中就包括“激怒客户永远都划不来”。斯梅德最开始是制作传统的家具，但慢慢开始对模块产生兴趣，而 DIRTT 公司推行的正是模块这一概念。当时，斯梅德在宜闻斯控制台公司（Evans Consoles）担任 CEO，这是一家控制台制造商，产品应用于关键任务的控制中心，如公共事业机构和美国国家航空航天局。他在此认识了自己未来团队的成员，即工业设计师、雕刻家杰夫·高斯林和信息系统专家巴里·洛伯格。推动 DIRTT 公司发展的一些核心观念可以追溯到这支团队当年在宜闻斯控制台公司学到的东西——该公司生产的控制台控制着火星上的好奇号火星探测车。

高斯林拿到的第一个学位是雕塑学。他说，他的画家朋友们告诉他，“当你想回过头来看看真正的艺术时，你第一个就会想到雕塑。”但宜闻斯控制台公司的产品告诉他，他不可能把自己办公室的设计雕刻在石头上，完全没有可变化的余地，因为他的设计必须充分考虑到产品在以后的应用中能轻松地进行调整和改变。

高斯林说，一个控制中心的设计过程需要 5 年时间，而且是处在“完全瘫痪”的状态。以为芝加哥设计的处理 911 报警电话的控制中心为例，该中心涉及 45 个市政府部门，每个部门都有决策权。设计必须完美无缺，因为所涉及的风险非常高。“当你我犯错，”高斯林说，“只要按一下退格键，重新再输入就好了。但当控制中心内有人犯错，那么可能就会有人因此丧生或者东西被炸。”

而且即使科技发生改变，设计在未来 15 年或更长的时间里也必须是正确无误的，因为没有人希望控制中心为了升级而暂停服务。宜闻斯控制台公司的

给杰夫·高斯林（DIRTT 公司的联合创始人）和他的哥哥詹姆斯·高斯林（James Gosling，Java 语言的发明者）带来灵感的那台烤面包机

设计在 21 世纪初期变得尤为错综复杂，因为平板显示器显然是未来的发展方向，但暂时还没有推向市场。没有人愿意针对古老的阴极射线设备进行设计，但鲜有客户可以在早期承受平板显示器的价格。当时每台显示器的成本为数千美元，而且每间控制室的每个操作人员可能需要 10 台显示器。高斯林从美国联邦航空管理局的一个项目中了解到，美国联邦航空管理局将使用胶合板搭建柜子，并且要招聘一名木匠加入自己的员工队伍，以保证柜子能跟着技术的变化而改变。

他开始思考父母家的那台烤面包机。在过去几十年里，从咖啡机到微波炉，厨房里的家用电器几乎全部都发生了改变，唯有这台烤面包机仍然保持原样，还在为大家烘烤面包。烤面包机开始指引着他对模块化的思考。（很久以后的一个晚上，高斯林回家观看了探索频道 [Discovery Channel] 关于哥哥詹姆斯的一个节目。詹姆斯是 Java 编程语言的发明者。当被问到是什么促使自己发明了 Java 语言时，詹姆斯回答说，父母的烤面包机是原因之一。杰夫大吃一惊。兄弟俩此前从未就这个烤面包机进行过任何讨论。）

## 烤面包机居然激发出 Java 语言

这台烤面包机是如何给人以灵感设计了面向对象（object-oriented）的编程软件，又在后来发展成为 Java 语言的呢？ Java 建立在一个概念的基础上，即复杂的虚拟机器可以为网站和其他程序提供动力，不管这些网站和程序在什么硬件上运行——高端的超级计算机或移动终端。詹姆斯认为，厨房的每一项功能都可以独立于其他功能进行运转，但又可以通过标准的方式与厨房里的其他功能联系在一起。他之所以有这个想法，是因为他同杰夫一样，从那台烤面包机获得了顿悟。即使整个厨房都发生了改变，这台烤面包机依然在那里。

烤面包机的插头发生了改变。现在，烤面包机的插头都是标准的。因为在第二次工业革命时，电的第一个作用就是照明，所以烤面包机最初的插头需要拧入爱迪生灯泡的插座里面。随着发明的家用电器的数量增加，哈维·哈勃（Harvey Hubbell）在 1904 年发明了一项专利设备，可以使用两头的接头直接插入照明插座内。最后，人们意识到可以将这些两头的插座直接装在墙上。因为高斯林家那台烤面包机是在接口标准化很久之后才购买的，所以这台烤面包机完全可以使用这种接口。这台烤面包机使用的也是标准尺寸和厚度的面包片（至少在硬面包圈流行之前是如此）。果酱馅饼在设计时也考虑到了这种“面包片的标准”。

**RESOURCE REVOLUTION**
**资源革命洞察**

所以这台烤面包机身上充分体现了，一项厨房功能（加热和烘烤面包）可以与其他功能（冷藏、切菜、烘焙）分离开来，然后又可以通过标准的方式融入到整体功能之中。其他面向不同对象的功能虽然可以升级，但又不会取代“烤面包”的功能。

这正是构成 Java 语言的核心概念——Jave 被人称为是“面向对象的编程”。每个“对象”就是一个模块，有其自身的任务。其他对象不需要知道这个模块是如何完成自身工作的。例如，一个处理积分的对象可以在任何程序中进行这项工作。编程人员可以利用该对象，而自己无须懂得积分学。他们只要懂得如何传递要求（用编程术语来说，就是“调用方法”），以及描述有待解决的积分问题的数据参数即可。使用该积分对象的程序只要说："告诉我这些参数所描述的曲线下部的面积。"

这一概念对生产力也产生了巨大的影响。首先，为 iPhone 设计新应用的程序员不用再重复设计已有的功能，例如在屏幕上显示、通过 GPS 定位或是发送短信。相反，程序设计员可以调用已经存在的其他对象。其次，假如有人设计出可以更快计算积分的对象，那么新对象完全可以取代老对象，同时不用对该 iPhone 其他应用或其他设备做更改。界面都是标准化的。应用仅仅是要求进行积分，无须"在意"计算是如何进行的。正如软件世界展现在我们面前的，这些标准界面有着无限的力量。

在工具和建筑的现实世界里，标准界面的好处就在于，当一部分或一个模块破碎了，可以轻松地将这部分替换掉或对其进行修理，同时避免影响到其他部分。尽管软件模块不会破碎或磨损，但标准化让 Java 语言可以在"虚拟机器"上运行，让计算机硬件可以更换成更新、更快速、更廉价的版本，然后运行同样的软件。

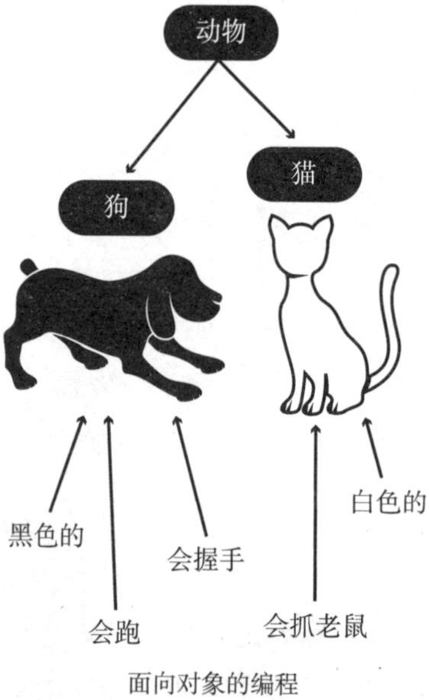

面向对象的编程

高斯林的烤面包机[①]是如何启发人们同时想到模块、通用软件对象、通用模块、通用隔断墙、通用家具和建筑系统的呢？优秀的经理人可以先从这个问题开始分析。每个系统都有标准界面。每个对象/零部件都可以进行替换或被投入新的使用。当 DIRTT 公司想要增加新款的柜门

① 鉴于该烤面包机发挥了如此重要的作用，我们曾问杰夫这台烤面包机目前在哪里。他说："我妹妹拿着呢。"我们很好奇他妹妹是否知道自己厨房里的这件东西有多么重要。事实证明，她的确清楚这一点。

或装饰品时，只要设计一些新的零部件或选择项就行。铰链、连接件、柜子内部的其他东西，这一切早已存在。DIRTT 公司现在可以提供高端的住宅和厨房内部装修服务。

DIRTT 公司与 Java 语言之间还有另一层关系。DIRTT 公司的设计工具以及制造和物流控制系统使用的都是 Java 语言。所以，高斯林家的烤面包机对于 DIRTT 公司而言是一种双赢。它不仅让杰夫去思考模块化，同时也为他提供了一项技术（即 Java），使得杰夫的想法得以实现。

与 Java 语言之间的联系实际上是通过巴里·洛伯格实现的。洛伯格也曾在宜闻斯控制台公司工作，并且对适应性和整合有自己的看法。他的工作是创作软件设计工具，让客户可以揣摩控制台工具，直到他们找到自己喜欢的配置。在联合创立 DIRTT 公司之后，他将这一概念应用到了平面图和预制建筑上。在被称为 ICE 的系统里，洛伯格为参数化零部件奠定了基础，并且废除了标准件的概念。每个零部件就是一个 CAD 模型，设定了具体的尺寸、材质、质量和成本。根据用户的参数要求或其他设计要求，每个零部件的每个方面都可以单独进行更改。这个特点就是利用了 Java 语言的核心能力，即一个对象可以依靠另一个对象，并且根据其他对象规定的参数调整自身的行为。客户想要在墙上安装一扇门？ICE 系统不仅能增加这扇门，按照客户要求的尺寸绘图，同时还会自动减小两边隔断墙的宽度，并进行所有必需的工作，使得门融入整个设计中。

ICE 系统融合了 3D 技术，在设计过程中允许客户走进设计，从各个角度参观设计。选择新的颜色或涂层？那么，整个图像就会马上进行更新。客户甚至可以通过 iPhone 实时查看设计的最新版本。

使用洛伯格的系统时，人们可以从头开始设计，也可以在之前设计图的基础上进行设计。设计师会在电脑里建立一个虚拟空间，将其分割成办公室、休息区、格子间或者任何其他需要的空间。在幕后，该软件会把所需的零部件清单发送到供应商的计算机系统内，不断产生实时的成本估算。因此，项目的价格可以随时计算出来，以便了解使用不同的材质可以实现多少节约。在设计工作完成后，系统会自动生成规格数据，传递给 DIRTT 的工厂。公司会下订单购买所有必要的零部件和材料，并且会告知客户承诺的发货日期。

“设计图就是订单。”洛伯格说。

DIRTT 公司的设计过程只要几个小时。制造过程涉及将木材分割成薄片压入金属的构件内，以便在隔断墙或家具内看不出这种构件。这些制造过程多数只要几天的时间。从设计到发货的这段时间里，大多数时间都耗在了供应商那里，他们要艰难地跟上 DIRTT 公司的步伐。

该软件中存储了所有的规格，所以如果客户要搬家，他会完全清楚自己有哪些零部件，而且 DIRTT 公司会给予指导，尽可能地对已有的零部件进行再利用。“我们希望这些隔断墙能继续得到使用，”洛伯格说，“我们将循环利用视为一种绝招。”

RESOURCE REVOLUTION
资源革命洞察

现在广泛存在这样一种趋势，即将信息技术应用到产品的制造、配送和服务价值链中。洛伯格的工作就是这种趋势的一部分。这个趋势是所有资源革命中最核心且最具决定性的因素，也是贯穿本书的主题之一。

在上一章中，我们介绍了资源革命的五大原则。从这个角度来说，DIRTT 公司的软件让所有设计步骤得以虚拟化，并且不必再使用纸张打印 CAD 制图或将设计规格数字传真。该软件再加上零部件的通用设计，大幅提高了可循环性。产品在交到客户的手中后，可以再加以使用，使得产品的使用寿命得到延长。DIRTT 公司也大幅减少了浪费，因为其建造工作是在受到控制的工厂环境内进行的。在工厂内，软件提供了建造工作的详细数据，对钢板或木制多层板上每块零部件的布局都进行了最优化，从而减少了废料。（DIRTT 公司唯一的垃圾是一些准备运回供应商处再使用的集装箱。最近，我们参观了其位于卡尔加里市那间安静的工厂。我们发现，最大的浪费就是生产安装在墙内的隔离层产生的废料。隔离层多数使用的是回收的蓝色牛仔布。多余的隔离材料会被运回供应商处，通过加工成为新的隔离卷料。）DIRTT 公司同时也对建造工艺进行了大幅最优化。在有待装修的办公室或房间内，组装工作所需的时间要远远少于传统的敲敲打打。在 DIRTT 公司的工厂，工人们所需的所有材料都在他们的手边，不用跑上 10 分钟去找最近的五金店。

**RESOURCE REVOLUTION**
**资源革命洞察**

DIRTT 公司并不仅仅局限于提高其产品的资源生产力。通过将通用件和标准界面整合在一起，并且借助 Java 语言的强大功能，DIRTT 公司开始改变整个业务系统，从最初的设计一直到公司制造的零部件的最终再利用，无一不包括其中。DIRTT 公司所采用的方法不仅实现了节约，同时也带来了更高的性能。

## 用迪拜塔 1/10 的成本 90 天建成世界第一高楼

在中国，张跃也在对 DIRTT 公司的部分方法进行大胆运用，并有望在中国树立先例。中国拥有全球最大的城市，而且面临着快速搭建大量建筑的巨大压力（见图 4-1）。张跃是远大可建科技有限公司的创始人兼 CEO。他在建筑业是一名工程师，而并非建筑设计师。他在起步之初生产商用和工业用空调系统。2007 年，他开始尝试预制建筑，让设计和建设工作能够做到速度更快且成本更低，同时节约大量的水和水泥。现在，远大可建科技有限公司拥有一家大型工厂，生产像乐高一样的钢铁和水泥模块。这些模块内嵌了管道和电线，并且可以在施工工地通过吊车直接吊到应该摆放的位置，然后再通过标准的紧固件连接在一起。2011 年，在张跃的家乡长沙，远大可建科技有限公司只花了 30 天的时间就修建了一座 15 层的塔楼。

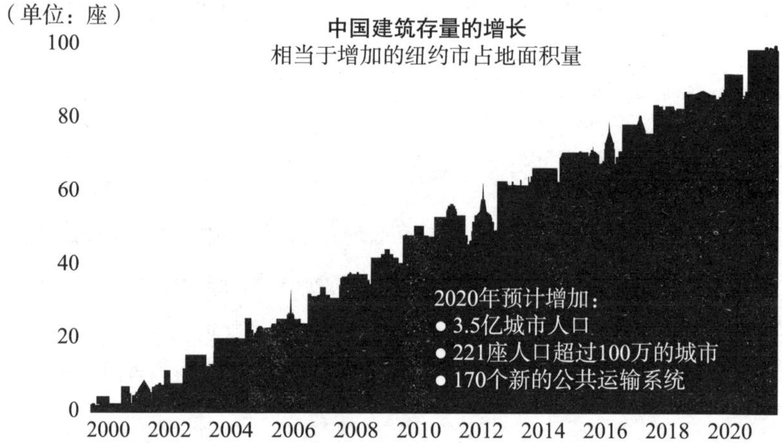


**图 4-1　中国正在修建 100 座纽约市**

张跃已经拥有 8.6 亿美元的身家。在我们撰写这本书的时候，他正忙于自己的下一个大项目，即天空之城。天空之城项目也位于长沙，将会凭借 838 米的高度成为全球最高的建筑（其高度是帝国大厦的两倍还多）。天空之城将可以容纳 3 万人，拥有 104 座电梯。内设一家酒店、一所学校、大量的娱乐和运动设施以及商店和饭店。DIRTT 公司已经找到在隔断墙的墙板上安装灌溉系统和种植植物的方法。同 DIRTT 公司一样，天空之城的外墙也将作为农田使用，用来种植植物和农作物。张跃也将证实天空之城的抗震能力能达到 9 级地震（见图 4-2）。

**中国房地产开发商远大可建科技有限公司使用的模块建设技术**

**地板/天花板模块**

摩天大楼的地板被分成数块，在工厂内进行修建。

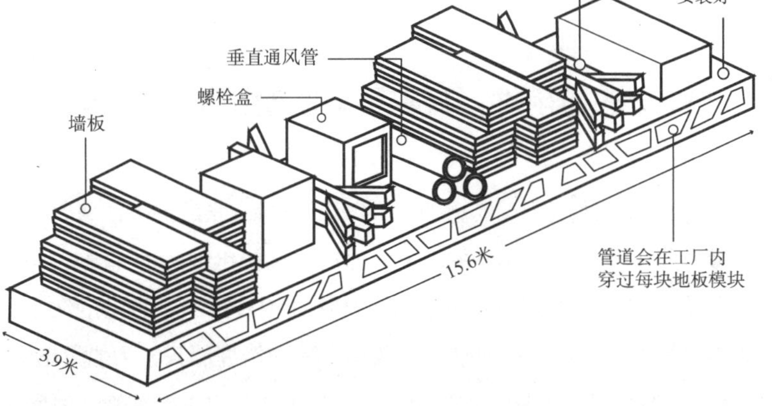


**必须进行部分安装工作**

每个模块通过吊车被直接吊到建筑的顶部，然后拼装在一起。

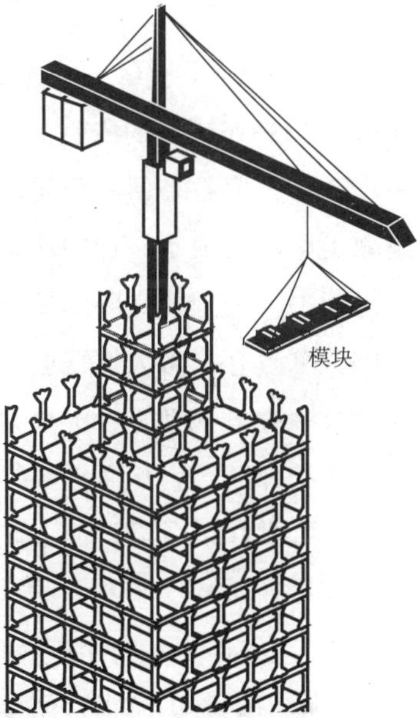


**高速施工**

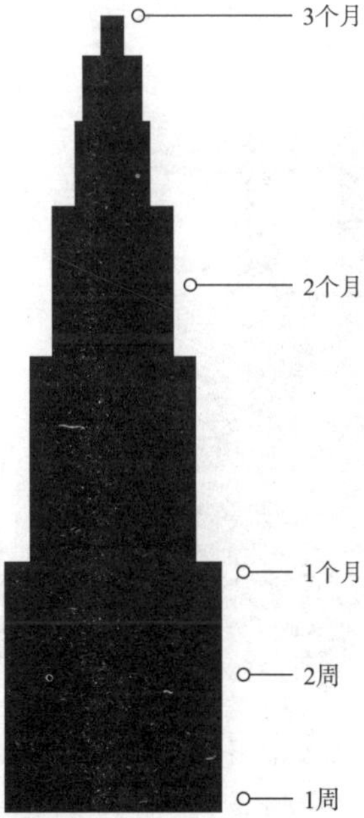


图 4-2　使用模块搭建摩天大楼

请注意，他希望在 90 天内现场将该栋建筑组装完成。他的项目每平方米的成本为 1 500 美元，只有迪拜塔成本的 1/10。迪拜塔目前是全球最高的建筑。①

## 神奇的通用件，其实是老发明再扩大应用

我们现在只是刚刚起步。要想知道 DIRTT 公司或张跃的方法将带领我们走向何方，最好先了解一下通用件的历史。通用件最初出现在 11 世纪，当时中国的毕昇发明了活字。中世纪时，威尼斯人使用通用件打造了自己的海军。他们不仅拥有当时最大的舰队，同时还可以快速搭建和修理船只，为船只培训船员。这些船只使用的就是通用件，标准的框架可以同时节约木材和修建时间。许多人认为亨利·福特率先在生产中使用了装配线。但在 1320 年，威尼斯兵船厂（Venice's Arsenale）可以在一天之内就给整艘船配置好武器、帆和航行设备。

约翰内斯·谷登堡（1395—1468）于 1436 年前后发明的活字印刷术

约翰内斯·谷登堡（Johannes Gutenberg）只是在毕昇的成就上作出了进一步改善，但谷登堡的金属活字大幅削减了印刷的成本，让中产阶级也能买得起书，为现代文明的发展奠定了基础。拿破仑靠着大炮征服了大半个欧洲，这些大炮都是标准尺寸，标准的枪膛和弹药筒，从而大幅提高了安全性、可靠性以及设计的准确度，同时也缩减了成本。此后，马克·布鲁内尔爵士（Sir Marc Brunel）将标准化的力量运用到英国海军，使得他们超

① 天空之城的建设项目已完成三通一平，等待政核。——编者注

越了拿破仑。伊莱·惠特尼（Eli Whitney）提出了用于轻武器的通用件概念，而塞缪尔·柯尔特（Samuel Colt）则通过“柯尔特方法”将这一概念付诸实践。柯尔特方法从根本上改变了所有战争的战术。通用件的概念也被用在了钟表、缝纫机（例如胜家 [Singer]）、收割机和蒸汽机上，直到最后亨利·福特和其装配线发挥了巨大的作用，带来了第二次工业革命。所以，我们完全不应该为标准的通用件可以用于建筑行业而感到惊奇，而是应该惊讶于我们竟然花了如此漫长的时间才意识到这一事实。

## 界面整合：再挑剔的顾客也能满意

公司可以将自身产品和服务分解成核心部件，然后建立一个界面，使得这些核心部件可以同软件中的模块一样相互配合。下一步就是重点分析如何利用软件并通过最强有力的新方法把这些部件组合在一起。DIRTT 公司通过专利软件在办公室和医院的建设工作中实现了出色的高效。同样，各行各业的公司也可以运用信息技术和运算法则设计出更好的产品，并为产品增添重要的功能。

当前，多数公司内负责资源工作的工程设计团队主要由土木工程师和机械工程师组成，而 IT 人员则负责处理电脑和电话。资源革命要求在企业及其产品内充分整合软件工程的能力，甚至对于传统的重工业领域也不例外。这不仅涉及编程，软件工程师还必须设计运算公式，使用决策理论，同时还要整合传感器和控制系统，从而实现功能的最优化。例如，电池可以通过更好的化学处理性能获得大幅改善，但如果内置的传感器能立即报告温度等重要变量，从而使软件可以立刻调整化学反应，以产生最大的电力，那么这将会是一大步发展。

大数据也会让众多此前从未考虑过大规模计算能力的公司恍然醒悟。例如，大数据允许人们针对制造流程进行更复杂的分析，并提高生产质量。这种情况早已出现在半导体行业。科磊公司（KLA-Tencor）在产品制造过程中可以对芯片上连续结构之间纳米级的偏差进行详细分析。其产品不仅可以识别并废弃质量差的芯片，同时还可以在后续的制造步骤中纠正自然出现的轻微偏差，让几乎所有芯片产品都能够正常工作。在这个行业，一个铜原子的位置出错就足以摧毁价值 500 美元的微处理器，因此每个制造参数的实时数据对产量和质量来说都是至关重要的。

**许多公司会发现，它们必须借用其他行业的软件功能，否则就会面临被“亚马逊化”的风险。**再回到黑暗时代，也就是 20 世纪 90 年代中期，当时的公司与其竞争对手都是直面进行竞争，例如，通用汽车与福特公司、埃克森公司（Exxon）和壳牌（Shell）、迪尔公司（Deere）和卡特彼勒公司。但互联网使得客户能够对每家公司进行近距离的了解，从而能对各行各业的最新发展水平，而不再是根据潜在供应商的水平建立起自己的期望值。不能满足客户期望值的公司就会被“亚马逊化”，因为亚马逊公司使得人们可以轻松购书，反馈他人的购书意见和建议，这些直接反馈提高了客户对其他所有公司的标准。一家重型设备制造商的 CEO 表示，20 世纪 90 年代末期，他曾被批评其服务赶不上联邦快递公司（Federal Express）。他说，一位客户告诉他，“我付给联邦快递公司 15 美元，他们可以在半个小时内通知我包裹什么时候送到。我花 30 万美元购买了你们的设备，而你们在一个月内都不能告诉我什么时候可以拿到货物。”

RESOURCE
REVOLUTION
资源革命洞察

我们现在生活在 iPhone 的世界里，每家公司都必须达到史蒂夫·乔布斯设定的期望值，即直观的界面和强大的功能。每位优秀的经理人都必须确保系统内的所有软件都是最好的。

总体而言，其他行业也可以成为伟大构想的源头，尤其当该公司具备一定的技术时。生产电动汽车的公司倾向于坚持长达数年的开发周期，因为这是汽车领域的一种传统，是他们所知的取得成功的唯一一种方式。但特斯拉汽车公司这类企业正在利用消费电子产品改善电池这一核心零部件。消费电子产品的周期只有几个月，而非数年，所以电池的性能一直在持续不断地获得提升。如果汽车公司可以对消费电子产品加以利用，就能更快地拥有更高质量的电池。特斯拉汽车公司早已通过与日本松下公司的合作实现了这一点。该公司最近宣布了一项计划，将会提高这些合作关系带来的裨益。特斯拉汽车公司表示，他们将在汽车上整合一些技术，从而在车开上类似于洗车处的抬升车道后，人们可以在 90 秒内将电池拆卸下来。这项技术最初是为了加快电池充电速度，因为可以将用完的电池拆下后换上充满电的另一块电池。但这项技术也可以让汽车按照消费电子品的产品周期不断升级电池。老式的二手电池将会有新的用途，用作电网或家庭的蓄电器。在这些地方，电池的成本比能量密度更为重要——当驾驶过程中不再需要带着这些电池时，空间和重量就不再是首要的考虑因素了。

任何可被转换成硅的零部件都可能带来巨大机遇。硅零部件使用的能源要远远低于铜线圈或机械继电器，而且其成本会因为摩尔定律实现大幅下降。同时，它们也可以创造引入软件、提高性能的机会。所有现代飞机都是为了实现纯电传飞行控制而放弃了液压管路和阀门，但依然有很多飞机在使用笨重的机电线圈，每个线圈大概有一个足球那么大，而且主要由铜制成。下一代飞机的样机内，飞行系统已经使用固态开关替换掉了这些继电器。这种改变减少了开关所需的空间和重量，也将飞机的动力要求缩减了近 40%。更好的一点在于，这种改变可以通过软件切换到人工控制，从而实现更高的性能。固态继电器可以感觉到电压和电流每分钟的波动，检测到即将出现故障或超负荷的警示信号。下一代控制系统将同时根据飞行员的动作和飞行计划预测动力需求。如果飞机需要全速攀升，那么系统就会逐渐停止温度控制或其他不必要的系统，以避免电力需求的急剧上升，因为通常情况下，飞行员要求加足马力时会出现这种电力需求急剧攀升的情况。

当某一个设备进入软件的控制范围后，建立反馈回路就会比较容易，从而让设备能不断地“了解”哪些功能运转正常，哪些运转不正常，并且能不断地对性能进行最优化。通用电气公司多年来一直在其喷气发动机上开展这项工作。内部的传感器会监测决定性能的关键要素，并且在飞机准备着陆时提前发送电波通知地面的保养人员。通用电气公司此后也可以监测保养效果，并通过不断调整系统来帮助航空公司客户将成本和受影响的时间缩减到最少，同时尽可能地提高动力和燃料效率。

RESOURCE REVOLUTION
资源革命洞察

随着公司在自身核心产品中增加软件功能，它们会发现自己可以，也必须让产品尽可能地进行升级。在科技的世界里，标准的发展过程是功能最初通过硬连接体现，因为这是获得可被人接受的必要性能的唯一方式。此后，功能向软件转移。现在，功能变得更加抽象。软件可以远程进行升级，甚至可以在云端运行。

美国国家航空航天局自身就体现了这种发展过程。最初的探月软件实际上就是手工将其变成物理链路，因为功能齐全的计算机太过庞大，难以装入太空船内。随着时间的流逝，电子技术得到改善，常规的软件可以在太空船内的常规计算机上运行。现在，人们已经可以定期在地球上对卫星上的软件进行升级，安装最新的版本。从硬件到软件再到远程升级，会有越来越多的公司经历这一发展过程（见图 4-3）。公司如果在设计时就能考虑到自身设备和网络的升级，就能拥有较大的优势，因为客户不想在投钱购买了最新的硬件后，却在 12 个月或 18 个月后发现这些硬件又作废了。

作家、发明家和未来主义者雷·库兹韦尔（Ray Kurzweil）已经让人们看到，如果按照摩尔定律的速度来发展，CPU性能的指数级发展将会带来比人类大脑更为强大的计算机。

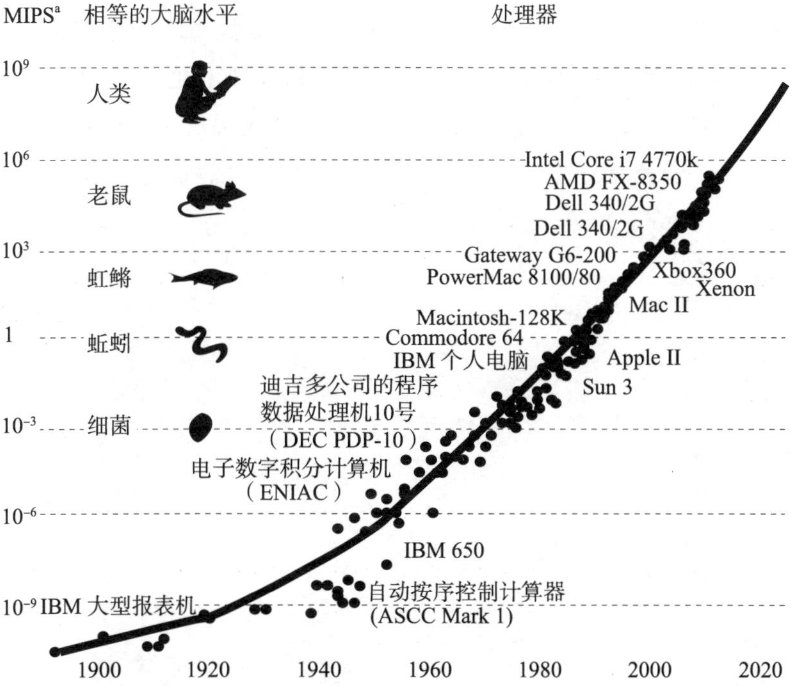


注：a. MIPS是计算速度单位，相当于每秒百万条指令。

**图 4-3　计算能力的崛起与动物大脑的发展演变**

放弃在现场装修办公室的传统办法，改为在工厂内生产办公室的内部装修材料，DIRTT 公司已经让施工从传统的灰尘满天、杂乱无章进入到资源革命的世界。其他公司可以尾随 DIRTT 公司的脚步，将自身的核心产品和服务分解成最基本的模块，对界面进行定义，将这些模块拼装起来，并找到整合入最新软件的方法。

**公司的成功仅受限于其想象力。**例如，清洁能源金融公司（Clean Power Finance）就参考借用了网络交友服务技术。这一技术的早期支持者、Match.

com 创始人加里·克莱门（Gary Kremen）和清洁能源金融公司使用类似于网络交友服务的运算公式为顾客寻找匹配的合适资金。

在下一章中，我们将会分析成功的另一项核心要素，即提高系统的整合度。现在，我们已经确定取得成功所需的各个零部件，但如何通过正确的方式将这些零部件打包在一起，这点具有相当的难度，但也至关重要。正如马克·吐温（Mark Twain）曾经说过："正确的词和错误的词之间的区别就像闪电（lightning）和萤火虫（lightning bug）之间的区别。"

RESOURCE REVOLUTION How To Capture The Biggest Business Opportunity In a Century

## 本章小结

面对当前的环境，经理人必须：

**提高标准化和模块化，**为 21 世纪生产通用件。

**探寻新的方法，**为客户提供得到改进的产品功能，同时又不依靠老式的产品结构。

**使用新材料、设计和软件分析技术。**

**运用软件、运算公式和自动化**改善产品本身，同时也改进制造、配送和服务价值链——改善产品性能，减轻产品重量和成本。

**让产品可以不断地进行升级，**挖掘软件即服务这一交付模式中的巨大潜力。

RESOURCE REVOLUTION

# 05

## 物联网商机

### 让机器开口“交谈”

◎ 系统整合，就意味着 1+1=11

◎ 我们需要的是智能电网，不是多盖电厂

◎ 政府建立智能电网，民间商机庞大

◎ 系统整合，一点儿巧思就能更省更快

◎ 未来的成功方程式，打破现状你才找得到著名经济学家、《纽约时报》专栏记者保罗·克鲁格曼（Paul Krugman）曾在1998年宣称“互联网的发展速度将会大幅减缓”。这也许是他最想从大家的记忆中抹去的预言之一吧。他曾经说，人们预言未来会有急速的发展，而这些都太过依赖于“互联网效应”，即网络中每增加一部手机或计算机就会提高网络中其他所有设备的价值，进而推动进一步的发展。这位专栏作家写道，这种预测逻辑的缺陷在于“多数人并没有什么话要同其他人说”。克鲁格曼曾于2008年获得诺贝尔经济学奖。一个如此荣誉载身的人都能如此彻底地低估网络效应的伟大影响力，我们其他人就更应该多花点儿时间以便确保自己了解网络效应给我们带来了什么。

放开当前的手机网络、道路网络和类似的其他网络不说，这个世界正在打造一个有史以来最为复杂和强大的网络，即物联网。截至目前，互联网让人们可以彼此沟通，与其他设备进行互动，例如访问网站。不过，设备彼此会越来越多地相互交流，无须人类的参与。也许在未来，每个人的手机里都会携带着这个人的舒适参数，当他走进房间时，手机就会告诉恒温器和照明装置应该做何种设定。当房间空无一人时，恒温器，甚至是烟雾探测器可以检测到房间无人，从而停止制热或关闭灯光（这让青少年的父母们不再感到万般沮丧）。在办公室里，恒温器可以查看日历，知道第二天是假期后就会自动停止制热。恒温器还可以查看天气预报，提前知道某天会非常炎热，这或许意味着这栋建筑应该整夜进行自行冷却，因为此时的电费比较低。爱立信（Ericsson）是一家大型通信技术开发商。该公司估计，截至21世纪20年代末，将会有500亿台设备连接到互联网中，而且其中约有80%的设备完全仅在设备之间进行对话，而不是与人进行对话。换言之，400亿台设备可以在幕后代表运行它们的人自行开展工作。

这点对于资源革命的意义相当深远。过去，许多企业的运营效率低下，因为特定的机器难以（或不可能）彼此之间进行对话。例如在工厂车间内，不同厂家制作的机器各自运行，所以整个工艺流程的每个环节更需要独立进行管理，而不是成为一个流畅统一的系统。同样，在办公室里，锅炉、空调和其他设备也只是说着自身制造商的语言。有了物联网后，机器可以彼此之间相互对话，而且会有数亿个传感器和摄像头加入这场对话。这给效率的提高以及在提供新产品和新服务上的机会将会是前所未有的。

**RESOURCE REVOLUTION**
**资源革命洞察**

如果物联网内的所有设备都有各自的用处，那么它们就必须被适当地整合入整个产品和商业模式中，并且要更好地符合现有的法律框架，融入现有的基础设施和供应链中。设备必须设计出合适的界面，且要便于人们理解和使用。在旧系统中增加新的软件功能只会降低绩效，而且我们在上一章中已经探讨过，每家公司的运营框架早已经因为那些挑战而变得错综复杂。我们已经说过，根据第一条原则，要想将产品分解为最小的模块，经理人就必须找到方法尽可能地增加软件——对此我们想说的是，经理人必须在这个非同寻常的新机遇下进行这项工作，以便收集更多的信息，改善企业内部的沟通。

实现这一切的唯一方法就是特别强调本章的主题，即系统整合。我们也将探讨如何考量新的商业模式，因为商业模式通常要充分体现整合的优势所在。

## 系统整合，就意味着 1+1=11

系统整合的原则已经存在了很长一段时间，但坦率来说，多数公司并不擅长这一点，这在资源密集型领域尤为如此，原因就在于相关技术已经存在了很长时间，没必要再整合入新的技术。例如，众多公共事业机构过去曾利用实验室测试如何将新技术整合入电网中，但在 20 世纪 70 年代和 80 年代，成本压力推动了行业进行重组，这些实验室也因此被关闭。

此外，进行系统整合要面临的问题都相当艰巨。系统整合更像是管理一个生态系统，而不是解决工程学院里遇到的微积分问题。系统整合相当错综复杂，这也能解释为什么在数十年的尝试之后，中国截至目前尚未生产出颇具竞争力的商业客机，因为中国尚未能掌握波音公司和空客公司的技术。这两家公司已经在重量、性能、座位配置和其他所有因素方面进行了种种权衡，才能设计出最出色的飞机。

正如波音公司和空客公司所经历的，成功带来的回报相当可观。但即使有哪家公司解决了这个问题，也不意味着其他公司就可以解决这个问题，因为问题本身太过艰巨。例如，BBBY 公司（Bed, Bath & Beyond）的客户可以光临门店，浏览他们在小孩去上大学时希望购买的所有物品，然后将所有物品用一个箱子打包，直接送货到孩子所在的千里之外的学校宿舍。不管是让本地的门店打包和运送所购物品还是让最靠近那所大学的门店来做这些事情，这都不是一件简单的工作，成本都会很高。相反，BBBY 公司对自身系统进行了精心设计，从而保证每个流程以最高的效率进行，并将流程中的各个环节紧密地整合在一起。显然，竞争对手已经看出了该公司的工作方式，但尚未能进行复制。

**只要方式正确，系统整合就意味着 1 加 1 等于 11。如果方式错误，那么整合就可能导致 1 加 1 变成 0。**

尽管系统整合工作非常艰巨，但公司可以从以下三项工作着手，大幅提高成功的概率。

- **了解问题的范畴。系统非常微妙，而且许多变量会同时发挥影响力。**认识到这一点，公司就可以拔得头筹。
- **引入具备相关经验的人才。**我们将在第 8 章中更进一步分析如何寻找这些人才（或者如何培养这些人才）。有时，经验并不一定真的存在，因为团队负责处理的是新问题，但经理人必须去寻找所有可用的专业技术。
- **只要可能，建立模型，然后进行测试。**因为系统错综复杂，了解流程是否有效的唯一方式就是对它进行测试。现在，公司完全可以通过计算机模型进行大量的测试。

自 20 世纪 40 年代开始，洛克达因公司（Rocketdyne）常常会让洛杉矶附近的居民感到心有余悸，因为这家公司为军队开发的火箭发动机定期会在一个专门用于秘密测试的地方爆炸。在找到正确的设计方案之前，洛克达因公司会有多达 20 个版本的新设计需要在测试中爆炸。火箭发动机由铜管制成，和成本高出许多的黄金一样，铜的柔软性和弹性相当大，足以应对火箭发动机的巨大震动，不会发生破裂。难点在于，铜的熔点比其他金属都要低，远远低于发动机喷射出来的废气的温度。所以，工程师们必须使用液氢作为发动机的燃料，液氢会流过火箭排气口的铜管，让燃料达到点火温度，同时又要让铜的温度低于其熔点。在形状或燃料流方面出现任何一点小错误，或者是发动机内部形成任何一个热点，都会让一截铜管熔化，然后就会出现爆炸。洛克达因公司的工程师们会收集散落在地面的碎块，努力找出出错的地方，然后才能调整设计，推出新的版本。通常情况下，又是一次爆炸发生。但在大约 10 年前，该公司已经将测试过程中的爆炸次数减少到2~3次。现在，因为有了计算机建模技术的发展，该公司可以一次就保证发动机设计的正确性，不再需要充满神秘性的爆炸了①。

要想了解如何进行系统整合，我们将分析电网在未来几十年里的发展趋势。这是一个非同寻常的难题。部分原因在于，系统整合在过去的100年里基本没有任何变化。人们开玩笑说，如果电话发明家亚历山大·格雷厄姆·贝尔（Alexander Graham Bell）复活，看到我们正在使用的电话网络和移动设备，一定会为之惊骇不已。但如果托马斯·爱迪生复活，看到我们使用的电网，他会说："哇，这就是我当初设计的样子呀。"说它是个难题，还因为所需的变革要相当深入。电网当前主要是连接发电厂及其客户之间的辐射系统，但它必须发展成同互联网一样灵巧和复杂的网络。尽管相比多数公司的规模而言，这个系统的规模会有点骇人，但电网是一个非常生动的例子，可以让我们从中了解所有公司将要面临的变革和机遇。

在探讨电网存在的系统整合问题时，我们也会分析可以采用哪些新的商业模式，因为资源革命将会带来如此众多的变化，必须建立和推行新的商业模式。

## 我们需要的是智能电网，不是多盖电厂

当前电网的状态就如同20世纪40年代的电话系统。那时，长途电话要提

① 商业客机的发动机也使用同样的原理，这点可能会让人们感到惶惶不安。发动机所谓的"发热部分"是指在点火后，此处的废气处于最高温度和最高速度。发热部分内有一个涡轮，推动前端的压缩机和风扇部件。压缩机和风扇负责提供高压空气，从而为燃料提供燃烧所需的氧气。涡轮同时也为飞机内的空调和控制系统提供电力。在火箭排气嘴处，发动机废气的温度超过了用于制作涡轮叶片的合金的熔点，只有叶片上流动的燃料可以给叶片制冷，让整个发动机不至于熔化或爆炸。喷气发动机的测试方法就是让一只冷冻火鸡被吸入发动机前端，以确保如果飞机意外遭到群鸟冲击时发动机在飞行中依然能保持稳定的性能。

前至少 2 个小时安排，话务员必须人工接通电话。长途电话可能需要 15 分钟才能接通。

1920 年，美国电话电报公司（AT&T）的总机主管穿着溜冰鞋，监督长途电话话务员的工作

这种情况在现在看来简直会让人发狂。但我们的公共事业系统现在一般会提前 24 个小时安排发电和输电，并且会以 15 分钟为单位，以便有充足的时间对发电厂进行人工干预①。

但还是有希望的。第二次世界大战之后，电话系统内的转换器被自动继电器取代，而现在被人们视作理所当然的电话区号也诞生了，也就不需要大量话务员了。然后到 20 世纪 80 年代，思科公司发明了软件定义网络（SDN）路由器，成为电话网络的核心部分。有了该路由器，每次通话就不再需要专门的线路，从而大幅降低了成本，为手机和互联网通信开放了系统。此类翻天覆地的改变也将发生在电网中。

① 电力公司（如加利福尼亚州的电力公司）现在开始尝试近乎实时的电网控制系统，该系统可以在 5 分钟内对额外的电力需求作出反应。但即使是最出色的系统现在都无法像我们的通信网络一样几乎是立即就能作出回应。

美国发明家、电网之父乔治·威斯汀豪斯（1864—1914）

现代的电网可以追溯到1885年。当时，托马斯·爱迪生和乔治·威斯汀豪斯争相制定标准，希望美国能体会到电的魔力。有了交流电后，在接下来的一个世纪里，美国多数时间都在修建电网，为全美上下提供电力服务。该网络靠的是5 800家中央发电厂。电网的修建曾被称为20世纪的工程奇迹，但电网的基本技术自爱迪生和威斯汀豪斯时代以来几乎没有什么改变。电路基本上都已有40年的历史，有些甚至超过了100年。电网已经老态龙钟。

现在，许多公共事业机构仍然不知道自己的电网出了什么问题，或是哪里出了问题。公共事业机构了解自身线路问题的通用方法就是等大量客户打来的投诉电话，而不能直接接收到问题自己发出的信息。要解决变电站的问题，通常就是派维修工到现场断开开关，而无法在办公室远程进行这项操作，或者说更好的情形是，让电网自己察觉到问题，然后自动处理问题或调整输电路线。

RESOURCE REVOLUTION 数解资源革命

通常情况下，在特定的时间里，只有20%~40%的电网传输能力得到了使用，而且发电厂只有30%~40%的发电能力得到了使用。许多“高峰期”发电厂都是闲置的，每年只工作几十个小时，就因为在夏天最炎热的那5天里会出现空调使用的高峰，而这些发电厂到时能运行起来，以应对这段需求高峰。此外，这些工厂的运行成本太高，以至于公共事业机构在需求高峰时依旧亏损，尽管消费者依然感觉电费过高。只有略超过 50% 的发电厂燃料转化成了电力，而有超过 10% 的电力在从工厂到终端用户的输送过程中被消耗掉了，也就是所谓的线路损耗。许多公共事业机构仍然使用着 20 世纪 50 年代的 COBOL 语言（即商用高级计算机编程语言），而且其中一些机构依然会将数据重新输入，以便每月能向用户提供纸质账单（见图 5-1）。

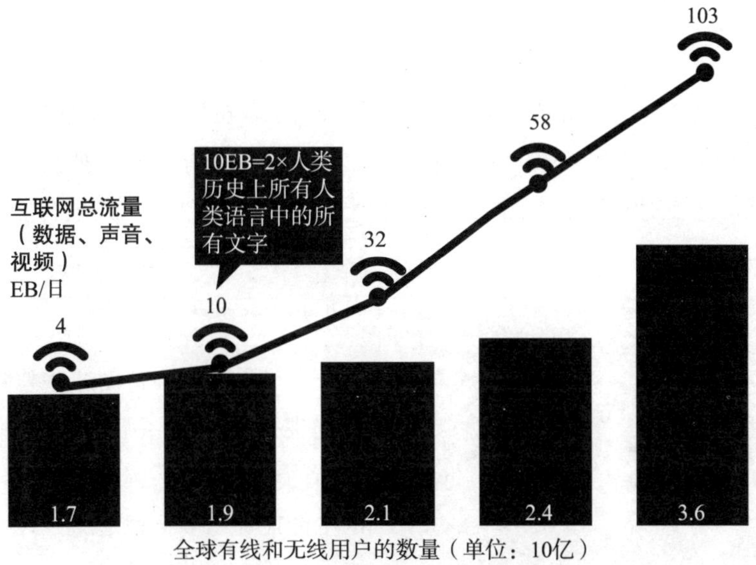


**图 5-1　电信用户和数据流量**

公共事业机构不仅要消除大量低效的问题，同时还必须适应快速变化的环境。屋主们正在自己的屋顶上安装太阳能板，这种行为不仅会导致公共事业机构的客户流失（通常情况下还是带来利润率最高的那部分业务的客户），同时也要求公共事业机构思考如何将屋主们多余的电力并入电网中。当前，在德国北部的部分地区，人们可以使用太阳能和风力发电，除非配电网达到最高负荷，无力再增加发电量，这意味着可再生能源必须关闭，不能再并入电网中。工程师正在开发先进的建筑控制技术，并且建筑设计师已经设计出更为节能的建筑，可以等到下班时间再消耗电力。例如，奥斯汀等城市会在晚上使用廉价的电力让水结成冰，然后到了白天，通过在冰上进行风循环，从而让整栋建筑变得凉爽。新的空调系统同样使用蒸汽冷却建筑，而不是靠当前让空调产生较大噪声的压缩机。此类没有压缩机的空调系统可以减少耗电量 50% 以上，消除大量会在下午出现的用电高峰。美国的公共事业机构通常都是根据这种下午的用电高峰来设计自己的电网。照明正在变得越来越高效。相比白炽灯，LED 灯泡将用电量减少了 85%，公共事业机构可以继续推动这种电气化的发展（包括从港口到割草机等一切物品）。

当电动交通工具得到大量的应用后，公共事业机构就必须适应这种情况，即某个用电量相当于一栋商业建筑或小型工厂的用电单位拔掉插头，移动位置，然后又在别的地方插上插头。公共事业机构必须培养强大的整合能力，不仅要整合自己所做的工作，还要整合其他相关企业正在进行的工作。

第一个变压器的发明者、物理学家尼古拉·特斯拉（Nikola Tesla，1956—1943），其身旁是他在 1895 年制作的电子振荡器

大量科技将会帮助这些公共事业机构进行再创造。例如，电网中广泛分布的电池可以大幅降低成本。存储的电能能够以顺畅稳定的方式释放出来，从而允许发电厂更高效地运转，再根据需要使用电池内存储的电能，不再需要整座发电厂为了几天内的几个小时而整年待命。固态变压器使用的是最新的半导体技术，目前被用于高速列车和军用飞机上。这种变压器的可靠性更强，成本又比传统变压器低许多。传统变压器相当庞大，使用的是铜。有了这种新型变压器，变电

站将只占据较小的空间，不再需要占用城市的整个街区①。电动交通工具也可以起到储电的作用，在用电需求低的时候存储电能，这样发电厂就可以高效地发电。网络中的传感器能够发现网络中存在的问题，并对问题进行修正，或者是调整输电路线，这在很大程度上就像是当前互联网上的数据流。住宅和办公室内的智能电表将能与用户进行互动（见图 5-2）。要实现用电均衡不能仅靠增加发电量，还要减少对主输电距离的需求。电力可以双向输送，从电量过多的地方向需要用电的地方输送，而不是让仅仅几个发电厂去生产所有的电力。

**要想实现 21 世纪的电网，首先，公共事业机构必须精通于系统整合。**当前，公共事业机构每年收集约 6 000 万个数据点，即 500 万名客户和 12 个月的电费账单。当智能电表得到广泛使用后，公共事业机构每天将处理 50 亿个数据点。所以，电网必须进行重新设计，以充分利用新型变压器，充分发挥察觉问题和自动解决问题的能力，以及利用太阳能价格不断下降的机遇在数百万个屋顶上安装小型发电厂。不过，公共事业机构必须将所有有利的新技术整合到我们身处的环境中。在当下的环境中，单纯地在网络中安装一个传感器都必须长时间关闭一段输电网络，其成本非常高昂。

**其次，公共事业机构首先必须要认识到面前的机遇和挑战并存，且都非同一般。**它们必须时刻问自己一些尖锐的问题：公司已经评估了所有嵌入软件的机遇吗？公司在评估其他设计方案时是否积极地邀请了供应商参与其中？利用设计工具评估成本和时间以及在设计中进行价值权衡，会带来哪些成本？新项目能否很好地融入全球网络中？公司必须思考此类问题。

① 从根本上来说，公共事业机构将追随计算机此前的发展道路。在第一代计算机诞生时，也就是在第二次世界大战结束前，计算机就像是一个电线做成的老鼠窝，使用了数千个真空管，而且有一间大房子那么大。在早期的军用计算机时代，士兵们站在房间四周，随着准备着，一有真空管烧掉就马上进行更换。从 20 世纪 60 年代开始，计算机开始向固态晶体管转变，在硅板上蚀刻出晶体管。现在，芯片上通常有数亿个传感器。公共事业机构使用的转换器和变压器就相当于第二次世界大战期间的计算机技术。但计算机世界自那之后已经有了巨大的进步，因而公共事业机构可以在此基础上一跃完成数十年的发展道路。

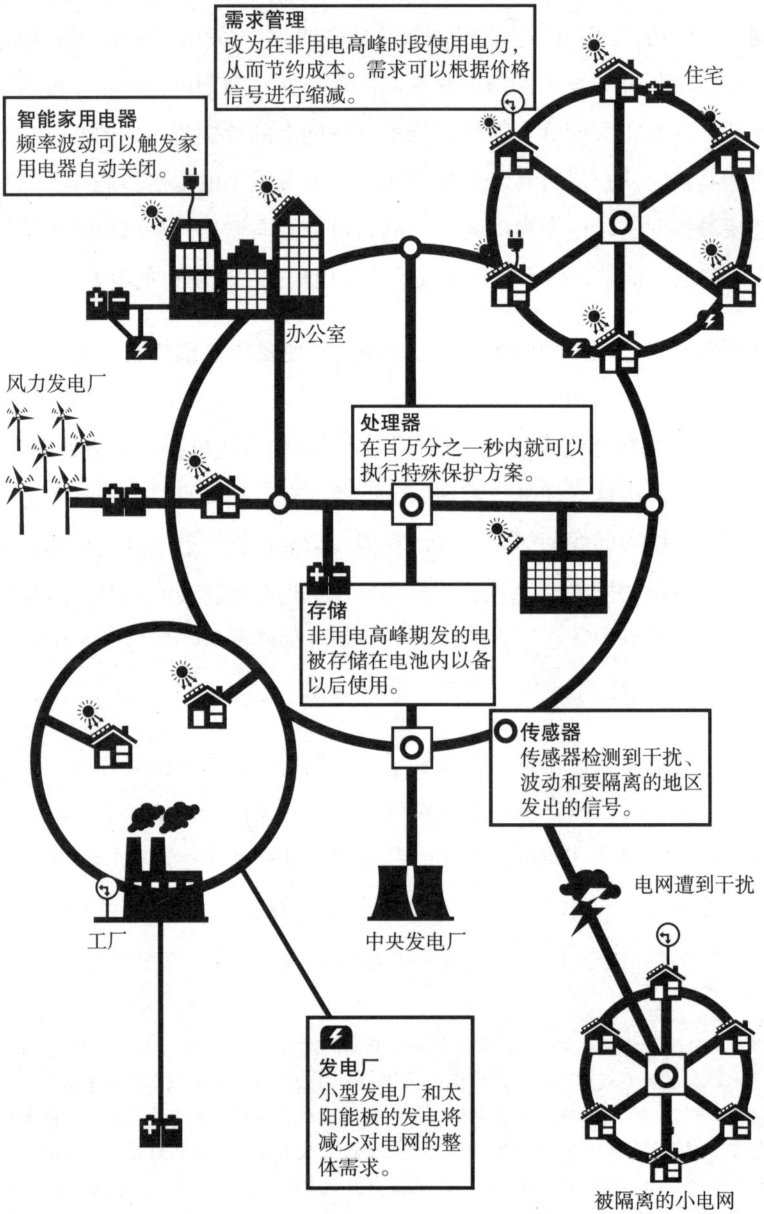
需求管理
改为在非用电高峰时段使用电力，从而节约成本。需求可以根据价格信号进行缩减。
住宅
智能家用电器
频率波动可以触发家用电器自动关闭。
办公室
风力发电厂
处理器
在百万分之一秒内就可以执行特殊保护方案。
存储
非用电高峰期发的电被存储在电池内以备以后使用。
传感器
传感器检测到干扰、波动和要隔离的地区发出的信号。
电网遭到干扰
工厂
中央发电厂
发电厂
小型发电厂和太阳能板的发电将减少对电网的整体需求。
被隔离的小电网

图 5-2　智能电网

**再次，在这条发展道路上，政府监管部门也必须成为公共事业机构的合作伙伴。**尽管监管部门从来都不处于创新的前沿，而且多数公共事业机构更愿意只要实现投资的既定回报率即可，但监管部门必须直面电网在未来 20 年里将会经历的巨大转变，并且开始绘制如何实现转变的蓝图。

**最后，为了对电网的方方面面进行整合，公共事业机构必须对软件和控制系统进行大手笔的投资，否则就会深陷泥潭。**只有少数公共事业机构设有 CTO 和软件工程部门。几乎没有公共事业机构设有软件部门，而要实现硬件和软件控制的整合，管理产生大量数据的智能电网，软件部门必不可少。

好消息就是，公共事业机构所需的众多功能并非什么新技术，尽管公共事业机构对这些既有功能并不是很熟悉。公共事业机构每年要同客户进行数百万次沟通，但还没有到数亿次，所以移动手机公司懂得如何管理公共事业机构将面临的沟通次数。航空航天公司也懂得如何处理动态系统中的庞大数据量。这些都有待公共事业机构去寻求合作（见图 5-3）。

其他国家也是新专业技术的重要来源。1996 年，太阳能和风能这些可再生能源的发电量在美国的整体发电量中只占 0.06%。这个数字到 2013 年已经增长到了 5%，不过对电网的稳定性并未造成任何较大的影响。但鉴于美国监管机构的各自为政和数不清的电力传输瓶颈，如何能够保持这个发展速度，这其中的变数太多。

美国的公共事业机构可以向德国学习。在德国，公共事业机构成功地让可再生能源的发电量在总发电量中平均占到了 36%，高峰时间甚至超过 59%。中国的国家电网也有一定的专业技术，在偏远沙漠内建有发电中心，并且可以将发电中心所发的电输送到沿海城市，且途中并无太大的线路损耗。

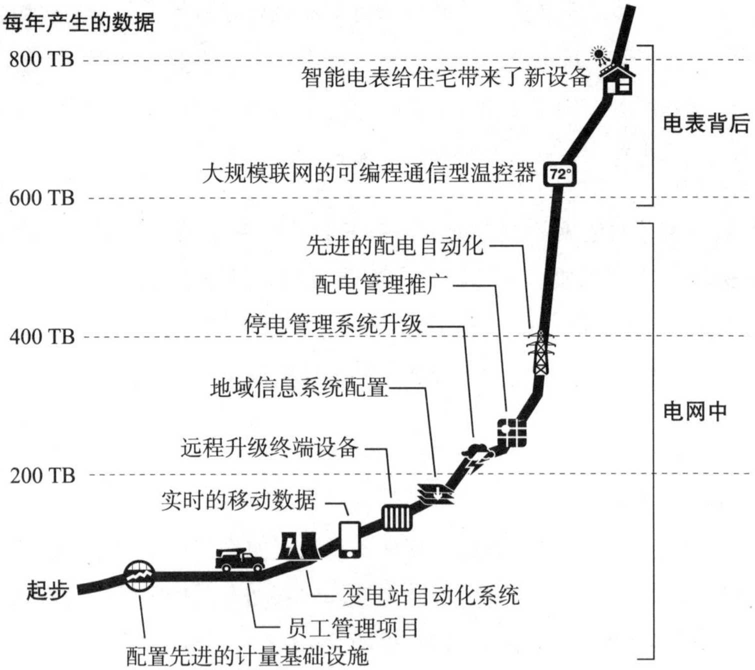


图 5-3　智能电网产生的新数据的增长

## 政府建立智能电网，民间商机庞大

若要开发新版本的电网，将会需要庞大的计算模型，以确保负荷实现均衡，电网不会受到外部攻击，同时未来对网络的改变可以通过软件升级得以实现，无须中断整个电路。正如此前所说，在整个电网上设置电池可以让发电过程更为顺畅，提高公共事业机构的效率。但是，还没有人针对电池将会如何改变电网上的电流建立基本的模型。所以，依然有许多问题有待我们去了解，而这还只是开始。目前的电网类似于 20 世纪 40 年代的电话网络（和众多的操作人员），要转变成现在的互联网形式，公司必须乐于进行无穷无尽的试验，充分发挥这种转变所带来的效益。

公共事业机构及其供应商还要展开更多的协作。参与电网的每家公司不能各自为政，而是要制定标准，以使每家公司、每台设备以及每位客户都可以同其他任何人和设备进行沟通。如果电信公司、无线路由器制造商、手机和平板电脑开发商以及其他公司在信号传输上都只是自顾自地采用自己的方法，那么无线通信的效率将不及现在的 1/10。WiFi 的魔力就在于一早就树立了标准，所以每个人和每台设备可以彼此之间进行对话。有时，标准会自己浮现出来，就像家用录像系统 VHS 比 Beta 制录像系统更为出色，自然就发展成为录像机的标准。有时，政府会设定标准，比如对互联网。不过通常情况下，人们必须苦苦争取数十家其他公司一起就标准达成统一。这不是什么有趣的事情，但相当重要。正是这种方法让我们拥有了 WiFi。全行业内的工程师努力了数年才制定出 802.11 标准。

电力公司彼此之间也要在规划、资本升级和时间安排上进行协调，并与其他公共事业机构进行协调。美国电网的不稳定现象大部分源于两类问题：一是树木在暴风中将电线带倒，二是传输中的瓶颈问题，或者说是在管辖区交界处的传输能力问题。要解决第一个问题相对来说比较简单：将电线移至地下，日本和多数欧洲国家已经采取了这种方法。在美国，难点不在技术方面，而在于经济账，将电线埋到地下的成本将会相当高昂。但协调可以解决这个问题。住在纽约市时，斯蒂芬曾看着自己所住的街道被当地的电力企业爱迪生联合电力公司（Con Edison）挖开。然后由交通部门重新铺好街道，结果在桑迪飓风之后，威瑞森（Verizon）又再次挖开街道铺设光纤，强化其基础设施。如果将光纤、电话线、电线和有线电视光缆等同时铺设在同一个管道内，而街道只要挖开和重新铺设一次，那么将电线埋至地下的成本并不会太高。纽约已经在近 5 年内暂停颁布地下施工许可，以免将刚刚重新铺设的街道再次挖开，从而实现了这种协调。但这一方法显然缺乏公共事业机构之间在维护和改进计划上的协调。

这种缺乏协调的问题也让发电和输电企业颇为头疼。目前，每家公共事业机构自行制定计划，单单美国一个国家就有 3 000 家电力公司，其中有 200 家大型企业，其余的则隶属于社区或市政府。独立系统运营商（Independent System Operators，简称 ISO）负责对众多市场内的输电能力进行规划，但这种机构也有数十家。此外，美国东部、西部和得克萨斯州的电网也没有并在一起，它们都分别运行独立的电网。众多市政府都有自己的电网，只有部分是与州和地区电网并在一起的。

如果在更大的区域范围内进行协调，那么电网补偿就会变得更为轻松，成本也会降低。风速、日照和温度上的差异也能得到平衡。将不同时区的电网连接在一起也有助于电网补偿，因为日用电高峰主要是在工作日，而不同时区的高峰时间也不同。我们的模型显示，如果电网覆盖范围超过数百英里，而且内设 1 000 多个发电源，那么即使综合可再生能源发电，整个电网也会像核电厂一样可靠。可再生能源发电之所以被视为不可靠，是因为风不会总是在刮，也不会始终都太阳高照。

美国的数千家公共事业机构由 50 个州不同的公共事业委员会单独进行监管，它们基本上不会去思考与区域以外的公司进行协调是否可以降低网络升级的成本这一问题。其系统在设计时考虑的是传输电力和通过系统性的供过于求来确保供电的稳定性，也就是所谓的备用容量。备用容量是指，所购电量比所需的电网负载要高出 2%~6%。但公共事业机构和监管部门的模型都必须得到进一步的发展。

## 系统整合，一点儿巧思就能更省更快

说到系统整合，电网所面临的挑战是其他所有行业都不曾面对的。但对于无数行业来说，也必须同等强调系统整合。零售商必须更好地在自己的货架上摆上尺寸、式样和颜色合适的产品，以提高销量，减少浪费。运输公司必须更好地均衡自己的租赁车辆，以便在正确的时间安排正确的车辆到达正确的地点。医院必须能更高效地处理病人不同的症状和状况，提供不同的医生进行治疗。

奥的斯电梯公司早已制定出一套整合度很高的方法，使其电梯能够以最高

奥的斯电梯公司创始人伊莱沙·格雷夫斯·奥的斯（Elisha Graves Otis，1811—1861）1853年在纽约市的水晶宫向大家展示自己的安全装置

效率运转。每台电梯都可以与中央服务中心对话，不仅是报告错误信息，同时也能报告使用小时数、电缆磨损情况以及按下按钮和电梯到达之间的等待时间，系统因而能够使用这些数据提高服务质量。奥的斯电梯公司的软件可以对空载电梯的默认停靠位置进行编程，从而使电梯可以在中午12点至2点之间停靠在建筑内的餐厅位置，而不是像早晨一样停靠在一楼等待。信息也会向另一个方向传递。控制中心的售后服务人员可以远程解决众多电梯问题，让电梯不停靠正在进行施工的某个楼层，甚至是无须前往现场就可以快速救出因停电而被困在电梯里的人员[①]。

通用电气公司让我们看到了众多公司当前的系统整合工作可以带来哪些好处。2012年，通用电气决定在肯塔基州路易斯维尔市制造几款节能热水器，将本来设于中国的生产任务拿回美国。一部分原因是为了减少运输成本，还有一部分原因是为了充分利用页岩油和页岩气革命带来的低成本电力，另外一部分原因是为了缩短从订单到交付之间的时间。通用电气过去将热水器从中国运送到美国需要4周的时间，然后要再花一周时间清关。现在，从工厂到仓库只需要30分钟。在中国生产热水器时，通用电气公司的设计师们只提供规格数字，让外包商们操心如何实现这些规格。

将制造工作搬回美国后，通用电气公司的设计师、工程师、制造专家、线上工人以及销售和营销人员都需要进行合作。他们意识到现在的设计需要密密

① 奥的斯电梯公司早就已经开始系统整合工作。1989年旧金山大地震期间，控制中心立刻就知道该地区发生了地震，因为那时旧金山的每台电梯同时要求进行维护。

麻麻的铜管，那意味着要进行大量的焊接工作，而且会影响到产品的可靠性，给售后服务带来麻烦。于是，通用电气公司彻底修改了设计。在这一过程中，通用电气公司的原材料成本降低了 25%，将在中国 10 个小时的生产时间缩短为美国的 2 个小时。尽管美国工人的工资要比中国工人高出许多，但在美国制造的热水器零售价要比中国制造的热水器低近 20%；质量也有所提高，因为设计更改后无须再进行难度很大的焊接工作，所以产品保修期间的修理数量也有所下降。由此可见，设计和制造之间的整合带来了巨大的成功。在这些成功的基础上，通用电气公司正投资 8 亿美元在路易斯维尔市扩大其家用电器的制造规模。

安赛乐米塔尔公司（ArcelorMittal）在美国印第安纳州勃恩港有一家工厂，但业绩不佳。2008 年，该公司在比利时的根特市又修建了另一家一流的工厂，并且让美国的那家工厂在系统整合上达到了比利时工厂的标准，从而获得了巨大发展。印第安纳州的这家工厂放弃了由电话、纸张和人组成的老系统，安装了传感器和计算机控制系统。该系统会提醒工人们何时将铁矿石倒入钢水包中，何时加入合金以及何时将钢铸造成钢板。工人们在对钢卷进行修边整形时可以减少其中产生的废料，每年减少的废料总量可以生产 1.7 万辆汽车。工厂的产量也增加了 20%，因为整个流程更为流畅，这意味着减少了备用工作。备用工作会导致钢冷却，然后钢要再次加热——而在钢厂，温度就是金钱。

勃恩港的工会代表说：“工厂的工作通常需要 80% 的体力加 20% 的脑力。现在则是换过来了。”《华尔街日报》的一名记者曾问该工厂的经理，未来某一天他是否可以仅凭一台 iPad 就能维持整个工厂的运行，得到的回答是：“不是没有可能，这个问题还没有确切的答案。”

## 未来的成功方程式，打破现状你才找得到

公司在解决复杂的整合问题时，也必须乐于对潜在的商业模式进行尝试。

例如，随着住宅和写字楼屋顶的太阳能发电量越来越大，公共事业机构必须同时成为电力的卖家和买家。巨额的电网维护成本必须分摊给大幅减少的用电量。公共事业机构必须按照备用容量收费，而不是以千瓦为单位。

整体而言，人们在资源革命期间需要倍加关注商业模式。问题的核心与哈佛大学教授克莱顿·克里斯坦森（Clayton Christensen）描述的创新者的窘境一样。领头的公司已经积累了大量的经验法则，即对成功的关键因素的假设和信念。新的技术和新的商业模式有悖于或会改变其中的部分假设，但只有管理团队意识到这些隐含的假设条件和观念，并且暂时将这些假设条件和观念放在一旁，从而对变革进行思考，这样才能发现那些新技术和新的商业模式。但如果公司坚持前人的智慧、经验和知识，那么这项工作就很难开展。也正是因为如此，既有企业才很难抓住颠覆性创新带来的收益。原因并非是经理人不出色，而是优秀的经理人在按照自己此前最出色的经验开展工作。渐进式创新可以很快扩大规模，并进行合并。颠覆式创新要求人们在客户群、商业模式或绩效衡量指标上进行变革，这些方面都不再是过去带来成功的那些因素。

资源革命中的问题将会比克里斯坦森的描述复杂很多。他所举的例子主要涉及一个行业内的变化，例如电弧炉和小型炼钢厂取代了传统的顶吹转炉炼钢工艺（Linz-Donawitz）。资源革命涉及的面要宽广很多。例如，消费电子产品可以颠覆汽车市场，激发电池领域的创新，让电动交通工具开创一个庞大的市场。汽车此后可能会颠覆公共事业机构，成为电网中的分布式存储单位。住宅可以直接使用汽车发电，或者是使用从汽车中拆卸下来的电池，并且可以在晚上电价较低时储电。

银泉网络公司（Silver Spring Networks）是一家著名的传感器和软件制造商，其产品让智能电网变成可能。该公司采用的是一种新的商业模式，服务提供商可以在电网改造之外加以运用。服务机会将会无处不在。银泉网络公司的创始人们从超市中获得了灵感。在为宝洁公司的一家超市项目工作时，埃里克·德瑞塞尔修斯（Eric Dresselhuys）了解到收银台条码扫描器的一些基本情况。深入的研究显示，扫描器并不能提高收银过程的准确性或效率，但却在供应链中发挥了很大作用。条码扫描器让零售商可以更准确地衡量客户的需求，对改变进行预测并作出反应。

德瑞塞尔修斯将同样的逻辑运用到电网上。银泉网络公司的电表不是对个体的用电量进行更准确的读数，而是针对整个电网系统。这些电表让公共事业机构能够快速了解到哪条线路停电了并快速作出反应。而且有了这些电表，公共事业机构可以预测到电网上的负载变化，并且作出回应。用自动化的系统替代电表抄表员，其好处远远大于安装新设备所带来的成本，但最主要的影响在于提高了电网的可靠性，同时减少了电网的运营成本和资本要求。在桑迪飓风肆虐期间，采用智能电表的电力公司的停电现象相比更少一些，而且停电时间相比更短。传统的电力公司仍然要派人查看问题进行检修，才能恢复供电。

另一家初创企业 AutoGrid 与银泉网络公司合作，采用了另一个层面的新商业模式。AutoGrid 公司使用最新的数据和信息技术分析智能电表的读数，为电力公司提供关于用电情况的综合衡量指标，以便电力公司可以更好地为电网的变化做好准备。

C3 能源公司（C3 Energy）则在此基础上更进一步。公司的创始人是汤姆·西贝尔（Tom Siebel），他曾在 20 世纪 90 年代中期创立希柏系统软件有限公司（Siebel Systems），并率先发明了用于销售自动化的工具，后在 2005 年作价 58 亿美元将该公司出售给了甲骨文公司（Oracle）。C3 能源公司帮助公共事业机构使用其收集的大量信息改善客户满意度，降低成本，并提高网络性能。C3 能源公司已经开发了一些分析工具，从公共事业网络上收集实时数据，然后制作一系列仪表盘，帮助公共事业机构的经理人进行决策。例如，客户经理现在可以查阅用户的用电模式，然后就如何提高用户的绩效提供具体的反馈意见。公共事业机构可以致电大型零售商，告知对方某台空调在商店关门后仍在运行，或者门店的用电出现波动，这意味着空调的压缩机要出现故障了。C3 能源公司的工具也可以帮助运营经理减少因为网络电流出现不均衡的增加或减少而产生的电力损耗，将全美国的线路损耗从现在的近 10% 减少到 3%~5%，这相当于可以关闭数十家发电厂。

我们曾在第 2 章中介绍过 Opower 公司，该公司使用大数据鼓励客户减少自己的用电量，从而成功开拓了业务。Opower 公司身上也体现了新商业模式的巨大力量。

在下一章里，我们将会重点介绍如何大规模地推广创新。我们将分析灯泡和 LED 市场的学习曲线。而且在第 7 章中，我们将探讨新商业模式的最后一个例子，也是最高效的一个例子，即太阳能系统融资领域的创新。这项创新让太阳能系统吸引到了大众市场的兴趣。

我们也将探讨成功的另一个关键因素，即时机。时机可以从两个方面来分析。当客户或政府并未做好准备接纳特定的资源创新时，公司通常会失败。但科技的发展速度究竟有多快？替代性技术或商业模式会如何一跃得到完善？大型企业如果在这两个问题上作出错误的判断，将很可能被颠覆。

RESOURCE REVOLUTION How To Capture The Biggest Business Opportunity In a Century

## 本章小结

要充分发挥资源革命的作用，公司必须坚持不懈地进行系统整合。这也意味着：

**将工业设备整合入数字网络中，**从而提高产量、生产能力和效率。

若要确保网络的稳定性，提高经济回报，**整合的标准至关重要。**

**让网络性能最优化。**了解网络的每个组成部分可以怎样进行配合，由此可以实现效率的最大化。

**尽可能地针对整体系统的性能建立模型，**并且与系统内的其他参与者进行协调。

**测试、测试、再测试。**除非某部分能让其他组成部分创造出更出色的绩效，否则就不能加入网络之中。

**探寻新的商业模式，**将软件和服务与传统的设备业务整合在一起。

RESOURCE REVOLUTION

# 06

## 颠覆式创新

### 效率提升 50% 就要迭代

◎ 产品不仅仅要比竞争对手好，而且必须遥遥领先

◎ 创新要“够快”，也要“够慢”

◎ 提前两个产品周期：投资的最佳时机

珀西·斯宾塞（Percy Spencer）是雷神公司（Raytheon Corporation）的一位工程师。1945年，他站在微波雷达发射器旁工作——同盟国在第二次世界大战期间曾使用这些发射器跟踪敌机。雷神公司正在研究如何将该军用技术改为民用，当时，在旁工作的斯宾塞口袋里的一条巧克力凑巧融化了。于是，斯宾塞测试了其他物品在微波下会有何种反应。他试了玉米粒，然后制造出了世界上第一份微波爆米花。他还加热了一个鸡蛋，结果鸡蛋在这位科学家面前危险地爆炸了。当时，斯宾塞和同事们制造了一个金属盒子来罩住微波产生的高密度磁场，以便将能量集中到食物的液体分子上，并限制积聚起来的热量造成其他损害。于是，Radarange微波炉诞生了。

但这台微波炉在当时（1947年）几乎有1.83米高，340.19千克重，售价接近5 000美元。产品销售得并不好。5年后，雷神公司将该项技术授权给塔潘炉灶公司（Tappan Stove Company），后者将该项设备的价格设定为约1 295美元，但这个价格还是太贵。再快进到1967年，雷神公司收购了阿马纳电器公司（Amana），并将一款可放置在厨房面板上的微波炉定价为495美元。这个价格首次打开了厨房市场，但直到1970年才在大众市场上推出，当时日本开发的低成本磁控管让微波炉的价格跌至300美元，而且美国联邦政府出台的辐射安全条例让公众不再担心在家里放置微波炉可能存在的风险。1970年共售出4万台微波炉，到1975年，销量飙升至每年数百万台。1986年，微处理器改善了控制面板，超过 25% 的美国家庭拥有了微波炉。但自微波炉首次烤出爆米花到微波炉爆米花出现在全美的厨房里，这中间经历了 40 年的时间。

尽管许多探讨创新的文章将重点放在滞后于市场的危险性上，但雷神公司的故事告诉我们，过早进入市场同样不幸。

**RESOURCE REVOLUTION**
**资源革命洞察**

在资源革命中，把握正确的时机极为重要，甚至比平时更重要。如果某种资源突然出现短缺，价格飙升，或者是某些创新（例如页岩气和页岩油）解决了某个大难题，那么市场突然就会发生转变。新产品的出现可能会相当缓慢，让人难以察觉，但在产品的价格或性能上迈过一定的坎儿之后，市场就会急剧扩张。没有人会花 5 000 美元去购买一台 Radarange 微波炉，但当价格定在 200 美元时，微波炉几乎成为美国家家户户的必备品。

如果创新太快进入市场，市场可能还不懂得要如何作出反应。如果进入市场太晚，那么其他人可能早已占据市场。大型企业的典型做法就是“之后通过收购进入市场”，但当转变速度过快时，这种做法就行不通了。因为市场的新进入者或许会将估价和市盈率估得过高，所以很难被收购。

把握正确的时机既是一门科学，也是一种艺术。在本章中，我们将重点关注科学的一面，即经理人在很大程度上可以控制的一些因素。这种科学由三部分组成：

- 首先，在对时机进行思量时，必须针对突破性产品，而不是渐进式的发展。市场很少会注意这种渐进式的改变。

- 其次，人们必须懂得，在跨过一定的门槛之后，对变革的需求几乎肯定是势如破竹的。
- 最后，在可能跨越门槛之前，就必须开始合理的投资，这既是为发展做好充足准备，也是为了给错误留有空间，以免市场的转变速度快过预期。

## 产品不仅仅要比竞争对手好，而且必须遥遥领先

从进军新市场的时机这个角度来说，价格飙升或潜在的价格飙升都意味着某个领域迫切需要进行创新。通常而言，市场分析必须显示市场规模足够大，而且某家公司或某项产品相对现有产品而言有巨大的竞争优势。但当技术在经历快速变革时，新产品就不能只是比现有产品好，而是必须超出 50%~80%。

这种改进可以是价格方面的。以页岩气为例，它让每立方米的价格从 423.73 美元降至 105.93 美元以下。但这种大幅改进也可以同时出现在价格和性能两个方面，例如大幅削减产品寿命周期内的成本，帮助购买者创造更大的效益等。iPod 在取代随身听时，其成本要高出许多，但 iPod 的便携性更强，性能更可靠，灵活性更大，而且消费者也更容易获取播放内容。

**RESOURCE REVOLUTION 数解资源革命**

要实现 50%~80% 的改进，这似乎有点儿太过野心勃勃。相对传统做法所必需的改进幅度而言，这个数字高出了许多。美国政府雇员保险公司（Geico）预见到客户如果乐于花 15 分钟回答问题，就可以在汽车保险上节约 15%，并

且在这一理论的基础上打造了相当庞大的业务。50%~80% 的改进在一定程度上也是误差边界，因为一味压低价格会增加变数。同时，部分原因还在于，竞争对手每年都会改进自己的产品，幅度大概在 3%~5%，或者是每代产品之间的改进幅度为 10%~15%，而每代产品的改进可能会持续数年（这两种情况从数学角度来说是一样的）。多数颠覆性技术要花上数年的时间才能得到采用，所以至少要有 50% 的改进才能让新技术足够优越，足以替代老技术。仅仅比现有做法好 10% 是不够的。而且从客户的角度来说，采用新技术也会存在风险，客户会要求必须带来足够的回报才值得去冒险。

事实上，有时候 50%~80% 的改进还不够。例如在一个可以利用半导体技术的行业内，公司有时会吹嘘自己可以在未来 4~5 年内带来 3 倍的改进——但摩尔定律确实可以让所有半导体技术实现这一点。

即使不涉及半导体，与资源相关的行业也可以在初期就展现出同样惊人的改进。相比摩尔定律，使用更广的一个说法就是学习曲线。学习曲线体现的是，随着时间的变化而带来的成本降低和性能改善的量。经理人在预测突破和判断时机时，必须懂得何种技术拥有坡度很陡的学习曲线（即改进很快），以及何时学习曲线会显示某种技术将会拦腰砍断既有的学习曲线，开启 50%~80% 的改进可能。例如在 19 世纪末期，电力的成本在每度 5 美元左右，而现在多数人的用电成本只有该数字的 2%。多数改进都发生在 1890—1920 年期间。

**结果就是新产品不仅要比竞争对手的好，而且必须做到遥遥领先。**

在资源革命中，时机的把握相当微妙。比如，价格的快速下跌可能会减缓技术被采用的速度。消费者会争论是现在购买还是再等等看，那么他们面对价格暴跌的理性反应就是等待。既然产品在 6 个月后会更加便宜，那么为什么要现在购买呢？这个问题影响了众多技术的发展，其中就包括太阳能。太阳能系统可以使用数十年，但客户们并不想现在就使用该系统，因为价格下跌的速度实在太快，而且这些系统在 6 个月或一年后的质量会好很多。（正如我们将在

第 7 章中看到的，依然有方法让客户现在就接受这些技术，但必须采用新的商业模式。）

此外，当客户考虑采用新技术时，即使新技术明显有大幅改进，他们也不一定愿意采用。因为客户总是想看到更多选择，让自己更为舒适，并确保自己可以选到更合适的产品版本。在电动汽车早期进行销售时，许多人曾对其很失望（特斯拉汽车公司除外），并且对该项技术进行中伤，但真正的问题在于消费者们并没有做好准备接受该技术，因为可售的品牌和车型都相当有限，而且制造商们的承诺也不确定。当市场上可选的混合动力汽车只有普锐斯时，市场的需求受到了限制。但在 2013 年秋季，市面上出现了 65 款电动和混合动力汽车，所以消费者要选到自己想要的电动或混合动力汽车的机会就大幅增加。当市面上出现更多品牌，其中包括动力技术出色的德国汽车，以及价平质高的韩国汽车时，对电动汽车和混合动力汽车的需求也会随之增加。所以，尽管根据线性外推法计算，到 2020 年，电动汽车的销量在汽车的整体销量中所占比例不足 10%，但却有可能 50%~60% 的所售新车都是电动汽车或混合动力汽车。

在新技术面前，消费者并非始终都是理性的。即使投资可以带来巨大的回报，他们也可能会因为高昂的前期投入而推迟采用新技术。前期投入曾是电动汽车、LED 照明以及其他众多新技术都存在的一个问题。通常而言，如果投入在两年内不能回本，那么消费者和许多公司就不会感兴趣。

从汽车行业数十年的数据就可以看出，如果法律法规有所诉求，通常仍需要 10 年的时间才能完全推广开来。如果某项改进比所替代的东西好 50%，则需要 15 年才能实现 80% 的采用率（见图 6-1）。

除了了解顾客的愿望和行为之外，还必须放眼全局，对供应链、零售渠道以及政府的法律法规进行分析。节能产品的发展让我们看到，在技术成熟后，如果供应链和法律法规滞后会出现怎样的情况。诸多此类产品在很早以前已经实现了成本效应，2~7 年间就基本上可以收回成本。但供应链问题限制了消费者的需求，例如有许多节能产品就没有出现在家得宝公司（Home Depot）

的仓库里，而且承包商通常都不熟悉这些产品。

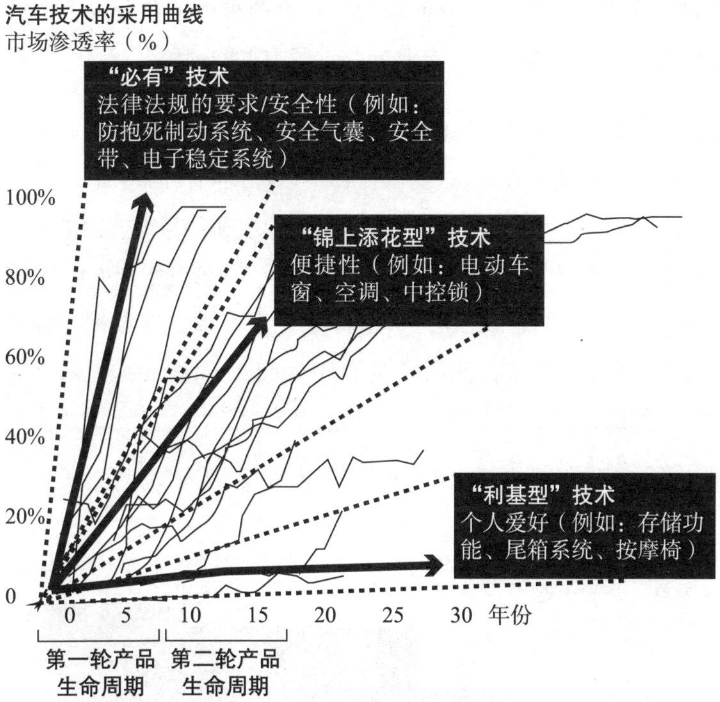


图 6-1　新创新的市场渗透速度

## 创新要“够快”，也要“够慢”

有时，因为技术还没有发展到这一步，所以很难对门槛进行分析。有待解决的问题尚处于基础科学阶段，还没有进入工程阶段。在这种情况下，就不能拘泥于唯一的解决方案，因为很难确定究竟哪个解决方案能够带来理想的结果。正确的方法是对许多点不断施加压力，直到找到突破口。

在农业领域，市场早已做好准备迎接创新，然后也出现了部分创新。绿色革命取得了重大成效，20 世纪初出现了化肥革命，再后来到 20 世纪 60 年代，种子技术和灌溉技术得到了改善。这些改进现在已经在发挥作用，但要养活将在2030年跨入中产阶级的数十亿人口，还需要更多的创新。这些人不仅需要更多的食物，而且需要更高质量的食物。水资源很可能在较大范围内出现稀缺，这点让农业倍感压力，逼迫农业争取生产力上的突破。

Beyond Meat公司和其他初创企业正在努力对牛肉和鸡肉进行改造。它们已经找到一些方法种植农作物，这些农作物可以提供同样的蛋白质（见图6-2）。但相比传统方法而言，他们的种植方法在土地、水和产量等方面的表现要更为出色，效率高出几倍。生产0.45千克牛肉需要7 570公升水和6.8千克的饲料。要想让替代品与本来的食物在质地和气味上完全一致，这点相当棘手，但比尔·盖茨和其他人已经表示，他们参加了Beyond Meat公司人造鸡肉和真正鸡肉的一次口味测试，完全分不出两者之间的差别。当前，盖茨的观点似乎只是少数人的看法，但人造鸡肉肯定会被逐渐用于精加工的食品中，例如鸡块。

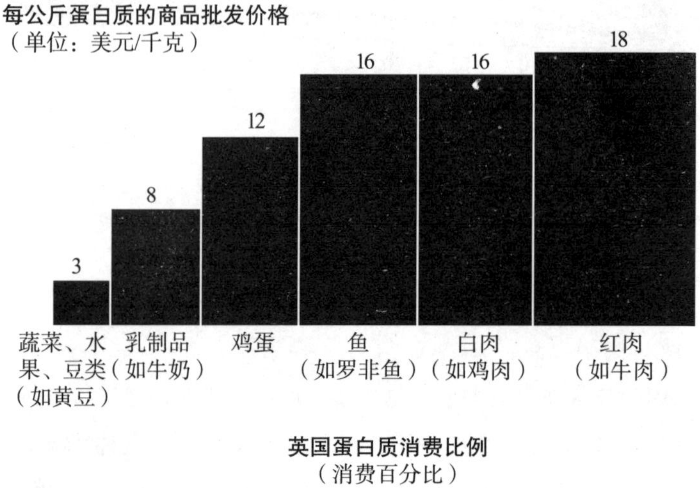


图6-2　蛋白质的价格

Pronutria公司是马萨诸塞州剑桥市的一家初创企业，该公司希望能够在多数情况下放弃食品这种形式，改为直接为人体提供营养素。该公司正在开发所谓的医疗食物，即净化的氨基酸。这种食品具有一定的治疗作用，其中就包括预防心血管疾病。

即使技术走过基础科学阶段，进入了工程领域，人们仍然可能在技术的采用速度方面出错（见图 6-3）。20 世纪 70 年代，在卡特总统在任期间，美国联邦政府首次推动了太阳能发电的概念，当时太阳能发电的成本是电网的 22 倍。市场上冒出了许多企业，但即使有相应的补贴，人们也不认为太阳能是一种重要的能源。卡特下令在白宫的屋顶安装太阳能板，但这只是一种毫无实际意义的姿态。几乎没有人效仿他的举动，而且其继任者罗纳德·里根（Ronald Reagan）下令拆除了那些太阳能板。

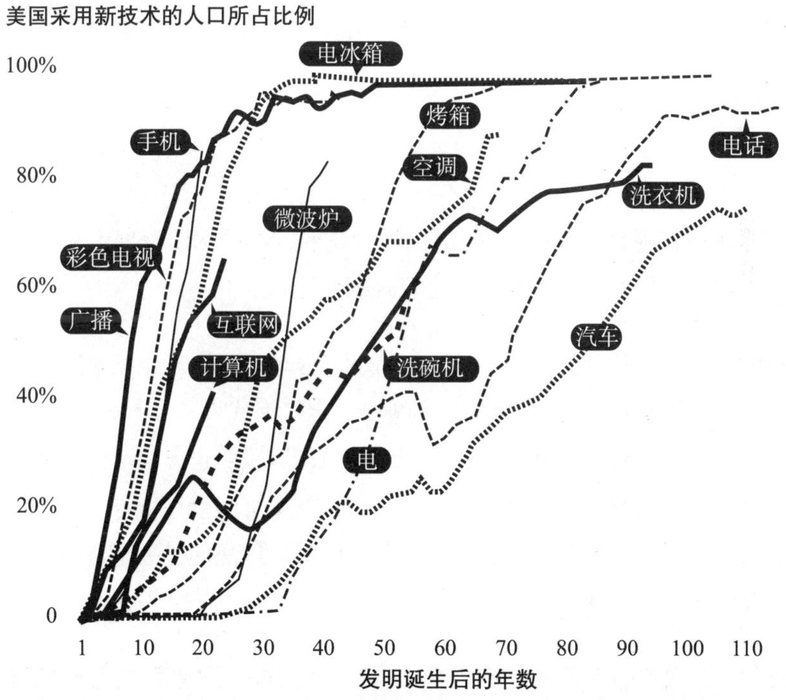


图 6-3　新技术采用的速度

## 提前两个产品周期：投资的最佳时机

**RESOURCE REVOLUTION 资源革命洞察**

因为变数的存在，经验法则告诉我们，要赶在产品可能通过提供50%~80%的改善而到达大众市场的门槛之前，即提前两个产品周期开始进行投资，让客户们做好准备。产品周期各有不同。电话的产品周期大约是6个月，而汽车的产品周期仍然有7年。提前至少两个产品周期开始进行投资，这样可以为把握市场时机的出错留有一些空间，积累重要的产品制造经验，并且开始培养产品知名度。在这个时间点上进行投资，同时也能有更多时间去处理那些消费者在面对新产品时不可避免会出现的一些稀奇想法。

照明领域在通往LED的发展历史告诉我们，新技术的发展大概会需要多长时间，以及它们的发展必须不断进行规划和跟踪。

1869年，英国的约瑟夫·斯旺（Joseph Swan）发明了电灯泡。1879年，汤姆斯·爱迪生在美国将这项新技术商业化。电灯泡代表了生产力领域的革命，让工作时间得以延长，允许人们在夜间学习，街道照明也大幅增强了城市的安全性，而且市区的商店营业时间也得以延长。有了灯泡就等于有了灯光可以在晚间进行阅读，人们的眼界因此得以扩大。同时，灯泡使得平常百姓家不再需要汽油和煤油照明，从而延长了人们的寿命。

灯泡的经济效益非常大。古代的人平均工作160天才能赚得足够的钱获取一个小时的煤油灯照明。当时，人造光是帝王的专利。到1800年，蜡烛的发明意味着晚上一个小时的照明要花费两天的普通工资，当时光亮是富人的专利。到了 19 世纪 50 年代之后，煤、汽油和煤油让光亮成为中产阶级的特权。白天工作两个小时就可以买到晚上 1 个小时的照明。此后，白炽灯泡让光亮无处不在。到 1950 年，每工作 8 秒钟就可以买到晚上 1 个小时的照明。现在，要购买 1 个小时的光亮，只需要工作半秒钟（见图 6-4）。1885 年共售出约 30 万个灯泡。2010 年售出了约 15 亿个灯泡。

托马斯·爱迪生（1847—1931）及其具有爱迪生效应的灯泡。该灯泡也是现代电子的先驱

但事实上，白炽灯泡是一种非常低效的技术。在灯泡消耗的电能中，约有 95% 转化成了热能，而非光能。即使有传统的调光器，这种灯泡仍然要消耗同样的电量，只是更多的电能转化成了热能，而转化成光能的电能有所减少。由于灯泡散发的热量很大，以至于商业楼宇的能耗中有约 5% 被用于处理大楼照明所产生的热量。

除了发热问题外，灯泡的寿命也不长。正常使用情况下，一个白炽灯泡只能用两年。在工厂和大型商店里，灯泡寿命短的确是一个问题，因为换灯泡的成本很高，而且还会影响机构的运行。要更换沃尔玛商店外门店标牌的一个灯泡，就需要一队安装人员、一台吊车以及数百美元。更换一个路灯同样需要耗费数百美元，而且许多城市在这方面资金不足。

从担心电价可能飙升的角度来看，在这个行业里，数十年来，更好的照明一直是一个宝贵的创新机会。市场本身也非常庞大。除了每年销售的这数十亿个灯泡之外，在美国，照明消耗了 12% 的电力，相当于每年数百亿美元。

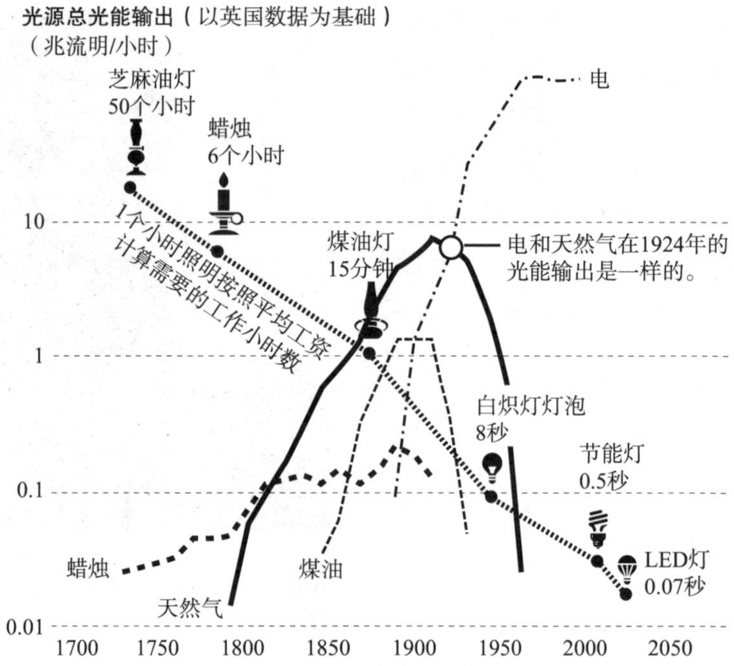


图 6-4　照明平价化的发展

而一直以来的问题是，这项技术还没有做好准备。经理人在节能灯灯泡上做了一些改进，但小型节能灯灯泡依旧存在种种缺陷，其中包括必须使用水银等有毒化学物质，由此带来了化学物质的处理问题。许多消费者都非常讨厌节能灯灯泡反应慢、双螺旋形的形状以及光线相对带了一点儿蓝色。

要解决这个问题，答案就在于发光二极管，即 LED。而且这个答案在几年前就已经相当明了。LED 的耗电量只有白炽灯的 10%，但亮度一样。LED 灯几乎不会产生热量。LED 灯的颜色品质比白炽灯和节能灯都要强，可以整合动态和光亮的识别特征，确保照明适合办公环境。LED 灯的寿命可以长达 20~30 年。事实上，它们不会被烧掉，只是最终会变得昏暗。到 2030 年，LED 灯将在建筑的节能方面作出更大的贡献，每年可以节约 21 千万亿英热单位（BTU）。按照现在的商品价格计算，这些节约相当于每年 1 000 亿美元。

但 LED 技术花了近 100 年的时间才获得成功。

LED 技术可以追溯到爱迪生时代。1907 年，一位科学家在英国的马可尼实验室（Marconi Laboratories）研究无线电技术，他让电流穿过多种物质，发现其中一些半导体会发光。到 20 世纪 20 年代，LED 诞生了，但半导体是一种相当复杂的材料，而且当时没有什么明确的商用前景。此后的研究一直没有进一步的突破，直到 20 世纪 50 年代和 60 年代，电子行业对半导体有了更进一步的了解。当时半导体是计算机设备的基础。1962 年，通用电气公司的一位工程师制作出了可以发出红光的 LED 灯，此后 LED 灯开始在商品中出现，例如控制面板上的指示灯。早期的计算器也使用了 LED 灯，因为这种灯相当明亮，同时又轻。但 LED 灯的使用范围仍然相当有限，原因在于 LED 的光只有一种颜色，而且光的强度很低。

这个行业面临两大挑战，一是让 LED 灯的光强度更大，二是学会如何制造出绿色和蓝色的 LED 灯光，实现红、绿、蓝三原色，从而可以调制出各种颜色。随着制造商们学会了如何使用掺杂剂给半导体涂上保护层，光能输出也得到了改善。20 世纪 80 年代发明了绿色的 LED 灯，这是一项大突破——得益于这个地球越来越环保，人类的眼睛对绿光的敏感度是对红光的数倍。最后，在 20 世纪 90 年代，日亚化学公司（Nichia）的中村修二（Shuji Nakamura）取得了在当时被许多人认为不可能的一项成就——他发明了蓝色的 LED 灯光。

这意味着人们可以将不同的颜色调配在一起，然后实现整个光谱。蓝色 LED 灯光的发明同时也意味着 LED 灯现在可以发出白炽灯特有的那种白光。自艾萨克·牛顿爵士（Sir Isaac Newton）那个时代起，人们就知道将颜色混合在一起可以产生白光。牛顿当时只使用蓝光和黄光就成功获得了白光。日亚化学公司的 LED 灯同时还可以高强度地使用，这意味着 LED 灯将走出控制板，进入普通的照明器具中。以安捷伦科技公司（Agilent Technologies）的罗兰·海兹（Roland Haitz）命名的海兹定律认为，LED 灯的每流成本每 10 年会降低至此前的 1/10。这也是照明版本的学习曲线。

LED 灯是一种非常复杂的设备。在小小的体积内，它们必须装下多种颜色的发射器、透镜、散热器以及一种缓冲装置。该缓冲装置旨在保护精密的电子器件免受电压突然增大造成的影响。所以早期 LED 灯的生产难度非常大，因而也非常昂贵。但在蓝色 LED 灯被发明后，LED 灯不再是一项科学难题，而变成了一种工程难题。尽管这种难题依旧颇有难度，但定期都会被一些公司解决。LED 灯注定会发挥巨大的商业影响力。

LED 灯的发展前景远远超过 50%~80% 的改善。此时的公司本应该早就开始寻找 LED 灯进入大众市场的门槛，并进行投资——至少要提前两个产品周期。

但并非人人都注意到了这点。例如，通用电气公司不断投资其传统的白炽灯业务，迟迟未进行转型。通用电气公司由爱迪生创立，在 20 世纪的前 10 年里，其照明和家用电器业务每年创收 120 亿美元，营业利润超过 10 亿美元。正因为如此，公司并不急于向新技术转变。通用电气公司没有看到电价会激增的可能性，而是盯着自己的竞争对手，这也是公司并不着急进行转变的原因之一。在这个市场内，技术已经成熟了 100 多年，市场内仅存有少量几家大型公司，而这几家公司基本上都满足于现状。通用电气公司的研究人员当时也认为，LED 技术要从小众市场往普通照明发展仍需要很多年。

在科锐公司（Cree）成功建立 LED 照明业务时，通用电气公司曾考虑出售自己的照明业务，但 2008 年的经济大萧条打乱了出售计划。等到经济得到复苏，市场上出现了买家时，照明技术已经在向白炽灯以外的方向发展。通用电气公司的照明业务步步下滑，所以自 2005 年起，其照明和家用电器业务整体缩水了 1/3。尽管 LED 灯现在在市场上只占 2% 的份额，但通用电气公司已经找不到自身白炽灯业务的接手人。

美国联邦政府和众多州政府仍然落后于该曲线。最近几年里，加利福尼亚州每年投资数亿美元推广节能灯，尽管 LED 灯明显是更好的解决方案。联邦政府则花了一年多的时间审批新的 LED 技术，而其产品周期只有 6 个月。换言之，等到新技术进入美国市场时，该技术早已在世界其他地方过时了。

**RESOURCE REVOLUTION 数解资源革命**

公共事业机构的监管部门也面临诸多问题，因为它们并没有考虑到 LED 灯在降低能耗上的重大贡献。在美国，LED 灯到 2020 年在照明市场中的份额将占到 80%。这意味着每年的用电量减少 1.5%，每年可以关闭 30 家发电厂，在 21 世纪的前 10 年结束时，电能上的年开支将减少 250 亿美元。但是，用电的监管模型假设需求会稳步增长。当客户可以提高自己的照明质量，同时又无须增加对电能的需求时，传统的公共事业模型将会面临难题。

当资源革命的市场上出现变革时，速度会非常快。

与此同时，科锐公司这种小型企业抓住了这个被既有企业忽视的机遇。科锐公司于 1987 年成立，当时的名称是科锐研究公司（Cree Research）。该公司最初从事技术研究，并向其他科技公司销售用于 LED 上的硅片。创立 6 年后，公司也只有 30 名员工。但科锐公司认识到了日亚化学公司的蓝光 LED 的重要性，并且随后就研究出了自己的蓝光 LED 技术。科锐自行开发了灯泡，因为供应链尚未做好准备，其他公司无法使用科锐公司的基础材料生产灯泡，同时还因为公司的照明解决方案在设计上存在一定问题，无法在真正的操作环境中加以使用。在一定程度上，因为 LED 的成本太高，这个市场并没有做好准备让 LED 灯大批量替换掉白炽灯。但科锐公司率先坚持对该项技术进行投资，已经做好准备来迎接市场到达采用曲线出现陡坡时。

科锐公司小心地选择了自己的早期客户，重点关注顶部照明。事实上，

LED 发射出的光线像激光一样是直线，而不是像白炽灯泡那样发白热光，所以在顶部照明上不存在任何问题。科锐公司与工业客户合作，虽然后者在更换灯泡上需要承担高昂的成本，但更换后能带来更大的节约，超过了付出的成本。科锐公司总部位于北卡罗来纳州，达勒姆市周边遍布纺织厂。公司同时也学习了这些纺织厂的精益制造与系统整合专业技术。精益制造让科锐公司实现了高效，尽管其产品属于高科技设备，而这种技术也使得科税实现了产品售价低于竞争对手的目标。公司的年销售额现在已经达到 14 亿美元，而且前景相当可观，为此公司的市场估值达到了 75 亿美元。

在客户采用方面，LED 灯仍然有很长的路要走。现在，LED 灯在家得宝的售价为每个 8~12 美元，而白炽灯泡的售价可能只要 60 美分，客户依然震惊于其价格。但价格的下降速度相当快，所以 LED 灯的售价将达到每个 4~6 美元，到时，消费者就会更换成 LED 灯。因为 LED 灯的耗电量只有白炽灯泡的 10%，所以最多一年之内就可以回本。而且成本会按照摩尔定律和海兹定律下降，所以，LED 灯到 2025 年的成本将不足 1 美元，到时家家户户都会有许多盏 LED 灯。

消费者们可能并不看重 LED 灯的其他好处，但这些好处将证实，企业不进行深入思考也应该知道要更换成 LED 灯。LED 灯的使用寿命是白炽灯的 10 倍，而且散发的热能更少，此外还有其他种种好处。许多办公室都已换用 LED 灯来节约空调的成本①。城市、工厂、酒店和大型商店也已经从节约维护成本的角度出发进行了更换。此外，LED 灯正在众多消费应用领域快速发展，例如 LED 电视机、手持设备、计算机屏幕、LED 头灯和汽车的刹车灯以及 LED 广告牌灯。所有这些应用产品在共同快速拉低 LED 灯的价格，推动 LED 灯的性能得到改善。

当大家都纷纷开始改用 LED 灯时，它将从根本上改变制造商市场的发展

① LED 的发热量低，这里也有一个缺点。交通信号灯上的 LED 灯泡并不能像白炽灯泡一样发热，将灯上的雪融化，因而必须设计新的交通信号灯，以避免在天气较冷时出现雪堆积的现象。

变化，因为每个灯泡的使用寿命更长，因此每年所需的新灯泡数量将会大幅减少。当家庭将可使用 20 年的灯泡替换掉只有 2 年使用寿命的灯泡时，则周转率下降了 90%。2010 年，副总统乔·拜登（Joe Biden）和时任能源部部长的朱棣文（Steven Chu）参观了科锐公司总部，并宣布其作为《美国复苏与再投资法案》(*American Recovery and Reinvestment Act*）的一部分，科锐公司先进的清洁技术制造已经获得了一笔拨款。朱棣文坚持要对自己的发言进行补充时，曾让他的手下感到相当紧张，他针对灯泡的玩笑赢得了满堂彩："换一个 LED 灯泡要多少人？"朱棣文问道，"不要一个人。祖母 20 年前换的灯泡还能用呢！"

在资源革命中推广开来的其他技术也会是这种情况。向 LED 灯的转变只是经理人们发现机遇的开始。经济效益将会推动市场进行全面的转变，但 LED 灯并不仅仅是白炽灯的廉价替代品，它们还提供了一系列全新的功能。

因为 LED 灯建立在半导体的基础上，人们可以轻松地使用软件对其进行控制。LED 灯可以自动调暗，传感器会监测到窗外照射进来的灯光强弱，计算出需要的光照强度。LED 灯与合适的传感器结合，就足以通过监测是否起火、是否有人在建筑内等改善建筑的安全性。LED 灯还可以根据时间或心情调节光线颜色。事实上，通过软件控制的 LED 灯可以与电网进行整合，在系统有需求时通过小幅减少用电量来均衡负载。这一变革将会减少对电网的资本需求，同时提高电网的灵活性。

LED 的有机版本将可以实现弹性照明。LED 的光谱比白炽灯或节能灯更广，让富有创造性的思考家有了更多的机会。每一个 LED 灯泡都会有自己的 IP 地址，并可以单独进行控制。早就有公司开始宣传用于改变 LED 灯泡颜色的应用，从而实现在自家的房间内进行灯光表演。

所以，尽管 LED 技术还有一些市场接受问题需要解决，但所有相关人员早就已经清楚，LED 未来在照明领域的发展前景一片光明，而且发展速度很快，可谓多姿多彩。

因此市场中存在大量机遇，公司可以借助 LED 的成功提供各种服务，而且应该立刻就开始思考如何开发这些服务，从而不至于像通用电气公司一样错失良机。公司可以销售管理照明的软件，以提高办公室的生产力；可以销售安全系统，对灯泡内的传感器收集的数据加以利用；也可以销售能提供多种灯光展示的软件；此外还有种种其他服务。在不到 10 年的时间里，整个照明市场都会从快速萎缩转变为快速扩张。

RESOURCE REVOLUTION 资源革命洞察

关键就在于探索和开发 LED 技术的新特征，而不是单纯地假设 LED 技术会直接替代其他照明技术。正是 LED 的新特征会让这个市场不同寻常，定义其未来百年在市场中的领导地位。要想在 LED 相关市场内占据优势，经理人必须预测 LED 技术相关的产品或服务会于何时到达大众市场的门槛。他们必须不断地对这些预测进行更新，利用最新的性能信息，以便随时把握这个快速变化的市场的现状。此后，经理人必须抢在该新技术到达门槛之前将技术整合入自身的产品线中，而且必须提前两个产品周期。

LED 技术的蔓延也将影响到其他行业。同样的道理，这些受影响的行业必须现在就进行准备，要在 LED 技术到达相关门槛前提前两个产品周期做好准备，而这些门槛对每个行业来说都会有所不同。公共事业机构尤其要为照明用电需求的急剧下滑做好准备。建筑企业则必须针对 LED 带来的新能力和空调需求的下滑这两点同时做好准备。LED 减少了照明时产生的热能，从而也减少了对空调的需求。监管部门也应该做好相应的准备，因为只要 LED 技术的价格达到转折点，消费者就会在几乎一夜之间改变自己的消费行为。

在下一章中，我们将会分析如何为市场做好准备以及如何让生产实现规模效应，充分利用技术采用曲线上的魔点，即当需求基本上开始垂直向上发展时。

## RESOURCE REVOLUTION How To Capture The Biggest Business Opportunity In a Century 本章小结

**要想在快速变化的市场内取得成功，**就必须把握正确的时机。

要想预测新技术的潜在颠覆能力，就必须**了解学习曲线。**通过对学习曲线进行定量分析，经理人可以找到产品从奢侈品变为大众产品的门槛。

要跨过这个门槛，**通常需要在成本和性能上实现高于现有技术50%~80% 的改善，**只是略有进步还不足以替代现有技术。

当回报期是两年时，**经理人应该将产品进行规模化生产。**如果回报期更长，那么市场将会把时间花在其他产品上。

对产品跨越大众市场门槛的时间进行估计，然后**提前两个产品周期进行投资。**

当产品的新特征变得显而易见，而不只是替代现有技术时，就能**取得巨大的成功。**

RESOURCE REVOLUTION

# 07

## 量产与商业化

### 比科技领先更重要的本领

◎ 没有规模，何谈创新

◎ 环保噱头无人问津，便宜高效才能吸引顾客

◎ 用户体验好，产品自然受欢迎

◎ 让好东西大量生产的若干窍门

◎“创新”这种事，究竟该怎么管理

太阳能的历史至少可以追溯到古埃及人，他们在白天使用水池捕获太阳能，然后在夜间让热水流经管道，给住宅加热。罗马人曾使用云母和玻璃窗户捕获家中和温室里太阳的热量。6世纪时，阳光给予的温暖如此重要，为此《查士丁尼法典》(*Justinian Code*)规定，人人均享有“阳光权”。但进入黑暗时代后，多数科技创新都停止了。对太阳能的了解直到19世纪才略有发展。当时，海因里希·赫兹（Heinrich Hertz）发现，在紫外线的照射下电极会冒出更强的火花，这一现象现在被称为光电效应，并最终成为当今太阳能板的技术基础①。

科学家们当时对光电效应的原理仍然摸不着头脑。直到20世纪初期，艾伯特·爱因斯坦就光电效应发表论文。爱因斯坦当时年仅26岁，是一位刚刚获得学位的哲学博士。他无法在学校谋得教师一职，但仍决定研究一些自认为有趣的问题，同时担任专利文员谋生。1905年是人类思考史上最著名的一年。这一年里，爱因斯坦发表了5篇论文，其中最重要的莫过于关于光电效应和

① 从技术上来说，亚历克斯-埃德蒙·贝克勒尔（Alexandre-Edmond Becquerel）于1839年在研究氯化银的溶液时发现了与太阳能板密切相关的光伏效应，相比赫兹时间更早。但因为他当时使用的是液体，所以他的研究工作并没有带来有用的设备。查尔斯·弗里茨（Charles Fritts）1883年在硒上涂了极薄的一层黄金，生产出了第一块固态太阳能电池。但该电池只能将不到1%的日照转变为电能，所以该设备并不具备实用价值。

光子的性质的内容：光由光子组成[①]。包括尼尔斯·玻尔（Niels Bohr）和马克斯·普朗克（Max Planck）在内的诸多著名科学家们多年来一直对爱因斯坦关于光子行为的描述存在争议，但实验证据一直在支持爱因斯坦的观点，他的理论在 1920 年得到了广泛接受。

当时的太阳能已经建立了科学基础，但在此后的 30 余年里并没有什么进展。太阳能技术依然只是实验室内的技术，并没有成熟到可以进行商用。直到光电效应和光伏效应与另一项技术数次相交，这种情况才有所改变。而这项技术在过去 50 年里改变了整个世界。是的，它就是半导体以及建立在半导体之上的晶体管和集成电路。

之所以叫半导体，是因为电流能够以特定的温度和电压经过它们，但在其他物体上却做不到这点。1947 年 12 月，威廉·肖克利（William Shockley）、约翰·巴丁（John Bardeen）和沃尔特·布拉顿（Walter Brattain）利用锗导电的特征在贝尔实验室（Bell Labs）制作出了第一个晶体管。拉塞尔·奥尔（Russell Ohl）早已利用过硅的这种特征。他将硅与电路或电气装置连接在一起，让日光产生电能，并在 1946 年获得了硅太阳能电池的专利。

贝尔实验室的科学家们对奥尔的太阳能电池进行了进一步开发。到 1954 年，发电效率提升到了 6%，即日光中 6% 的能量可以被转化为电能。到 1960 年，发电效率在贝尔实验室达到了 14%，相当于 20 年前的 30 倍。太阳能电池依旧相当昂贵，但它们终于可以提供足量的电以供使用——超过 100 伏特，电流为数安培（汽车前灯的电流为 5 安培）。太阳能终于准备好走出实验室了（见图 7-1）。

① 这至少是诺贝尔奖委员会的判断。1921 年，爱因斯坦因为这项研究工作荣获诺贝尔物理学奖。在爱因斯坦那些被视为并不存在因果关系的论文中，其中一篇关于狭义相对论的文章包括了 $E=mc^2$ 这个公式。后来该公式成为核能发展的基础。在撰写自己获得诺贝尔奖的那篇有关光电效应的论文时，爱因斯坦放弃了专利局给自己的晋升，因为他“尚未完全掌握”与电信号相关的技术。大家想想看吧。

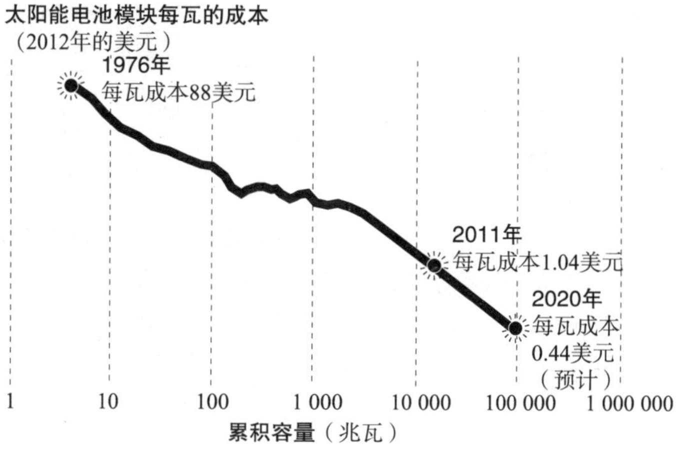


图 7-1 太阳能创新的学习曲线

1957 年，苏联发射了人造卫星。此后，美国认为自己也必须尽快发射卫星，由此开始进入技术的飞速发展阶段。1958 年，一位颇有先见之明的科学家汉斯·齐格勒（Hans Ziegler）提出，美国应该对太阳能加以利用，并且在先锋 1 号（Vanguard 1）人造卫星上设计了太阳能电池。太阳能板所发的电量小于 1 瓦特，但这个电量已经足够使用，而且太阳能板可以无限期工作，但卫星内的传统电池在几个月后就会耗尽。到 1959 年，太阳能已经成为所有新人造卫星的标准设计，因为它在使用寿命内的总发电量与重量之比上的表现最为出色，而将每千克人造卫星送入太空的成本超过了 4.41 万美元。（直到最近，这一成本才降低至每千克不到 11 023 美元。）

太阳能已经赢得其第一个地域上的市场，即外太空。当然，这还不怎么算是一个市场，虽然面积够大，但客户数量不多。

## 没有规模，何谈创新

太阳能的发展显示，资源生产力只有在实现大规模时才会变得重要。全世界每年销售近 4.92 万亿升石油，此外还有 31.152 万亿立方米天然气、7.98 万亿千克煤以及 9.08 万亿升水。资源方面的挑战有千千万万，任何解决方案都必须能够实现规模化。

但推广新技术是项相当艰巨的任务。从实验室到试运行，再到全面大规模的生产，每一步都相当难以推进。经验告诉我们，制造规模每扩大 10 倍，其复杂性就增强 100 倍。客户和企业的观念非常难以改变。毕竟当前的技术还能正常使用，任何新技术可能都意味着高昂的成本，而可靠性又没那么强。而且从整体而言，客户并不想去思考他们所消耗的能源。要将颠覆式新技术纳入现有网络，这项工作可能相当棘手。而试图修建新的基础设施来支持创新则会难上加难。即使一切都顺风顺水，资金仍然会是一项巨大的挑战。实现资源生产力所需的资金量可能会极为骇人。即使按照当前较低的太阳能成本计算，若用太阳能发电厂替代 100 家 500 兆瓦发电厂（只有美国当前煤电厂的 1/6），将会耗费 1 000 亿 ~1 500 亿美元，而且这个数字还没有考虑到存储太阳能以供夜间使用的成本。

要想让创新获得一定的规模，公司必须认真思考该问题。这点听起来理所应当，但许多人都会漏掉这项工作。他们太过于关注如何开发出技术，而对技术能否取得规模效益关心不足。许多工作只是在实验室内开展，而不是放在工厂或市场上。即使某些技术的确让人惊叹，但如果不能推广开来，获得一定的规模效益，也就只能算是无用的东西。

在意识到这个问题后，公司要想获得成功，就必须开展以下三项工作：

- **让客户可以轻松地转换到新技术。**个人所需投入的精力必须较少，收益必须是显而易见的，而且新技术必须给人以惊喜。如果新技术相对于已有技术而言只是同等水平的另一个选择，那么客户几乎不会大规模地换用新技术。
- **关注整个生态系统。**这包括对制造进行深入分析，尽管这项工作可能会让人很头疼。仅仅关注产品尚且不够，公司还必须了解供应链是否能够提供必要的商品、零部件或服务。公司必须提前考虑好如何销售产品和提供服务。

- **培养热忱的拥护者**。这些拥护者是在遇到问题后依然能够坚持的领袖人物，能推动创新在市场中的持续发展。

## 环保噱头无人问津，便宜高效才能吸引顾客

在太阳能这个例子里，尽管这项技术到20世纪50年代已经发展到可推广实用的规模，也存在真正的市场，但太阳能在近40年里仍然只是一项仅在太空中使用的技术。太阳能的成本太高，而且“环保”的吸引力还没有大到足以让人们投入那么多的资金。

太阳能的发展目标变成了“返回地球”。美国航空航天局喜欢这项技术，但他们的需求相当特殊，而且预算很大，每分钱的成本要远远超过每瓦特的成本。美国也只有一个航空航天局，其他人基本上都不在意这项技术。

事实上，太阳能的第二个市场是衡量和监测水域的浮标以及石油公司的近海平台。20世纪70年代中期，这两大市场养活了大多数太阳能公司。但除了这些偏远的应用之外，太阳能在推广上依然举步维艰。而且在阿拉伯国家的石油禁运结束之后，油价下跌，外加对可替代能源供应的担心减少，石油公司集体关闭了众多太阳能运转系统。所以，尽管太阳能回到了地球，但依然只能漂浮在海洋上。

这时，坚定的拥护者们发挥了自己的影响力。澳大利亚的一位教授马丁·格林（Martin Green）在将日光转变为电能的效率上实现了突破。赛普拉斯半导体公司（Cypress Semiconductor）CEO罗杰斯（T. J. Rodgers）和斯坦福大学教授迪克·斯万森（Dick Swanson）在1985年联合创立了SunPower公司，

始终坚持着太阳能电池的制造业务。罗杰斯一度自掏腰包维持公司的运转。

同资源生产力常有的情况一样，要实现成本上的突破，就必须从各个方面着手解决这个问题。研究人员对各种可以想象到的半导体形式进行了试验。波音公司和其他公司的工程师们使用透镜收集更多的日光，并将日光集中到太阳能电池内部或者是将日光分解为不同的波长，然后让不同颜色的光存储到电池的不同部分，从而能够以最高效的方式发电。工程师们尝试了不同形状的太阳能集热表面，如圆柱形，并针对纳米级的材料进行了试验。这些材料的表面面积更大，可以采集更多的日光。他们还使用马达和传感器不断地改变太阳能板的位置，以跟踪日照。这一切都是为了提高发电效率，或者是为了降低成本。

许多国家都参与了这项工作。德国和日本的公司在 20 世纪 90 年代一直在坚持进行投资，德国 2000 年颁布的《德国可再生能源法案》(*German Renewable Energy Act*) 为太阳能使用提供了激励措施，推动了太阳能市场的快速发展。这些激励措施并没有具体针对某一种技术，但作出了长达 20 年的承诺，从而提供了一个稳定的市场，让私营企业和私募股权得以投资可能需要数年才能成熟的技术。这些激励举措将在 20 年里逐渐减少，20 年后，即使没有了补贴，太阳能的成本应该已经低于电网的成本，而且在商业上也会具有一定的吸引力。

RESOURCE REVOLUTION 数解资源革命

最终，大量的设想取得了成功。太阳能的成本已经从 1970 年的每度超过 3.3 美元跌至 2013 年的每度 0.15 美元，而且正朝着每度 0.06 美元的方向发展。（电网的成本目前是每度 0.10 美元。）在许多国家，即使没有补贴，太阳能也早已成为最廉价的能源（见图 7-2）。其成本效益远远超过新核电站、新煤电厂、新石油发电厂以及美国之外的新天然气发电厂（在这些地方，页岩气已经拉低了电价）。①

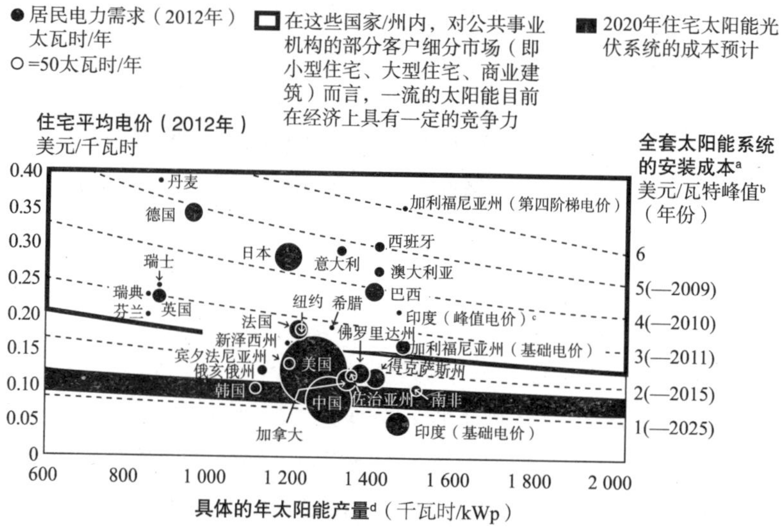


注：a. 太阳能电池发电的成本与太阳辐射强度有关。表中数据基于下列假设：5% 的财务成本、25 年的使用寿命、年折旧率为 0.3%、固定维护成本为总安装成本的 1%。成本包括了模块、供电平衡以及留有一定余地的软成本。软成本同时也包括客户的购置成本和许可成本。

b. 瓦特峰值是指按照正午太阳辐射强度的太阳能辐射输出。

c. 只有2008年的数据。峰值电价是指没有通过柴油发电来人为填补高峰电力缺口时的费率。

d. 1 年内朝南的 1kWp 模块的发电量（太阳辐射强度的函数）。

**图 7-2 市电同价**

① 哪里发生了改变？最初，太阳能电池由 10.16 厘米的半导体圆形薄片组成。因为这些薄片的纯度为 99.999 9%，所以相当昂贵。纯度必须如此之高，是因为哪怕其中有一个原子受到污染就会毁掉整个微处理器。但太阳能电池相比计算机芯片是一种简单得多的装置，而且对制造上的缺陷要求相比没有那么严格。所以，太阳能制造商改为使用纯度相比较低的硅，并将硅制成正方形的晶硅薄片，这样更容易将薄片装入直角的模块内。多年后，太阳能电池制造商推出了其他创新，其中包括将电池厚度减少了 40% 还多，并且对电池表面进行粗加工，以便表面的波纹各处都可以采集日光，而不会像镜子一样反射日光。（这就是为什么多数太阳能电池都是深蓝色或黑色，而不像硅芯片一样闪闪发光。）制造商在工厂内就装好了连接太阳能板的电线，因此在现场安装时就无须再进行这项工作。这些创新协力让太阳能的学习曲线不再遵循摩尔定律。所安装的太阳能板数量每翻一番，其成本就下降 20%。太阳能领域仍然存在突破空间，而且许多公司正在追寻那些有发展前景的构想。

但落实太阳能技术仍需认真关注整个生态系统，单单是降低太阳能板的成本还不够。例如，安装商领域必须得到发展。公共事业机构必须有所作为，以便在太阳能推广后实现自身系统的均衡。公共事业机构还必须改变政策，让“净电量计价”成为可能，以确保客户只用支付自己所使用的净电量，并且可以将多余的电量出售给电网。

最大的变化发生在思维方式和推广太阳能的商业模式上，即选址、所有权和融资。现在已经有了一些相当于公共事业机构规模的项目，例如在莫哈韦沙漠的项目。这些项目肯定让人颇感好奇，且会为传统电网提供大量的电能，但从公共事业机构的角度出发，太阳能并不像化石燃料、核能或水力发电那样具有吸引力——使用化石燃料发电的中央发电厂早已不是什么举世无双的创举。在过去的 50 年里，燃料中转化成电能的能量比例一直保持相对不变。但这项悠久的技术一直是大型资本项目的基础，工程师们也懂得如何修建和运行这些项目。这些技术让公共事业机构撰写出详细的融资文件，以便收回这些大型项目的成本。这也是公共事业机构深谙的一种市场类型，即从公共事业机构的使命角度向监管部门进行推销。然而，太阳能被视为风险较高且不可靠的一种能源。

监管机构在推行可再生能源时要求推广太阳能，而公共事业机构也只是在此时才参与其中。但一些创新型公司已经开始寻求途径直接面向消费者销售，不过这其中也存在问题。以普通的屋主为例，他在夏季时会需要照明和空调，也会尽可能地省钱，但他不会在乎能源的清洁问题。所以，他很可能不会放弃传统的能源，而费力来获得清洁能源。

在某些情况下，使用太阳能对屋主来说具有一定的经济效益，尤其当有补贴时。但太阳能公司要求客户们作出的决策太过复杂。消费者们被要求把苹果和金橘放在一起进行对比。一方是太阳能系统，几乎所有成本都是前期成本，在安装了太阳能板后用电基本上是免费的；另一方是传统的电力，消费者按照每度电 8~40 美分的价格付费，具体费用取决于当地的电价。消费者同时也要选择是在屋顶上安装复杂的太阳能板，还是简单地打个电话，然后打开开关就能有传统的电力可用。

对比的结果不难预料：维持现状获胜。爱德华·芬斯特（Edward Fenster）说："客户们习惯于直接买电，而不是购买一个发电厂。"他是旧金山太阳能公司 SunRun 的两位 CEO 之一。

因为太阳能的客户被要求支付前期成本（可能要数万美元），所以不管怎么算经济账，他们总会认为自己辛苦赚来的钱有更好的花法。由此可以看出，虽然客户被要求进行这些对比，但他们对这些内容毫无兴趣。

即使这些障碍物还不够艰巨，向客户直接销售太阳能还存在另一个问题。这个问题可能就不那么显而易见了，我们称之为"创新者的逆风"。问题源于这样一个事实，即太阳能的成本会不断地快速下滑。即使使用太阳能在此时看来很合算，但数年后会更加合算，那为什么不等一等呢？正如我们此前所指出的，这个问题也存在于消费电子领域。但消费电子产品的寿命很短，所以人们一般没有那么犹豫。我们每两年要更换一次自己的电话，每 7 年会换电视机，但太阳能系统的寿命有 25 年，甚至更长。在购买了一套太阳能系统后，这个家庭不会希望 2 年后发现以同样的价格可以购买性能好过 40% 的新产品。

为了克服这些障碍，部分创新型的太阳能公司最终让自己来承担这个问题。它们不再顽固地试图向客户推销清洁能源对环境的好处或可以带来长期的节约，而是对自己的商业模式加以改造。一些公司已经通过学习汽车行业和直接竞争对手电力公司的经验教训，取得了巨大的成功。这些公司包括 SunEdison 公司以及数年后的 SunRun 和 SolarCity 公司。这些公司已经从产品制造商变为服务提供商。其突破之处在于，屋主个人无须再出资购买昂贵的机器。因为屋主的屋顶上有太阳能系统并不意味着他们就需要拥有该系统。相反，他是想购买太阳能系统带来的服务，这就像是租赁一辆汽车，只是他需要支付的是电费。

RESOURCE REVOLUTION
数解资源革命

在那些零售电价很高的市场里，例如加利福尼亚州，对消费者而言，这种激励相当有效，而且太阳能公司的利润也非常吸引人。SunRun 公司能够以每度电 0.15 美元的成本在屋顶上安装太阳能板，然后向客户收取每度电 0.25 美元的费用。SunRun 公司的投资回报率达到了 20%。但相比于电力公司的收费而言，客户可以每度电节约 0.1 美元。这个数字累积起来，每年可以达到数百甚至数千美元，而且客户什么都不用做，只是每个月付款的对象有所变化而已。

SolarCity 公司、SunEdison 公司和 SunRun 公司也不用直接出资。高盛公司（Goldman）、富国银行（Wells Fargo）、美国银行（Bank of America）、谷歌公司（通过旗下的投资公司）、养老基金，甚至沃伦·巴菲特（通过其保险公司）会为它们提供资本。因为太阳能的风险事实上比最初预计的要低很多，所以它的融资成本也大幅下降。通常情况下，制造商会对技术提供 20~25 年的保修，安装工作也变得更加标准化，而且太阳能电费的拖欠率也已经被证实并不高，这些因素使得太阳能成为一种非常具有吸引力的投资，且当利率在历史低点徘徊时尤为如此。

太阳能必须找准合适的屋主，而这项工作的成本并不低。吸引客户的成本可能会高达 5 000 美元，而这笔费用通常超过了所安装的太阳能板的成本。太阳能公司目前将重点放在那些希望炫耀自己房屋的人；那些拥有 AAA 信用等级，并且习惯于抵押贷款、购买汽车和其他奢侈品的人；那些自己的孩子在上小学的人以及那些希望证明自身价值观的人身上。但推销语不能是“穿上毛衣，拯救地球”，而是“我们保证费率低廉，使用方便，并能提升转售价值”。心理攻势和策略会让一切变得完全不同，就像 Opower 公司（第 2 章中曾有过详细介绍）懂得要采用“比邻居做得好”这种方式一样。直到太阳能公司培养了一定的能力后才可以缩小范围，直接针对乐于购买其服务的客户，太阳能技术才能因此快速地遍地开花。现在，一些太阳能公司已经制定了一些打破传统的战略，这些战略也将带来资源革命。资源革命的爆发不仅需要伟大的技术，还必须以正确的方式找到正确的客户。现在，直接在屋顶上安装太阳能系统的业务已经在美国多处起步，而且即使没有补贴，这项业务也将继续发展。

## 用户体验好，产品自然受欢迎

对希望在科技领域实现突破的公司而言，太阳能技术面临的问题让它们倍感熟悉。这些问题在硅谷中已有自己的名字，即“跨越鸿沟”。这个词语由作家兼顾问杰夫·摩尔（Geoff Moore）提出。对于硅谷的一代初创企业而言，这个词语一直是一种标准。摩尔将早期尝鲜者和大众市场之间的差距称为鸿沟，并认为跨越这一鸿沟是一项重要的挑战。

**RESOURCE REVOLUTION 资源革命洞察**

创新者们很可能会被自己已经快速找到市场的想法迷惑。在太阳能等绿色技术领域，许多人都坚定地相信新产品最初的起步会非常快速。但经验告诉我们，早期尝鲜者所在的细分市场最多仅占总人口的 10%~15%，所以，要被主流接受就意味着要吸引那些最不在乎自己所使用的能源是否为绿色能源的人。各方必须齐心协力，将成本降低到一定的程度，吸引到大量的人群，并且选择最初要发展的市场，通过这种方法在鸿沟的另一边先站稳脚跟。

事实上，资源技术在这个难题面前尤其敏感。鸿沟集团（Chasm Group）的雷内·怀特（Rene White）和史蒂夫·金伯尔（Steve Kimball）曾与硅谷的传统科技公司有过广泛合作，最近则与资源科技公司展开合作。怀特和金伯尔曾表示，关注资源生产力的公司在将创新推向市场时面临两大问题，而这两大问题会让人心生退意。

**第一，产品周期要比其他创新型企业长，这也意味着产品采用周期会更长。高科技企业的管理者习惯于产品的快速更新换代。**想想看，iPhone 新产品的推出频率有多快，这也让新产品得以快速进入市场。如果客户每年购买一台新手机，那么就有更多的机会卖给他们新手机，以占领这个市场。再反过来看看太阳能技术所面临的挑战。直到最近，发电工作还由公共事业机构独揽，而且发电厂已存在数十年。用电需求的增速在减缓，所以，已没有必要再增加发电厂。因为现有技术在 100 年来一直使用良好，所以能源和工业领域的公司并不习惯于思考创新问题。许多公共事业机构已经撤掉了自己的产品研发部门。

同样的情况也适用于工业领域。按照怀特和金伯尔对这种情况的描述，应该购买能源技术的那些人最不可能进行创新思考，购买这些技术。

**第二，倾向于开发资源技术的能源和工业公司并没有从客户角度出发进行思考的经验，也无法设计出具有吸引力的产品。**换言之，不仅资源技术的购买者不太可能进行创新性思考，设计和推销这些技术的公司也不习惯于在自己的努力中考虑消费者的偏好。

这个问题通常出现在产品有何作用、产品应该是什么样以及产品应该针对哪些人群等基本概念上，而且在市场营销工作中也同样存在这一问题。以太阳能和其他替代能源为例，技术提供商通常通过公共事业机构接触市场，但后者却以糟糕的市场营销而臭名昭著。许多公共事业机构仍然在谈论自己有多少“计量仪表”或“缴费人”，而不是多少用户或消费者。因为能源业的技术改变少之又少，所以直到现在，公共事业机构都没有必要去了解客户们的愿望。

怀特和金伯尔称，“企业买家（B2B）在购买过程中通常同消费者个体一样情绪化。”换言之，同我们购买最新款的手机时一样，大型能源和工业买家在购买产品时也希望所购产品够酷。但最近一次有人推销性感的太阳能板是什么时候呢?

所以，将创新推向市场对于传统技术而言已经难度很大，而对于资源技术而言，这项工作更是难上加难。

**正如太阳能技术所显示的，还需要做的是消除公式中经济学家所称的资本密集度（即通过银行来筹集前期成本）**。通常来说，资源革命技术相比传统产品的资本密集度更高。如果没有得到明确的解决，这种资本密集度会阻碍新技术的采用。正如我们在第 6 章中看到的，LED 技术的寿命有 2.5 万个小时，成本早已低于白炽灯，这是因为 LED 灯的寿命更长，还因为 LED 灯的耗电量要低于白炽灯 90%。但谁愿意花 25 美元去买一个灯泡呢？消费者早已让我们看到，他们只考虑那些 1~2 年内可以回本的投资。尽管企业应该更为理性，但它们也持有同样的观点，或者对资源生产力投资回报期的预期仅略长一点。尽管确实有公司进行的投资的回报期是 4 年，但鲜有企业会对可能要 7 年甚至更长时间才能回本的清洁技术或颠覆性技术进行投资，尽管它们中的很多企业在核心业务领域进行大型产品投资或修建制造工厂时常常会进行此类长期的投资。

**正如太阳能行业所学习到的，企业还必须符合消费者根深蒂固的期望值，同时对全局进行微妙地调整和改变**。在最基本的层面上，每家公司都会确保新的插头可以用在老插座板上，所以向后兼容的工作并没有停止。向后兼容包括了心理和习惯两个层面，尤其是在便捷性上。客户在使用新产品或服务时不应该改变任何行为，即使潜在技术已经发生了翻天覆地的变化。最理想的情况是，新产品甚至比老产品更便捷。许多太阳能公司从一开始就忽视了这点，但其他公司最终领悟到了。它们为消费者提供简便整洁的安装方式，并允许消费者直接购买电力，而不是发电厂。

CalStar 公司是威斯康辛州一家建筑产品制造商。公司在兼容性上表现得相当卓越，其产品非常高效，但同时与水泥这种被替代品也极为相似。CalStar 公司 CEO 乔尔·路德（Joel Rood）告诉我们："传统的方法是在高温下焚烧黏土，这会排放大量的温室气体。CalStar 公司已经开发出一种完全不需要焚烧的工艺。该工艺使用煤炭的副产品飞尘，然后采用化学和水化工艺，再加上硬化，从而制造出一种非常类似于传统水泥的材料。"

因为"非常类似"还不够好，所以 CalStar 公司将关注重点放在建筑材料的零部件市场上。在这个市场里，公司产品与传统材料的作用完全一样，但监管部门不用对新技术的使用进行认证（这是一个漫长且费事的过程）。例如，公司生产的砖块和铺路材料与传统产品几乎难以区别。

CalStar 公司获得了一定的关注，原因在于其生产工艺相比传统工艺来说更加环保，但真正重要的一点在于，CalStar 公司最终将会在价格上战胜竞争对手。不管怎样，它们的主要原材料是另一个产业的废弃物，而且不需要时时刻刻都加热到 1 450° 的窑。CalStar 公司表示，公司即将完成对工厂设计的最优化工作，并且将会在全美范围内进行推广，同时也将在未来几年内实现现金流的收支平衡。

除了融入现行的工作方式之外，不时让新产品给客户带来惊喜，自然会更好。消费品公司一直以来将这种惊喜称为"感动客户"。正如我们看到的，特斯拉汽车公司生产的电动汽车不只是对现有电动汽车的复制。特斯拉公司打造了外形漂亮且性能出众的汽车，吸引了汽车迷们，也赢得了《汽车潮流》杂志的年度汽车大奖。特斯拉的产品不只是一台电动汽车，它首先是一辆迷人的汽车，凑巧使用电为动力。（与此同时，菲斯克汽车公司 [Fisker Automotive] 采取了直截了当的方式，却以失败告终。）同样，LED 灯不仅因为耗电量比白炽灯少而为消费者省钱，同时也可以减少更换灯泡的频次，还可以轻松地进行远程控制。

## 让好东西大量生产的若干窍门

RESOURCE
REVOLUTION
资源革命洞察

许多经理人一门心思都放在培养产品在市场的生存能力上，却没有考虑等到产品起步后如何进行规模化生产。大规模地生产和安装同等重要和必要，关键在于要对发展进行把关，一步一步来，并尽可能学习其他行业在解决制造和供应链问题上的专业技术。

许多创新在实验室里时看上去相当出色，因为实验环境完全可控，而且无须多想就可以直接将次货丢掉。但这些创新却很难走过试用阶段，而且在制造环境中更是难上加难。在制造过程中，设备或条件的变化成本更高，而且操作过程必须足够简单，因为操作人员并非产品研发工程师，后者对科学和技术有着深厚的了解。在创新走出实验室进行试运行之前，或者是从试运行到大规模制造的过程之前，在制造流程的每个层面都必须留出大量的时间。赶进度的确很诱人，但速度太快就会导致问题多于收获。在初期就找出问题，然后再进入制造阶段，这样做的难度相对小很多。

生物燃料已向大家展现了规模生产的复杂性。生物燃料可以提供廉价的石油和柴油，取代每桶 120 美元的石油，因此可以作为解决能源安全问题的一种方法。但其局限性也越来越明显。纤维素乙醇工厂的建设成本更高，而且实际控制的难度要超过实验室内的情况，规模生产的复杂性要高出 10 倍。事实证明，更好的答案是将生物质转变成化学制品，虽然产量要小很多，但价值更高。Solazyme 公司、Amyris 公司和 LS9 公司等企业已经发现，它们可以重点关注在膳食补充剂和皮肤护理领域使用的化学物质，虽然规模相比要小很多，但仍然有利可图。

同样的挑战也阻碍了太阳能领域的进一步创新。找到比硅更高效的材料，设计可以使用材料更少且成本更低的光伏结构；设计能匀速打印太阳能板的工艺，而不是每次在真空舱内只能生产一项产品……这些工作相对并不是很难。难点在于将这些创新规模化，日复一日地生产可靠且高效的太阳能电池。风险投资最近支持的一些太阳能公司已经将重点放在太阳能电池的新结构和新材料上，希望能够就此申请专利。它们选择将如何规模化生产留到后面再思考，但它们正在为此付出代价。

衡量成功的最佳标准并非太阳能电池的性能要达到最佳，那是实验室的重点；也不是何种性能可以实现规模化的生产并能保证可靠性。最好的指标是产量方面的变量，即合格电池和不合格电池的比例，以及最佳发电量和最差发电量之间的差别。

FirstSolar 公司被视为近几年最成功的新太阳能技术初创企业。但该公司也花了 5 年多的时间才让太阳能电池从实验室走到工厂。唯一的捷径就是寻求经验人士的帮助。例如，斯泰公司（Stion）是一家著名的薄膜太阳能板制造商。该公司通过利用历史悠久的行业和供应链的低成本工业工具，制造高效且低成本的薄膜太阳能模块。斯泰公司最初与台湾积体电路公司（TSMC）合作，后者是全球最大的集成电路铸造商，对半导体设备、沉积技术以及新厂的工业设计等有深入的了解。斯泰公司和台湾积体电路公司的工程师们共同努力，对斯泰公司的太阳能电池技术进行规模化和工业化。这种合作降低了成本，而在这个行业内，成本战相当残酷。

一家资源技术公司通过早期进行现场试验，采取了一种全新的方式高效且快速地扩大了规模。朗泽公司（LanzaTech）利用从重工业（其中包括钢铁制造、石油炼制以及化工生产）中收集的废气生产燃料和宝贵的化学物质。多数公司最初会在实验室使用合成物质进行试验，但朗泽公司反其道而行之，从一开始就在现场使用钢铁公司的废气测试自己的产品，并因此建立了一个相当高效的流程，得以加工处理氢气中各种各样的废气。

为了提高成功的可能，朗泽公司使用了一种有机化合物。对于有机企业众所周知的是，这种有机化合物可以有效地将废气转变为一些材料，这些材料此后可以加工成燃料或化学物质。尽管这听起来像是科幻小说，但朗泽公司业务发展副总裁普拉巴卡尔·耐尔（Prabhakar Nair）表示，这种化合物是“兔子肠道内的一种细菌”。朗泽公司通过对自身工艺的复杂性加以限制，同时又在现实环境中多次进行试验，从而在中国的项目中证实了自身的技术，并且已经做好准备投入商业化。

**首先，为了赢得规模化这场比赛，公司必须快速生产出样机。**顶尖的资源革命公司都有一套训练有素的规模化流程，即“每次数到 10”。该流程包括从实验室到试运行，从试运行到商业化，再从商业化到全球化。关键在于每个阶段要对流程的方方面面进行监测，并且只有在各个环节之间实现无缝衔接之后才能跨入下一阶段。通过这种“每次数到 10”的方法，可以为早期发现和解决问题建立可靠的分析基础。在早期解决问题的成本并不高，不要等到流程后期再处理难题。

**其次，公司还必须在设计中考虑到可制造性。**容易复制的简单设计也更容易获得可持续的发展，因为制造成本更低、维护难度更小且在产品使用寿命结束后进行循环利用也更容易。有时，要实现这点就必须使用高成本的零部件，例如苹果 Macintosh 计算机使用了飞机等级的铝制基板。但相比采用更为复杂的产品设计来实现零部件成本优势而言，简化设计的好处是无可比拟的。

**再次，对供应链的管理也必须进行整合。**对于多数公司而言，当前面临的巨大挑战之一就是在高度分散的市场内持续获得生产和交付产品所需的材料。日本福岛核电站事故发生后，很多科技公司发现自己对某种特定树脂的依赖程度很高，而这种树脂只在福岛地区生产。建立一个弹性的供应链，以便从容应对重大的供应链中断事故，这种能力可以让公司脱颖而出。

我们将在第 8 章中介绍，公司应该重点关注如何建立操作流程，可复制的标准操作流程是大型公司的支柱。丰田公司的精益生产和 6 Sigma 工具、摩托罗拉公司、通用电气公司以及其他诸多公司在消除生产中的浪费和变数方面提供了宝贵的方法。不过，最优秀的公司正在将这些能力打包，使得人人可用。比如，在美国铝业公司（Alcoa）、霍尼韦尔公司（Honeywell）、波音公司和通用电气公司，不管是员工还是承包商都知道标准的操作流程是什么。公司如果懂得在整个生态系统内制定一体化的操作系统，而不仅仅局限于内部员工，那么相比那些在这方面存在欠缺的公司而言，这些公司能更快速地进行变革。

**最后，公司必须关注技术的采用和整合。**在当今商业环境下，没有哪家公司可以开发自身生产系统中的所有核心元素。相反，关键在于要能找到其他人早已开发出来的优秀元素，并采用他们的技术。公司同时还必须严格地管理每次的新产品推出工作，使整个流程标准化，从而能在整个组织内加以复制。每家公司都在培养这些技能，在往规模化的方向发展，因此公司必须警惕那些时常会出现的无意之间造成的后果。举例来说，使用玉米生产乙醇的技术已经在美国实现规模化，在汽油中所占比例达到了近 10%。但乙醇已经消耗了美国玉米总产量的 40% 还多，使得玉米价格飙升，玉米出口减少，而且环境也随之受到影响。这并不是在实现能源安全，而是制造了食品的不安全；也没有良好的能源政策，而是让农业进行补贴。

实现规模化也会给基础设施带来非常大的压力。空客 A380 在 2005 年面世，当时因为其着陆引导系统太过精确，所以飞机每次都是在跑道的同一个点上落地，结果破坏了跑道。（软件后来增加了些许随机性，才有了很大的改善。）美国页岩油的开发也曾因为缺少将原油输送到市场的管道而减缓速度。美国的管道网络从南贯穿到北，将得克萨斯州、俄克拉何马州和路易斯安那州的原油输送到东北部。现在，这个国家需要从西往东的输送系统，将原油从北达科他州、俄亥俄州和宾夕法尼亚州输送到东北部。目前，赫斯公司（Hess）使用火车将其位于北达科他州油井的大量原油运送到北部的纽约州，然后再从那里顺河而下，运送到新泽西州的炼油厂。这种临时性质的供应链太过复杂，让每桶原油的成本增加了 10～15 美元。

当钻孔企业意识到瓜尔胶的产量远远低于自己的需求时，页岩油也曾面临同样意料之外的障碍。瓜尔胶是一种天然树胶，小小的瓜尔豆主要生长在巴基斯坦和印度的半干旱地区。这种瓜尔豆可以生产出天然的水溶性聚合物，形成可用于水力压裂中的一层凝胶体，从而能够推动页岩油的流动。瓜尔胶的价格因而直接飙升，蚕食了一些供应商的利润空间。同样，磁铁对电动技术也至关重要，而磁铁中使用的稀土金属领域也出现了急剧的竞争。美国人将稀土金属视为国家安全问题，由此导致了与中国的摩擦，而中国是稀土的主要制造国。中国已经决定限制稀土出口。但并非所有供应链的限制都来自上游。有时，基础设施的配置或服务也会带来障碍。例如，电动汽车面临的主要障碍之一并非锂矿的短缺，而是充电站和电池交换站的短缺。消费者会因此出现“里程焦虑”，即担心驱车离家太远后所在的区域可能有加油站，但没有充电点。特斯拉汽车公司已经意识到这个问题，并且已经承诺在全美范围内修建一个充电网络，在2015 年前覆盖美国和加拿大 98% 的人口。

**RESOURCE REVOLUTION 资源革命洞察**

优秀的企业很早就能获知价值链中哪些环节会出现瓶颈，然后根据潜在问题调整设计，或者是搭建具有弹性的供应链，从而实现规模生产。要想取得成功，就必须通过建设强大的供应链大规模地将产品推向市场。同时还必须有备用计划，以应对基础设施不能及时到位的情况。

## “创新”这种事，究竟该怎么管理

只是在最初实现一次规模化还不够，其中可能需要 6 个产品周期才能在市场上建立领导地位。资源革命需要时间，有时甚至需要数十年。在这条发展道路上也会出现挫折，所以必须要能做到跌倒后起来再战。多数公司在失败后就会放弃，或者在客户不重视新技术或新商业模式时放弃。因此，必须树立新的思维模式，即一种革命的思维模式。公司内必须有坚定的拥护者，能够明确阐述愿景，使得公司人才为之激动和鼓舞，并进行正确的创新。麦肯锡公司此前曾经出版过《追求卓越》（*In Search of Excellence*）一书。该书将组织内的拥护者定义为那些不仅拥有坚定的决心、满腔的热情，而且能够激励和招募他人共同追求同一事业的人。拥护者的作用在资源革命中尤为重要。正如我们在第 3 章和第 4 章中看到的，资源革命必须对核心产品以及产品的设计、生产、交付和再利用的方式等进行重新思考。这也要求有一位非传统的思考家，他要乐于向现状发起挑战，并且在必要时树立紧迫感。

**RESOURCE REVOLUTION**

**资源革命洞察**

对众多公司而言，资源革命将会引领其进入一个全新的世界。这意味着它们必须学习软件和电子技术等新技能，使用并不熟悉的材料，或转换到轻资产的商业模式。许多公司都必须进行一些更基本层面的变革，即再次学会进行创新。建筑行业在产品研发上的时间甚至不及狗粮行业。尽管各行各业在研发上的平均投入为销售额的 3.2%，但资源密集型行业在研发上的投入要远远低于这一平均水平。矿产业的研发投入为 0.9%，公共事业机构为 0.1%，科技行业为 10.1%。我们也已经看到，科技行业的技术将越来越多地出现在其他产业。拥护者必须让资源密集型公司超出停滞不前的状态，推动它们积极进行创新。

也许最为重要的一点在于,如果公司不只是想在资源革命中获得一条生路,而且希望成为革命的领导者,那么就必须大胆冒险,不仅要决定自己的命运,更要去决定所处行业的发展方向。问题的出现不可避免,拥护者必须团结各种力量。让我们以 1980 年担任 IBM 公司 CEO 的法兰克·卡里(Frank Cary)为例。卡里已经厌倦了苹果公司垄断个人电脑这个刚刚萌芽的市场,为此他个人发起了一个项目,而这个项目促使 IBM 在一年后就推出了个人电脑。这项成就让 IBM 在此后 10 多年的时间里持续垄断了这一市场。再来看看微软公司。微软公司曾在 20 世纪 90 年代末期低估了互联网的影响力,而比尔·盖茨那份著名的备忘录让微软公司把互联网当作自身战略的核心,这也促使微软公司的浏览器获得了市场垄断地位。诺基亚公司曾经是一家缺乏生机的橡胶和木材产品制造商,直到它发现了一个机会,进而成为全球顶尖的移动手机制造商(此后,在技术向智能手机方向发展时,诺基亚公司未能及时对自己进行改造,使得公司又从高处跌落)。

几十年来,三星公司一直很善于培养拥护者,并展现了拥护者的影响力。三星公司最初落后于行业内的其他所有竞争对手,但公司坚持不懈,大胆尝试,最终让自己成为众多行业里的领头羊,甚至完全重塑了一些行业。这家公司现在正在资源革命上押下重注,将资源革命看作公司未来发展之路。2010 年,三星公司在 5 家快速增长的企业上投资了 206 亿美元,其中 3 家为清洁能源技术,分别是太阳能电池、汽车用可充电电池以及 LED 技术[①]。除这 5 家公司之外,三星公司还投资了水过滤和离岸风电。三星公司计划追随自己经过事实检验的管理哲学,这套哲学已经让人们看到公司应如何不断地进行自我改造。

这家韩国公司于 1938 年由李秉喆(Lee Byung-Chull)创立,最初主要出口干鱼、水果和蔬菜。1950 年,朝鲜占领首尔时,李秉喆几乎失去了所有。他逃往南方,重新拉起一支队伍。战后,他不仅重新建立起此前的业务,同时

① 对三星而言,对另外两家公司的投资也是相当大胆的举动。这两项投资中的一个是建立生物仿制药业务和医疗设备业务,另一个是探索一项发展趋势:因为其国内市场人口正呈现出老龄化,他们将会需要更多的医疗保健服务。

还慢慢展开多元化经营，进军食品加工、纺织、保险、证券和零售业，成为政府工业化的合作伙伴之一。三星公司在 20 世纪 60 年代进军电子行业，此后在 70 年代涉足建筑和造船业。最终，三星公司成为韩国最大的企业集团，全球营收占韩国国内生产总值的近 1/5。

李秉喆在 1987 年过世，儿子李健熙（Lee Kun-Hee）接过了公司的权力大棒。但当时三星公司只是电子领域二流的制造商。索尼和松下的电视机被摆在商店的橱窗内，而三星的设备则被埋没在商店内成堆的产品中。1993 年，李健熙进行了一次环球旅行，发现三星公司在电子领域的信誉如此不佳，他深感震惊。他旅行至法兰克福时几乎达到了崩溃边缘，于是在没有任何通知的情况下将公司 200 名高层管理人员召集到法兰克福的法尔肯施泰因·凯宾斯基大酒店。连续三天的时间里，他从日出一直讲到日落，给大家描述他对未来的愿景。这场演讲已经成为流传在三星公司内部的一个传奇。对三星公司的员工来说，“除了老婆孩子，一切都要变”这句话就相当于美国人心目中约翰·肯尼迪（John F. Kennedy）的那句“不要问国家能为你们做些什么”。三星公司在其总部设有一间法兰克福室，将当时酒店会议室里的所有家具都运到了首尔，并完全按照李健熙发表演说时的场景重新进行布置。

1995 年，李健熙将三星公司的产品作为圣诞礼物寄出，却听说其中许多产品不能正常使用。他前往位于龟尾市的生产主厂，将 2 000 名员工召集到工厂院子里开会。大家头上都戴着写有“质量第一”的头巾。此时，李健熙要求将工厂里所有库存高高地堆起来，这些库存价值约 5 000 万美元。李健熙坐着的地方悬挂着一条横幅，上面写着：“质量是我的骄傲”。他让工人们将每台电视机、每台电话、每台传真机等全部库存产品都打烂，然后将它们丢入熊熊大火之中。

员工们目瞪口呆，而李健熙告诉大家，他不能再接受任何低质量的产品。如果这家工厂继续生产低质量的产品，他将回来再次销毁。后来，当有人注意到某款手机上的盖子与样机上的盖子不完全一样时，李健熙再次重申了自己的要求。他下令将所有盖子进行更换，以便与最初的质量保持一致，尽管这意味着要废弃数十万个手机盖子。

李健熙意识到三星公司的未来岌岌可危。尽管韩国在飞速发展，但按全球标准来说，她仍然只是一个中等规模的经济体。三星公司作为一家跨国公司，必须树立自己的品牌，覆盖全球市场，而且其产品必须在更大的市场内取得成功，例如美国、日本和欧盟。如果仅仅成为最优秀的韩国公司，三星公司并不能靠这个生存下来。

李健熙的战略综合了两大因素。他采取了大胆的战略举动，将赌注押在电子产业里新兴的零部件上，对质量严加控制，在产品性能上很快就做到与行业领导者齐平或者更加出色，同时也大幅削减了成本。在 10 年内针对未来的发展业务投资 200 亿美元，对这家公司来说稀松平常。该公司已经投资同等金额的资金在动态随机存取存储器（DRAM）领域寻求发展，并且与康宁公司和索尼公司两位合作伙伴投入了大量资金，将未来的发展押在从阴极射线管屏幕向液晶屏幕的转变上。最后，三星公司超过了索尼，与苹果公司分庭抗礼。

20 世纪 90 年代末期，韩国的人工成本变得非常昂贵。李健熙裁掉数千名员工，在世界上成本更为低廉的其他地方建厂。那些商业大师们曾说，消费电子公司应该将自己的零部件业务外包，然后进军内容这类利润更高的业务。但李健熙对此不予理睬，投资了数十亿美元修建工厂。三星公司在这些工厂内生产自己的存储芯片和液晶屏幕。现在，这些技术推动了新一代数字手机、摄像机、照相机、播放器、计算机显示器和高清电视机的发展。他赌赢了。作为垂直整合的全球网络化制造商，三星公司能够以惊人的速度生产低成本的设备。与此同时，公司也通过将零部件卖给竞争对手获取利润。不管消费者购买什么产品，三星公司都是赢家。

李健熙，三星集团的会长和拥护者

除了大胆下注外，李健熙的发展战略也培养了其他拥护者。在三星公司，会长办公室制定核心计划，并通过对人才和资本进行大胆配置实施这些计划。要想在三星公司升至副总裁以上的级别，员工必须曾领导过某个成功的项目。三星公司同时也意识到，在靠设计和创新驱动的公司内，必须放弃传统的级别文化。公司的培训项目旨在树立一种新的文化，即推动创造力、开放的沟通和授权，甚至鼓励年轻员工质疑自己的上级。与此同时，三星公司并不会纵容自己的管理人员。如果新业务受挫，经理人通常只有一次机会来解决问题。三星公司定期会对表现欠佳的业务领导团队进行重组。

三星公司创造了惊人的纪录。1992 年，三星公司已经成为全球最大的存储芯片制造商，也是第二大半导体公司，仅次于英特尔公司。到 2005 年，三星公司是全球最大的液晶显示器制造商，并且据称其创新速度快于索尼公司。2012 年，三星公司成为全球产量最大的手机制造商。（三星公司并未试图像苹果公司一样追求产品的完美，而是进行一切尝试后再看哪种方式可行。最著名的例子就是智能手机屏幕的大小。）在这个过程中，三星公司已经成为全球利润率最高的科技企业之一，去年的年收入高达 225 亿美元，甚至超过了微软公司。尽管三星公司对清洁能源技术的投资是否会成功这点还没有定论，但该公司早已成为 LED 领域全球最大的参与者之一，而且已经利用其在手机锂电池方面的专业技术在汽车和栅极存储两个领域占据了重要的地位。公司也已经利用其三星重工（Samsung Heavy Industries）在海洋方面的经验进军新生的离岸风电市场。三星公司如此大力度地推动能源的转变，可能很快就会赶上市场内既有的企业，而且多半都会发展成为该市场内的领头羊。

从三星公司的成功中我们看到了企业怎样在资源革命中大规模地取得成功。这也是我们的研究发现之一。要想取得成功，就必须有从 CEO 到董事会的公司高层大胆采取行动。公司必须进行大型的投资，打破组织内部长久以来存在的障碍。要想取得成功，就必须为大家树立可加以衡量的目标。该目标对整个组织而言会是一项挑战，将激励组织开辟新领域，寻找获得成功的新方法，而不是仅对过去可行的方法进行完善。这几点既适用于产品和服务，也适用于内部流程。三星公司的工程师们会在晚上和周末加班加点地工作，而且在产品的初期生产期间，如果必要的话，他们会睡在工厂的小床上。在半导体行业，三星公司将新芯片投入全面生产所需的时间只够众多美国或日本公司修建工厂。对目标进行明确的沟通，这点也相当重要，因为它让各个级别的员工在日常工作中有统一的轻重缓急标准——正如李健熙烧毁劣质产品的态度就是对工作优先顺序的明确表述。最后，要想取得成功，就必须有坚定的拥护者领导大家冲锋陷阵。这点说起来容易做起来难。

要想寻找或培养伟大的拥护者，必须克服以下 6 大常见的障碍：

**1.** 许多公司内部都有真正具有远见的领导者，但这些梦想家通常来自技术领域或者是产品研发实验室，缺乏商业信誉或经验，难以说服公司进行投资。具有远见的领导者也许来自新兴市场，或者是所处位置并非公司的核心。他们与公司总部的联系有限，或者是对重要的投资决策了解有限。也或者，他们看到了正确的发展方向，但却没有相关的经验或资历组建队伍、配置资源，使得项目突破概念阶段，所以他们更多地扮演的是煽动分子或福音传播者的角色。解决方法就是制定流程，挖掘有伟大构想和发展前景的创业者们，为其提供拥有相关技能的人员辅助他们。这个流程可以像通用电气公司的 Session C 会议一样非常正式，也可以是非正式的流程，比如 CEO 知道公司内最具创造力的 5 位思考者是谁，并且每年与他们一起共进几次午餐，或者是每年走出办公室与他们碰几次面。

**2.** 许多手握大权的领导者都身陷于对当下业务的管理中。企业的事业部或产品线领导人常常有自己的近期财务目标，他们在努力推出下一代产品，以便争取到关键客户。CEO 们每天长时间地工作，日程安排得满满当当，中间仅有 10~15 分钟的空隙。这些 CEO 没有什么时间思考公司的整体发展轨道，更不用说花大量时间在未来某种可能对当前业务进行补充的替代性技术或商业模式上。要消除这种缺点，就要确保 CEO 和高管队伍每年能有数次机会思考公司未来 4 个月的发展情况，并且就哪些假设、技术和行业状况可能发生改变进行深入对话。这种对话不应该是常规的“年度规划”会议的一部分，因为这种年度规划会议通常是对预算和目标进行探讨。这种对话应该将重点明确地放在探讨长期构想上，或者一些近期被忽视的构想。

**3.** 许多公司都会很轻易地进行否定。“不要投资这个”和“我们的麻烦已经够多了”这种话意味着，即使具有创业精神的领导者善于发现机遇，寻找盟友和资源，也可能因为无法说服某一个人而被迫减缓发展速度。资源革命的机遇可能存在于公司的许多环节中，所以如果 IT 资源负责人能够阻碍重要的实验或开发工作，或者会计队伍不想因为新构想分心，打断当前的销售循环，从而延误了重要的客户反馈意见，那么公司将会面临危险。有数千种方法足以阻碍试图创造资源革命的能干的领导者，有时一些做法甚至可能是出于善意。

**4.** 解决问题的方法之一就是明确地给一些新兴机会以一定的余地，让它们可以获得关注和资源。或许可以采用谷歌公司的方式，谷歌公司告诉工程师们，他们在一定比例的工作时间里可以做任何自己想做的事情。另一种方法就是帮助新项目在最高层获得支持，通常也就是公司 CEO 的支持。最后一个方法就是建立一支队伍，并允许他们从公司借用或调用任何所需的东西，甚至可以在必要时打破公司的规则。这是 IBM 公司在推出其原创个人电脑时采用的方法，也是洛克希德·马丁公司（Lockheed Martin）在臭鼬工厂（Skunk Works）采用的方法，美国电话电报公司针对贝尔实验室也是采用的这种方法。

**5.** 多数公司并不会动态地对人才、资本开支和产品研发资源进行重新部署。尽管成功的公司会根据新机遇快速地重新分配人才和资本，但在多数公司内，大家的主流观念就是“在去年的基础上增加或减少……”。我们一再看到大型公司多次准确地发现了具颠覆性的机遇，甚至能正确判断机遇的影响力大小，但却在工作进度上磨磨蹭蹭。他们从来没能按照机遇所要求的速度快速配置足够的资源，或者是获得足以打败竞争对手的资源。要解决这一问题，就要在预算方面采用严格的新举措，其中包括在资本计划和人才部署上对现有业务和新业务进行严格的质疑。另一种方法也相当简单，就是让 CEO 或其他高层领导人在年度预算过程中留出一部分预算投资大胆的新项目。

**6.** 多数公司将构想的失败归结于缺乏支持，而不是认真分析新项目失败的真正原因。我们通常可以从一些著名企业身上看到这种例子。因为对市场和资源的深刻了解，在某种技术尚未成熟之前，这些企业早早就涉足了该技术。在第一次的努力失败后，这项技术就会被束之高阁很长一段时间。这使得公司在市场上行动迟缓，最终市场被落后许多年的另一家公司所垄断。柯达公司发明了传感器，让数字摄影成为可能，但当数字摄影击垮其胶卷、化学制剂和相纸业务后，柯达公司最终宣布破产。其他顶级照相机制造商某一天也可能面临同样的命运。在一些在线照片分享网站上，使用最多的相机早已是 iPhone。解决方法并不是在相机上增加 Wi-Fi 或 4G 功能，而是对留存记忆的这种体验进行重新思考，然后探寻虚拟化体验和让记忆留存更为便捷、优化的新方法，并将这些新方法规模化。

即使找到了坚定的拥护者，获得了实现规模化的各种资源，公司要想取得资源革命的成功，还必须找到并建立一支新的员工队伍。不，我们并不是说机器人，我们所说的是公司员工技能的急剧变革，以及如何才能找到合适的成员。这也是下一章的主题。

RESOURCE REVOLUTION How To Capture The Biggest Business Opportunity In a Century

## 本章小结

**实现规模化也许是整个资源革命流程中难度最大的一个环节。**要想取得成功，就必须做到以下几点：

**连续多年对不同技术进行试验，**并严格认真地遵循流程，从试运行向大规模生产过渡。

**选择并培养那些可以让公司开始规模化发展的客户。**

**培养坚定的拥护者。**这些拥护者不害怕大胆尝试新方法，从其他行业中学习，并能放弃老旧的工作方式。

**向后兼容**通常会让客户更容易采用新技术。

RESOURCE REVOLUTION

# 08

# 资源革命中，谁是企业最缺的人才

◎ 用网络掌控组织，集中决策但灵活应变

◎ 单靠“标准化操作系统”，获利多一倍

◎ 企业最爱的复合型人才从哪里来

◎ 最好的人才尚不存在，产学研如何实现“翻转”培养

◎ 在线工作，SOHO 一族表现更抢眼

此前的两次工业革命给我们带来了新的组织架构和管理实践，这次的资源革命也必须做到这点。这些新的组织架构必须由新的人才类型填充——当然，这些人才有时只会在一些意料之外的地方才能找到。

第一次工业革命带领我们走出工匠的世界，给了我们有限责任公司和工厂。第二次工业革命给了我们装配线和上市公司，通过对公司管理层进行指挥和控制，并靠每季度的数字推动发展。这种管理方式定义了20世纪的“组织人”（organization man）。**在资源革命中，许多功能（例如近乎实时的数据收集和分析）必须更加集中化，但决策必须由一线员工作出，从而能够实现快速决策，并适应本地的情况。**

Zara[①]是一家西班牙服装零售商，该公司就展现了集权化/分权化这一管理方法的强大力量，我们将之称为“网络化组织”（network organization）。Zara在传统的集权化模式中融入了对本地信息的快速输入和决策，从而建立了一个巨人般的企业。

① Zara这个名字在西班牙语中并没有什么特定的含义，但名字背后有一段故事。最初，公司在西班牙加利西亚省开设的第一家门店打算取名为Zorba。这个名字源自1964年的电影《希腊人佐巴》（*Zorba the Greek*）。但街角的一间酒吧已经使用了这个名字，而且酒吧店主提出如果该门店也使用这个名字，就容易造成混淆。但当时门店标牌的字母模型已经做好，于是公司对这些字母重新进行了组合，然后就有了Zara这个名字。

在历史上，服装零售商们会参加时装表演，然后对流行趋势进行一番猜测，并下订单订购整个季节的服装。6个月后，零售商们再将这些服装上架销售。所以，如果某种商品售罄，是没有办法及时补货的。而当商品在货架上卖不动时，零售商就会大幅打折，然后将没有卖出的所有产品送到折扣连锁店内，进一步打折销售。如果对流行趋势把握错误，代价就会非常高昂，而且猜测出错的现象比比皆是。不过阿曼西奥·奥尔特加（Amancio Ortega）认定自己可以通过他所谓的“快时尚”（instant fashion）来大幅减少服装零售业内的浪费。

奥尔特加的父亲是一位铁路工人，母亲是女佣。他早早就开始工作，最初是在加利西亚省的一个连锁店内跑腿，所以他对零售业的浪费有着直接的感受。加利西亚省位于西班牙的西北部，是一个贫穷的地区。随着他在公司的级别逐渐提升，他开始思考自己可以如何优化产品的设计和制造功能，使得从下订单到货物上架之间的时间缩短至短短几周，而不是几个月。这样的话，他就可以赶上潮流，及时将流行的物品摆到门店里。他同时也不需要在每股潮流开始时准备大量库存，更无须在潮流结束时消化大量的剩余产品。

之后他离开了这家连锁店，创立了一家制造企业。但他发现要想让自己的“快时尚”概念发挥作用，还必须对从设计到制造、销售，再到设计和制造的整个过程有更大的控制权。因此，他认为必须进行垂直整合（这是一项在资源突破上非常必要的举动）。拥有了控制权，就意味着他可以立即了解到哪些商品卖得好而哪些卖得不好，而不是等着店主给他发送销售报告。奥尔特加同时还开发了制造和运输系统，加快了商品上市的速度。

他在1975年开设了第一家门店，并且很快就取得了成功。他最初的想法是减少浪费，但在消费者的眼里，他是在以低价提供时尚商品。奥尔特加的业务很快就开始快速扩张，目前在全球已拥有1 700多家门店。公司现已更名为Inditex公司。

随着时间的流逝，在奥尔特加快时尚概念的基础上，Zara公司已经整合了科技元素。奥尔特加喜欢捣鼓小发明，他在 1976 年购买了自己的首台计算机，比史蒂夫·乔布斯和史蒂夫·沃兹尼亚克（Steve Wozniak）推出苹果 II 计算机还要早一年。苹果 II 计算机是第一款真正实现销售的个人计算机。最初，奥尔特加要求店员观察客户拿起但又在后面放下的商品。之后店员们会上前和客户搭讪，询问原因，此后再向门店经理汇报。门店经理则会提供相关报告，帮助设计师们改进产品设计，直至成为一个个成功的商品。

早在 1991 年，奥尔特加就给店员们配备了定制的移动设备，以便他们访问和观察消费者。店员会向设计师直接提供反馈意见，这既可以加快沟通速度，也可以减少沟通环节。Zara 公司的运行相当高效。在商品离开配送中心前往商店的路上，通常并不需要几个小时，而且绝对不会停留超过 3 天的时间。

Zara 的业务已经遍布全球。在此过程中，公司已经将决策权向下分散。不管怎样，墨西哥的消费者和希腊或比利时的消费者对时尚的观点总会有所差别。

所以 Zara 公司最初的成立是想减少浪费，后来却成为一家纵向一体化公司，拥有集权 / 分权化的网络化组织，并且市值超过了 750 亿美元。这点并非巧合。奥尔特加这位“前跑腿”在 2013 年坐上了《福布斯》全球富豪榜的第三位，将沃伦·巴菲特挤在了后面。

## 用网络掌控组织，集中决策但灵活应变

装配线带来了垂直整合——亨利·福特的资产包括从橡胶树到发电厂，再到零部件制造企业和自己工厂内的装配线等一系列物品。但资源革命却要求弹性更大、动力更足的模式。在通用的世界里，中央制造工厂能以低成本提供标准化的产品。现在，弹性化的制造允许我们拥有更加定制化的产品，并且能按照客户的期望值提供强大的产品功能，而这些也是公司所必须提供的。某些种

子和化肥可能仅适用于一个国家，另一个国家也许就需要完全不同的种子和化肥。因此，本地决策权也是必要的。在资源密集型行业内，对产品定制的需求将会更大，因为不同的地质、基础设施和环境风险因素要求公司针对本地情况提供解决方案。

技术创新最初会推动公司将决策权集中起来，但这种创新却支持决策权的分散化。在英国的贸易公司发展得如火如荼的那个时代里，企业必须进行分散化管理，因为沟通速度缓慢，无法进行集中管理。每个本地业务采取的都是单独的特许经营。自从发明了电报，沟通技术获得了大幅改善，这也推动了集权化。中央决策者拥有所有的信息，可以告诉大家销售何种产品、产品应该如何定价以及要达成哪些交易。**现在，技术的发展让高质量的信息可以再倒流回一线。**

1940 年福特公司胭脂河工厂的一体化设施

一线员工因此获得了高质量的数据，并且能轻松且快速地联系到公司内各项职能最出色的专家，且其中的成本也不高。此外，他们对本地环境也会有一定的了解。例如，在遥远的铜矿内，维修主管可以在自己的 iPad 上看到每辆卡车的工作情况以及与公司其他卡车的情况的对比，并且可以看到卡车引擎、传动系统以及底盘的自我诊断报告。这位主管拥有大量信息，使得其可以就何时让某台卡车停止工作进行维修作出高质量的决策。

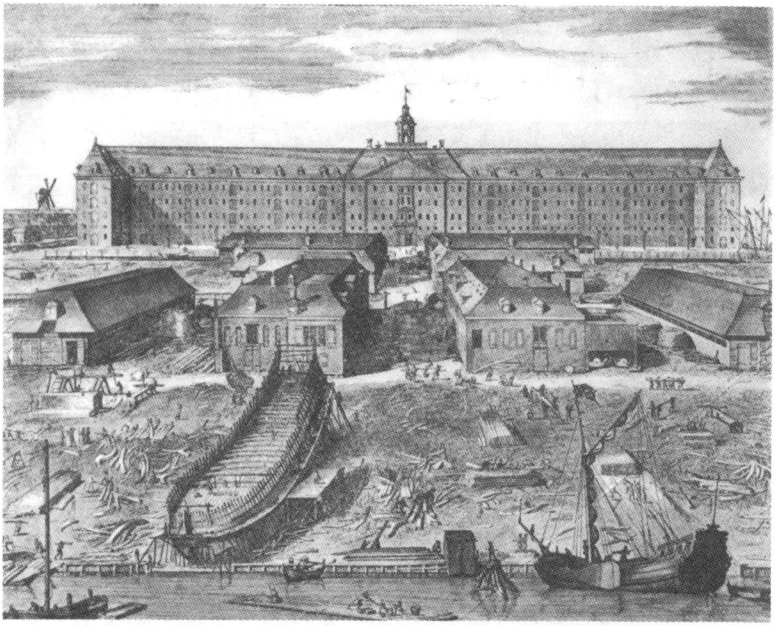

荷兰东印度公司（Dutch East India Company）在鹿特丹港口码头和船厂的整合运行（1690年前后）

小松公司和卡特彼勒公司在维修中就是采用此类方法。全食超市（Whole Foods）则根据具体的运营指标评选出绩效最出色和最差的门店，然后将门店经理召集在一起召开视频会议，从中发现改进的方法。

## 单靠“标准化操作系统”，获利多一倍

我们建议加强分权制，但同时也要意识到这其中存在的风险。分权制会提

高成本，因为每个业务部门都需要配备标准的员工服务和支持系统。另一个巨大的风险在于可能会存在无序状态。如果各个业务部门都自行开展工作，那么创新的速度就会减慢。

要想降低成本，并确保大家保持在相同的方向，就要创立标准的操作系统。史蒂文·约翰逊（Steven Johnson）在其《伟大创意的诞生：创新自然史》（*Where Good Ideas Come From*）[①]一书中对相关内容进行了描述。在软件领域，代码的时间块经过标准化后会成为一系列简单的例行程序，任何人都可以使用这些时间块来执行具体的功能，这就加快了下一代产品的改进速度。同样，公司内标准的操作系统也可以加速创新。每个经理人不用再去重新开发基本的系统，而是将关注点放在重要的创新上。如果公司能够制定标准的操作系统，并且在全球快速且低成本地把创新整合入该系统中，就必然会取得成功。

看看丰田汽车公司的生产系统、美国铝业公司的操作系统、丹纳赫集团（Danaher）的业务管理系统以及埃克森美孚国际公司（Exxon Mobil）的运营管理系统：这些系统展示了标准操作系统的强大影响力（见图 8-1）。这些系统提高了安全性和可靠性、更为环保、降低了成本、改善了质量、加快了员工的操作速度，而且保证了操作结果更加一致。

标准的操作系统针对的是标准的工作内容，这些工作的动作可以进行统一的编排设计，从而减少浪费，让生产力最大化。通过将标准的工作与大量的数据监测进行综合，公司可以学习全球最出色的经验，并且与一线员工分享这些知识。标准的工作也使得公司可以在系统内调动员工，并充分相信他们懂得如何在新业务部门开展工作，因为工作任务有标准模式可循。经理人在本地市场可能会遇到棘手的难题，但他现在已经可以利用他人在过去解决这一问题的所有信息。

① 本书论述了创新的 7 大模式，中文简体字版已由湛庐文化策划、浙江人民出版社出版。——编者注

在过去100年里，企业已经改变了它们的管理方式和操作流程。

**通用汽车公司，1921年**

通过1）财务/运营规划、衡量和汇报以及2）资本分配进行协调和控制。

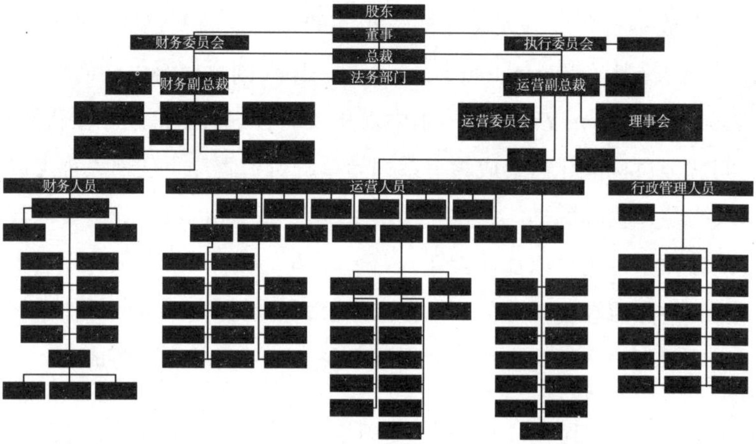


**丹纳赫集团的业务管理系统，2013年**

永不停止的变革和改进循环：杰出的人才、出色的计划、可持续的流程，这些带来了卓越的绩效。

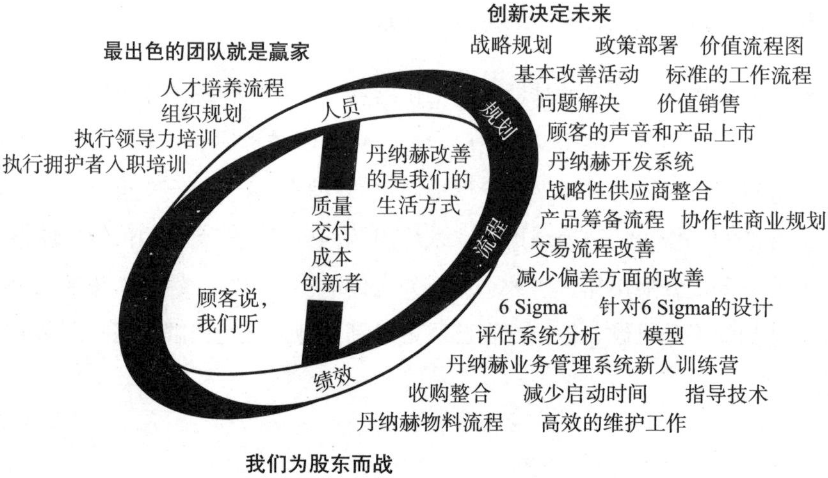


**图 8-1　两种不同的操作系统**

RESOURCE REVOLUTION 数解资源革命

以丹纳赫集团为例，该公司为工人们配备了供应链管理系统。公司已经利用其操作系统创造了超过 50% 的利润空间，而且资本回报率是其他工业巨头的两倍。公司能够快速判断哪项业务会表现出色，然后在表现出色的业务上加倍投资，同时退出那些市场已经成熟的业务。公司的资本再分配工作在速度和力度上是其他多数公司的 2~3 倍，由此带来了优质的资产负债表，同时还能快速适应市场。这也是为什么该集团在过去 5 年内的表现要比行业和市场整体水平高出 40% 的原因。

RESOURCE REVOLUTION 资源革命洞察

标准化的工作可以减少浪费，帮助一线员工不断取得优秀的工作成绩。经理人可以作出质量更高的决策，因为他们的数据都是一致的，而且决策过程相当清楚明了，因为有公司所有数据的支持，而不仅仅是基于经理人的个人经验。优秀的公司通常都有严格的标准化技术系统（流程和设备的运行方式），这些公司同时也制定了简单的管理系统，使得每个人能够持续关注成本、运行安全性、可靠性、利润率以及公司的增长。如果得到正确的执行，一个标准的操作系统可以为创新创造机会。

一个世纪以来，各职能领域严格的纪律让大型公司在方方面面的表现都比小型公司更为出色，但并不包括创新。如果一家公司强调的是 100% 遵守纪律，并且改变系统的成本很高昂，甚至更难的是改变人们的行为模式，那么公司很可能会陷入僵化。许多大公司的确出现了这种情况。操作系统规定了每个人的工作方法，使得人们可以更独立地开展工作，但各业务部门的领导人仍旧可以尝试新的方法提高生产力，增加收入。每年进行数百个经过良好设计的试验，可以帮助公司提高其改善速度。公司会看到哪些试验取得了成功，然后将这些创新系统性地整合到操作模式中，并且让整个组织快速学习。

这一方法类似于苹果公司采用的方式。苹果公司要求数千个独立的应用开发者在编码时必须遵循共同的、快速更新的标准。这样每款应用的新版本就可以轻松且无缝地在客户手机上进行升级。此后，正如苹果公司在手电筒、收音机、天气和地图等功能上采用的方式一样，该公司在操作系统中也整合入了最优秀的功能。Linux 允许个人依据共同标准更新代码，由此开发出了全球最高效的计算机软件程序。谷歌公司每天会进行数百种试验，以改善其搜索和广告投放功能。公司可以在数据驱动的分析工具上进行类似工作，这些分析工具支持功能改善程序。当然，资源密集型公司并不等同于苹果公司的应用，但其技术和方法仍然适用。例如，Kaggle 公司允许天然资源公司在其网站上发布数据从而让全球最出色的数据科学家和统计学家使用其运算公式寻找答案，从而获知要在哪里开钻，或者是得出新的配方等。

标准的操作系统必须得到广泛部署，并且人们必须能够较容易地访问该系统。这点不仅针对公司员工，同时还包括供应商、创新合作伙伴和客户。每个群体都会应邀为系统的升级作出贡献。当更好的操作方式出现时，这些系统还必须易于进行升级，而且必须赋予一线员工反馈意见的权力，从而为决策提供支持。操作系统需要一位管理员，他要能确保新版本拥有高质量的架构，并且能够进行无缝整合。在利润率较低的市场里，生产过程中的任何偏差都要付出昂贵的代价。

让操作系统突破既定的公司范围，这点也是可行的。在日本传统的企业集团内，一群公司会共同投资、合作和创新，努力建立统一的价值链。我们可以想象虚拟进行这项工作的新形式，让多个公司在数据上结成同盟，以供应商和客户的身份进行协作，而不是数据所有者。各公司可以共同努力改进产品的性能,减少浪费以及整合新技术。苹果公司和谷歌公司正在集合各类数据提供商，争相提供最好的地图和相关服务。每家公司都拥有一定的数据，而且在尽可能多地收集数据，但至少在最初，他们多数都是在使用强大的操作系统整合数据，并且会与相关的数据提供商结盟。SunPower 公司正对操作系统加以利用，将数据结合起来寻找潜在的合格客户——综合了公共事业费率、信用评分以及显示各地区日照量的卫星图像等信息。

## 企业最爱的复合型人才从哪里来

在考虑新的组织模型和操作系统需要的人员时，要做的第一件事是列出若要抓住资源生产力领域的机遇需要哪些新技能，这个清单会很长。

所有公司都将需要更多软件人才，因为软件越来越多地为我们这个世界提供了操作规程。IT 不再仅仅是管理公司的电脑和网络，信息技术正在与传统工程融合在一起，为现代企业提供生命所必需的血液。如果公司能够培养人才将软件和工业硬件进行整合，并且发展的速度比市场平均水平更快，产品质量更可靠，那么这些公司就将获胜。如果能发现哪个泵需要维修、哪个油井需要加压，该操作运算公式将会成为公司获得竞争优势的基础，就像亚马逊公司的书籍推荐工具及其快速结账管理能力一样。正是这些能力决定了亚马逊公司在图书销售领域的成功。在我们眼里，虽然许多公司只是制造硬件，但他们实际上拥有的软件工程师要多于硬件工程师。飞机、汽车、建筑设备、火车和工业机器等产品内部都有数百万行软件代码，比普通的 iPhone 应用要复杂许多。

**许多公司将会需要更多的系统整合技能，**因为正如我们在第 5 章中指出的，资源革命的众多力量来自于将完全不同的想法综合在一起，而且多数公司当前并不善于系统整合。如果公司将重点放在对资源的使用上，那么其对专业化的需求就会比较高。技术网络会带来跨职能问题，但能够解决此类问题的工程师和创新者相当罕见。利用软件、半导体、生物科技、纳米技术以及随处可见的传感器和控制器领域的快速创新，并率先将它们整合入工业流程中，成功也就会随之而来。同时正如我们此前指出的，中国和巴西这些新兴市场在资源使用上拥有一定的优势，原因在于它们可以从头设计电网等此类网络，而美国等发达国家则会在资源生产力的跨职能领域具有优势。发达国家拥有出色的建筑师，他们在设计整个系统上有 30 年的丰富经验，而在对所有可用技术进行整合时需要这类经验。

**除了整合不同职能的能力外，新的专业技术也将首次发挥作用。**例如德国的汽车公司已经发现，尽管它们有大量的机械工程师，但缺少必要的软件和化学工程师。而在生产电动、混合动力以及未来某天可能出现的氢动力汽车时，这些人才是必需的。随着电力动力系统的发展，传动系统的零部件可能不再必要，但汽车制造商会需要那些懂得编织碳纤维、将 4G 通信协议和安全性与汽车操作系统进行整合以及处理电池问题（如加热和优化化学等）的专业人士。汽车内的电子零部件已经占到汽车总价值的 40%~50%，而且这个数字还是在汽车与互联网相连之前的情况。同汽车制造商一样，其他众多行业也必须加强自己对材料科学、化学或生物学的了解。

**许多公司还会需要超低成本制造方面的技能。**多年来，产品设计的目的就是增加功能，整体改进性能。但现在，如果能够以非常低廉的成本实现高质量，这就是一种重要的优势。沃尔玛率先作出天天低价的承诺，并且建立了能够以非常低廉的价格提供高端产品的供应链。华为公司在通信行业也做到了这点。物美价廉的商品市场正在快速发展，大量公司必须走出去寻找可以对该市场加以利用的能力。

那么结果呢？在寻觅新人才时，仅仅从竞争对手处挖来对方最出色的员工已经不够，因为竞争对手也未必有这些新技能。公司必须到新的地方去发现这些人才。

**首先，要去周边行业发现人才。**两个行业此前从未有过交集，但已经明确周边行业有些能力值得借用。消费电子行业蕴含巨大机遇。许多人已经对智能手机上瘾，他们同样会需要世界上其他交互型设备也拥有同样简单便捷的界面，而且不管是什么行业的公司都必须能提供这种界面。例如，汽车早已从操纵杆和按钮向类似于 iPad 的能力发展。不过这种转变还需要认真的商榷，一是因为人们已经非常熟悉老式的操作方法，二是司机在驾驶时必须要盯着道路情况。

Nest 恒温器是另一个例子。20 世纪 70 年代初期，恒温器的界面从水银的机械开关变为一个盒子开关，里面有一个小型的液晶显示屏和许多按钮。自那之后，在 Nest 诞生之前，恒温器的界面再没有发生过太多改变。Nest 恒温器现在有了许多 iPod 上才有的特点。这款恒温器又回到了圆形，其界面就像是一个滚轮。它会学习用户的偏好，然后通过 Wi-Fi 与用户的 iPhone 和房间内其他设备进行通信。Nest 恒温器可以根据天气进行调整，并能判断家中是否有人。Nest 公司也从苹果公司学到了另一点，即该公司只是将恒温器视作实现家庭自动化和便捷性的第一款应用。Nest 公司已经宣布会生产一款烟雾报警器，在探测到少量的烟雾或其电池即将用完时就会报警。因为恒温器和烟雾报警器可以判断家中是否有人，所以自然也可以拓展其在安全领域的使用。公司的计划是使用更多的新应用、软件和更多的传感器、控制器，这些终有一天会让 Nest 公司足以胜任任何事，不过将早餐送到床边这件事例外。

尽管公司将会需要诸如芯片、应用和消费电子产品上的电池等这类专业技能，但从其他行业雇人并不一定有用。某些情况下，与行业内的企业合作可能会更为有效，借此也可以获得专业技术。例如，苹果公司自己并没有材料科学方面的专家，但他们与康宁公司在玻璃和涂层上进行合作，与 Liquidmetal 公司在合金和合金的延展性上进行合作。为了让自己的产品与有类似发明的竞争对手区别开来，苹果公司已经签署了大量协议，以确保能独家使用合作伙伴的产品，也保证了合作伙伴的产品供应。

**其次，除了在新的行业寻觅人才外，还必须到新的国家去寻找。**中国和印度正在培养越来越多出色的工程人才，其数量超过了地球上的任何其他国家（见图 8-2）。而要打造世界上最出色的人才队伍，就必须建立起全球化的人才招募渠道。在 20 世纪，美国的东南联盟和 10 大院校是推动美国工业创新的核心地区。过去，公司可能是从美国中西部和南部的这些地区招聘人才，但顶尖的公司现在必须到北京的清华大学去抢人才。世界顶尖公司必须前往俄罗斯寻找运算公式方面的专家，前往以色列寻觅光电和水技术的专家，前往芬兰寻找无线技术的领导者，等等。

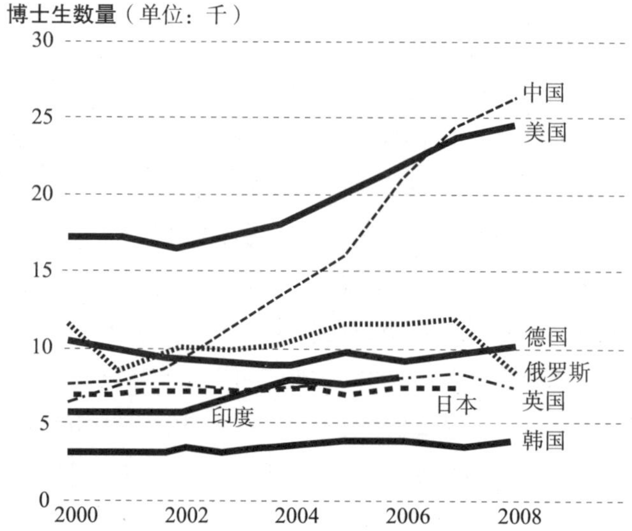


**图 8-2　各国自然科学和工程学博士毕业生数量**

发展中国家将是低成本制造人才的重要来源，因为相比于欧盟的居民而言，“低成本”对于印度德里的街边摊小贩有着截然不同的含义。这里缺乏我们在美国视为理所当然的一些基础设施，也因此要求我们从另一个角度去看技术和设计方案，而在美国，这些技术和方案也许永远不会在考虑范围内。美国生产的冰箱必须能制作冰块，要与厨房的整体风格相搭，而且要有足够大的容量，可以装得下每周一次开着 SUV 车去杂货店购物的成果。但印度 80% 的人口并没有可以进行冷冻或冷藏的设备，所以也就没有此类需求。正是因为这种差异，印度戈德瑞公司（Godrej）售价 70 美元的 ChotuKool 冰箱是在印度开发出来的，而非在美国。这款冰箱看上去就像是体积过大的冷藏室，其冷却技术使用的是电池驱动的热交换器，而非传统的压缩机。这款冰箱的价格在发达国家里绝对会被认为是不可思议的。这一定价可能会开启发展中国家的制冷市场，而这个市场的规模目前为 1 080 亿美元，并且会在 2018 年扩大到 1 850 亿美元。同样，印度开发出了一种低成本的超声波机，现在正由通用电气公司在全球进行销售。

印度戈德瑞公司发明的低成本 ChotuKool 冰箱

**再次，仅仅去寻找新型人才还不够，公司还必须能够将人才抢过来。**为了做到这点，公司首先必须意识到自己所面对的并不是传统的竞争对手，其他潜在的竞争对手还有消费电子公司和软件公司。同样，要在印度、中国和俄罗斯抢夺人才，就必须与本国的拥护者和本地的特权网络进行竞争。

**最后，为了获得胜利，公司不仅要提供具有竞争力的薪酬和权力职责，同时还必须乐于前往人才所在地，不管是在现实中还是在虚拟的世界里。**也许还要在全球建立多个研发中心，以便利用俄罗斯的运算公式专家和以色列的光学天才们。

## 最好的人才尚不存在，产学研如何实现“翻转”培养

在某些情况下，能够帮助公司在资源革命中繁荣发展的人才并不存在，至少在数量上达不到所需的水平，所以公司必须亲自培养自己的人才。

这种需求多数出现在组织的顶层，也就是领导人中。要在 10 年或更长的时间里实现生产力 10%~15% 的年增长率，所需的领导技能根本不是渐进式的技能改进——这也曾经是第二次世界大战之后的一代领导人标志性的成长方式。当行业技术在很大程度上已经成熟，渐进式的改进才会决定公司的成败，而且我们已经培养了一群经理人，他们深谙如何挤出最后那一点点改善空间。我们也已经开发了一系列工具，如精益生产、6 Sigma、业务流程再造和线性规划。所有这些工具的目的就是为了每年将生产力提高 1%~2%。其中的思路就是，控制整个流程，挤压出下一个改进空间，公司才能获得发展。然而，这种思路现在已经不再可行。

领导人的技术管理技能也必须大幅提高。当技术飞速改进时，通过发现和整合新工具提高绩效的能力就变得举足轻重。大家都了解升级计算机以便适应新软件的难度——人们总以为性能总会越来越好，但多数时间里的升级工作都是不停不歇，而且升级的过程中会损失大量的生产力。当企业对自身操作系统和辅助技术进行基本升级时也是同样的情况。所以，当经理人必须每 6~8 个月升级基本的商业技术组合，而且不能有任何停摆时，想想看这其中的压力有多大吧。

更难的地方在于不能只更新自己的知识，了解已知的技术。在资源革命的世界里，跨职能的程度非常之高，所以也相当复杂，而且还要求不同的部门、供应商，通常还包括客户愿意尝试新东西。举一个简单的例子：从生产使用柴油的卡车变为生产使用天然气的卡车，以便充分利用低价且清洁的沼气。这种转变是有意义的，因为这种转变只需要更改油箱、发动机、污染控制设备、驾驶员信息系统、冷却系统、加油 / 加气基础设施网络以及维修协议。但却会在

燃料成本上实现 37% 的节约，在卡车成本上也可以实现 9% 的节约。不过要想取得成功，还必须对网络问题进行全面的分析。天然气和柴油在未来的差别目前在很大程度上依旧是个未知数，要在这种情况下全面思考并作出这些决策就更加困难。即使在小汽车或卡车平台上，汽车公司也必须在软件、机械工程、电子和化学方面作出一些权衡。

不管是通过学校、政府还是雇主，一线工人也必须得到培养和发展（见图 8-3）。原因在于工作的本质在发生改变，而且在许多情况下，工作的技术性会越来越强。例如，太阳能板装配线上的工人必须懂得如何处理公差不到 1 毫米的设备。这些工人不一定要拥有 4 年制的大学本科学历，但必须参加大量有关数字化流程控制技术的培训。制造领域的质量控制主管也必须掌握先进的统计技术，并且能够对流程控制技术进行调整，从而满足极为严格的公差要求。

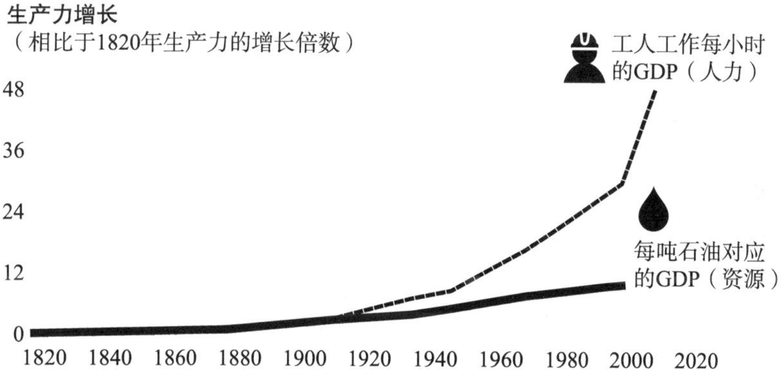


**图 8-3　工厂生产力的发展**

资源生产力要求一线工人根据大数据和先进的分析工具作出更为复杂的决策。以联合包裹速递服务公司招聘的送货卡车司机为例，他们显然没有联合包裹速递服务公司集中进行的数据分析能力，所以联合包裹速递服务公司会向司机们提供尽可能多的信息。联合包裹速递服务公司整合了交通的实际情况和预计情况，以便指导司机调整路线。现在，当司机们上午外出送货时，公司会不断绘制出司机们下午取货时的路线[①]。

**RESOURCE REVOLUTION 数解资源革命**

要培养新型人才就必须建立新的教育模式——相比旧模式而言更加注重技术培养。19 世纪末期，发达国家在德国自由教育原则的基础上建立了现有的教育模式，旨在帮助人们从农场搬到城市，能够阅读、投票和做生意。这种教育模式已经让 90% 的人口至少拥有高中文化，但现在面临的挑战在于只有高中文化还不够。多数发达国家中有 40%~50% 的人口拥有大学文化，但要想与韩国这些国家竞争，这个比例必须达到 80%~90%，因为沟通、问题解决、数据分析、机器和运算公式的参数设置以及全球协作等对“知识工人”技能的重要性需求大幅加强了。德国模式在第二次世界大战后不断发展，补充了机械加工、木工和编程等行业的实习期，但还需要更多的改进。

一个人即使大学毕业了也必须继续学习，主要可以通过在线课程学习。从根本上来说，高等教育也将经历其自身的资源革命——通过虚拟化的学习方式，而不是课程和讲座，尽管面对面的教学模式数千年来一直使用得很好。斯坦福大学等大学院校已经尝试基于计算机技术的“翻转课堂”模式。学生使用自己的 iPad 或手提电脑在课余时间阅读书籍和观看讲座视频，然后再到（现实或虚拟的）课堂里讨论提问，从而对学习材料有更深入的了解和把握。在去除掉物理上的局限后，学生甚至可以身处遥远的中国西部，而且可以联系到全球任何学科最出色的教授。（2012 年麻省理工学院的电路与电子课上，有 340 名学

① 联合包裹速递服务公司在另一个方面也处于前沿。公司尝试在运输卡车中使用天然气为燃料，因为页岩气领域的突破让天然气的成本仅占汽油的一小部分。液化天然气在能量含量上也比汽油的密度大。联合包裹速递服务公司的卡车靠三箱天然气就可以横穿美国，从得克萨斯州到达芝加哥。最终，在建立足够多的液化天然气加气站之后，卡车将可以从东到西横穿美国。

生都取得了不错的分数，其中有一位学生来自蒙古，年仅 15 岁。这门大学二年级课程也是麻省理工学院提供的第一门大规模开放式在线课程，即 MOOC，超过 15 万名学生参加了这次课程的学习。这位蒙古男孩在 16 岁时就进入了麻省理工学院的大一进行学习。）

翻转课堂是 Udacity 和 Coursera 等公司的创意。这些公司试图向大众提供全球最优秀的课程，而且学生们无须每年花上 5 万美元去上哈佛大学便能学到这些课程。

商业和教育之间必须建立起更强的一致性，为每位毕业生在技术方面树立越来越高的标准。学生们至少需要 4 年的数学学习以及在统计和数据管理方面的技术培训，才能在资源革命中拥有一定的竞争力。一些公司已经与学校开展合作，推出了相关培训项目。例如，微软公司最近开始派遣工程师们前往高中教授数学，激发学生们的学习兴趣，从而为软件设计和编程领域吸引更多的人才。

企业还应在公司内部开展更多的培训项目。培训内容必须是实践加模拟，通常会使用最出色的制图工具数百次地重复工作流程中的主要任务和关键决策。企业还要和大学院校合作，将大学院校中的一些专家和经过实践检验的技术引入企业。

好消息就是，尽管到新领域寻找新的组织模式与人才的任务相当艰巨，但几乎所有其他竞争对手也会面临同样的问题。这给了每家公司一定的宽限期，但管理层越早处理公司面临的差距，就能越快填补空缺，并获得一定的先发优势。

## 在线工作，SOHO 一族表现更抢眼

Elance 是一家年轻的公司，为组织和自由职业者牵线搭桥。它在人才的寻

找、培养和配置方面提供了一些聪明的战略，同时允许企业自行寻找自由职业者。我们也希望能够提供一个规模更大、根基更稳的企业做例子，但多数公司在新组织模式和人才的实践上尚处于早期，目前尚没有哪家巨头能为我们展现所需的方方面面。

Elance公司的创立是受到1998年《哈佛商业评论》(*Harvard Business Review*)上一篇文章的启发，这篇文章谈到互联网将如何帮助自由职业者找到工作。文中的想法非常吸引人，因此Elance公司创始人筹集了6 600万美元的风险资金，在1999年创立了这家公司并开发了用于在线聘用自由职业者的软件。Elance公司安然度过了互联网泡沫。2006年，公司进军了一项相关业务。之后，Elance卖掉了此前的业务，利用出售收益于2007年重新创立公司，并成为面向自由职业者的在线市场，允许自由职业者在线做各种工作。Elance公司希望自己能成为人才市场的eHarmony网站，在线发布短期或兼职工作，然后立刻匹配到拥有合适技能（例如编程、市场营销或设计）的人。

Elance公司的再创立不仅遵循了我们在此前探讨过的资源革命的五大原则，同时还采用了本章中分析的部分战略，其建立的网络同时具有集权化和分权化的特征。Elance的办公室位于加利福尼亚州山景城的一栋两层楼房里，里面有大量初创企业。公司拥有105名全职员工，并且通过自身平台找到了200名自由职业者给自己帮忙。公司将数据收集和分析工作集中起来进行，并且就自由职业者应该如何开展工作制定了严格的规则。Elance公司负责招聘，并规定了如何进行决策，但公司将具体工作分解到了各个部门，各部门可以通过分权化的方式处理问题。公司CEO法比奥·罗萨蒂（Fabio Rosati）将手下的经理人形容为“舞蹈动作设计者”。这些经理人必须拥有新的技能类型，能够将来自不同地方、有着千差万别的人才聚集在一起。

Elance公司也制定了非常明确的操作系统，员工和组织都可以进入该系统。企业可以按照Elance系统的要求对要完成的工作进行明确说明，并且规定好付款方式。自由职业者不仅要自我介绍，还必须参加测试，对自身技能进行打分，并通过该系统完成工作后从 Elance 公司客户处收集反馈意见。自由职业者也会提供对雇主的反馈意见。在发布工作招聘后，系统会自动为雇主推荐候选人，并协助彼此进行沟通，以便快速招聘到合适的人选。

重要的一点在于，随着 Elance 公司越来越了解相关信息，它能做到快速对整个操作系统进行升级，同时不会对业务造成影响。例如，罗萨蒂表示，公司刚刚领悟到自己提供的是一个工作场所，而非市场。同一名自由职业者可能会被谷歌公司或 Facebook 聘用，但基于不同公司在工作方式上有不同的文化和规则，所以自由职业者必须能够根据实际情况调整自己的工作方式。因此，Elance 公司将不仅帮助企业招聘到自由职业者，同时也会帮助招聘者将这些自由职业者快速整合到自己的工作流程中。

互联网已经几乎无处不在，Elance 公司也遵循着一条核心人才战略，即到新的地方招募人才，例如从哥斯达黎加到阳光海岸，从秘鲁到巴基斯坦。尽管依照美国企业的标准来看，Elance 公司的认证有时会有悖常规，但这里聚集了大量人才。例如，如果使用美国传统设计公司的服务，那么一家网站的设计成本可能需要数万美元，但在网络上信誉很高的自由职业者也许只要数百美元就可以完成这项工作。

**RESOURCE REVOLUTION 数解资源革命**

通过建立合适的组织架构和操作系统，再汇集大量的人才，Elance 公司目前有 50 万家企业客户通过其平台招募人员，单单在 2012 年就有 34.5 万家企业。2012 年，通过 Elance 公司找到工作的自由职业者赚得了 2 亿多美元费用。自公司 2007 年重新创立以来，自由职业者的总收入已经达到 7.3 亿美元。

通过提供灵活的方式帮助企业寻找所需技能，Elance 公司（以及其主要竞争对手 oDesk 公司）正在帮助其他公司进行转型，建立适应资源革命的新组织模式。例如，强生公司现在的大部分市场营销工作都通过网络进行。尽管该公司会集中制定核心讯息和目标，但依然会使用 Elance 公司为特定的项目寻找人才。此后，强生公司的经理人会分别对团队内的工作进行安排和设计。罗萨蒂表示，该公司发现，现在完成市场营销工作只需要此前完成时间的 1/10，而且成本也大幅降低。此外，强生公司还发现这种新的架构可以提高工作质量，因为创意人才可以直接与负责项目的经理人打交道。而在过去的等级制度中，高层领导人会将构想传达给中层经理人，然后由中层经理人针对创意人才再制定一系列要求，但信息在传递过程中难免会出现内容遗漏的问题。

变革需要时间。Elance 公司 2012 年 2 亿美元的收入意味着公司的营收只相当于一家沃尔玛门店，但变革正在到来。

RESOURCE REVOLUTION

How To Capture The Biggest Business Opportunity In a Century

## 本章小结

在资源革命中，要想吸引合适的人才，有效组织企业，就必须做到以下几点：

**成为网络型组织。**

**制定标准的"操作系统"，**从而加快决策和创新的速度。

**到遥远的地方、到其他行业和发展中国家去寻觅人才。**

从第一天起就**对人才进行培养。**

**自由创新。**利用外部网络加速成功。

RESOURCE REVOLUTION

# 09

## 一百年后，这十二种产业主宰世界

◎ 诞生大赢家的机会

◎ 现在只是概念，二十年后改变世界

通常情况下，当人们思考即将出现的资源危机时，主要想法都集中在对资源的节约上。公司之所以会着手解决这一问题，通常是因为面临此类威胁。例如，投资者们指出，因为报刊读者都在向网络转移，所以对纸张的使用会减少，因而纸浆和纸张公司的传统模式会遇到威胁。公司不必再种植大片树木，伐木，然后再使用大量的水和化学物质将它们变成纸张[①]。

但一些公司正在纸张上大赚特赚，比如张茵。她的故事应该常常被提起，因为她让人们看到了资源革命中可能变成现实的伟大成功。

张茵的父亲是中国的一名军官，她成长于20世纪70年代，是家中8个孩子中的老大。她最初在一家纺织厂工作，后来在邓小平南方谈话之后，她来到深圳一家纸品贸易公司工作。她于1985年前往香港成立了自己的纸品贸易公司——玖龙纸业有限公司（Nine Dragons），然后在1990年前往洛杉矶开设了美国分公司。她的洞察力体现在哪里？中国的纸张极度短缺，而且没有更多的树可供砍伐和造纸。这个国家即将成为全球制造中心，而人们从中国购买的一切东西几乎都在一定形式上涉及纸张，比如包装纸、包装材料和产品说明书。

她的商业模式就是：以每吨不到100美元的价格（想想看，原浆纸张的价格超过了每吨500美元）从美国购买废纸，然后再购买集装箱的装箱量。这些集装

① 10年前，在垃圾填埋场内倾倒的垃圾中有40%为纸张，而其中的一半为报纸。

箱在美国卸货后如果没有货物，就要空箱返回中国。因为几乎没有其他人争夺这种返程的集装箱，所以价格相当低廉。此后，张茵对纸浆进行再加工，生产包装材料（主要是纸板），并将产品卖到这个纸张慢慢开始供应不足的市场里。

随着业务的发展，张茵投资了相关技术，只用极少的水就能对纸张进行再加工。她同时会在中国一些不存在水资源短缺问题的地方建厂。

由于利润率超过了12%，玖龙纸业有限公司的利润率要比国际造纸公司（International Paper）高出50%。博伊西公司（Boise Cascade）已经转型为办公用品公司OfficeMax，其利润率只略高于1%。张茵现已跻身中国最富有的女性以及全球白手起家的女富豪之列。

在这里，有关“变少”的探讨通常会误导大家。人们在讨论“用较少的资源做较少的事情”时，传统的纸业公司和它们缩水的财富就是如此。人们在担心可能会面临“使用更多资源做更少的事情”时，传统的石油公司就是如此。它们投入越来越多的资金在勘探和开发上，但找到的都是小规模的油井。事实上，正如本书一直强调的，也是张茵的经历所显示的，**更多公司将会找到方法“使用更少的资源做更多的事情”。**

这些机会不仅只出现在未来。我们很快就会谈论到这一点，同时介绍一些可能诞生大赢家的机会。已经有很多人和公司因为参与了资源革命而获得繁荣发展，对于还在思考如何加入资源革命的人来说，他们是最好的例子。

## 诞生大赢家的机会

本书已经介绍过资源革命中的一些英雄人物，其中包括水力压裂法的先驱乔治·米歇尔、特斯拉汽车公司的埃伦·马斯克、照明领域的先驱科锐公司（由加尔文·卡特 [Calvin Carter]、约翰·埃德蒙 [John Edmond] 和尼尔·亨特 [Neal Hunter] 联合创立，公司目前的领导人为查克·史沃博达 [Chuck Swoboda]）、三星集团及其会长李健熙、Opower公司联合创始人丹·叶慈和亚历克斯·拉斯基以及Nest公司及其创始人、iPod设计师托尼·法德尔（Tony Fadell）。但他们仅仅是名单上最前面的几位。

大公司有时会抗拒创新，不过在许多案例中，它们也正引领着资源革命。通用电气公司曾错过了LED灯的发展，但公司已通过其所谓的“绿色创想”（ecoimagination）推动着资源生产力的发展。通用电气公司在物联网上投资了一大笔钱。物联网将为通用电气公司和其他企业提供大量机会，允许其利用广泛的可以感知和彼此沟通的设备网络，无须进行人为干预，从而实现用更少的资源做更多的事情。IBM公司已经有了其“智慧地球计划”（Smarter Planet initiative）。同科锐公司一样，飞利浦电子公司（Philips Electronics）也在带领人们往LED技术和更高效的照明之路发展。夏普公司（Sharp）正在对太阳能进行创新。联合科技公司（United Technologies）正在推动大规模的电力储存，这项技术将发挥重要作用，把电网技术从19世纪带入21世纪。中国国家电网公司正在率先建设基础设施和技术，这些将会成为世界其他地方的榜样。他们正在内地水力发电厂和可再生资源发电厂与沿海城市（人口和经济中心）之间搭建一个高压直流电电网。新加坡水务公司（Singapore Water）也在水的脱盐和水处理再利用上进行着同样的工作。对于我们其他人来说，这些问题也将变得越来越严峻。

风投家更加努力，尽管他们的努力截至目前只在有限的领域内实现了规模化，例如太阳能。他们中有约翰·杜尔（John Doerr）、迈克尔·林斯（Michael Linse）、凯鹏华盈（Kleiner Perkins）的约翰·丹尼斯顿（John Denniston）以及我们采访和举例的众多公司的风投家们。例如，Kaiima公司正在对农作物进行改造，以便大幅提高产量。这家公司是凯鹏华盈投资的公司之一。还有维诺德·科斯拉（Vinod Khosla），他可能是与资源革命联系最多的风投家之一。科斯拉以充满信心闻名，他对只能带来渐进式改进的投资不屑一顾，而是专门投资那些他认为只有10%的成功机会的项目。这些项目如果取得成功，足以改变整个市场，他称自己截至目前所做的一些投资是“轻率的科学实验”。优点资本公司（VantagePoint Capital Partners）的阿伦·萨尔兹曼（Alan Salzman）和史蒂芬·杜耳柴克（Stephan Dolezalek）在清洁能源技术上投资了10亿美元。科技合伙人公司（Technology Partners）的艾拉·艾伦普利司（Ira Ehrenpreis）是特斯拉汽车公司（见图9-1）和具有颠覆性技术的众多太阳能公司的早期支持者。在保罗·霍兰德（Paul Holland）、史蒂夫·瓦萨罗（Steve Vassallo）和沃伦·韦斯（Warren "Bunny" Weiss）的带领下，基础资本公司（Foundation Capital）也对清洁能源技术有过多项投资，但他们采用了一种截然不同的方式，主要关注能源节约和商业模式创新。霍兰德和妻子在硅谷的山上建了一栋房子。这栋房子不仅漂亮，还被称为全球最节能的住宅，更是一个样板。当霍兰德让小鸡们进到房子里时，访客们只需要小心脚下就行。

**美国汽车制造公司的数量**（创立时间）

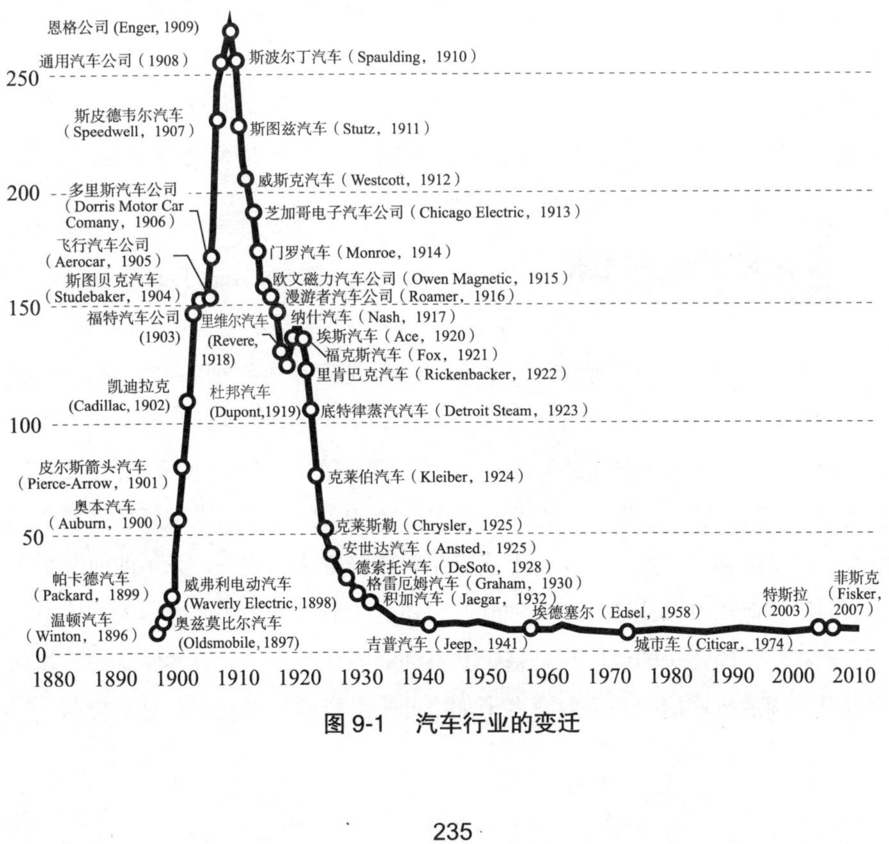


**图 9-1　汽车行业的变迁**

伟人名单里还应该包括那些推动诸多进步的创新者们，其中就有艾伦·穆拉利（Alan Mulally）。他在波音公司时实践了系统整合的伟大之处，现担任福特公司 CEO 时也不例外。此外还有电池创新领域的领导人、A123 系统公司的蒋业明、照明领域的先驱中村修二和金炳国（Eric Kim）、栅极存储领域的重要人物唐·萨杜威(Don Sadoway)以及先进能源研究计划署最初的主任阿伦·麦琴达尔(Arun Majumdar)。先进能源研究计划署是美国能源部下属的研究分支，致力于能源领域的工作，就像美国国防部高级研究计划局在其他领域的工作一样。（想想看，还有互联网、GPS 和其他东西。）

## 现在只是概念，二十年后改变世界

20 年后，当我们再次回顾这个问题时，谁会成为下一个巨头，成为下一个世纪的西门子、IBM、福特或其他公司？现在给出答案显然还太早，因为有了许多具有创造力和聪明才智的人的奇思妙想，资源革命将会全面开花。但为了激励大家，我们在此列举 12 家公司。它们将在未来 20 年里逐渐发展壮大，并且可能在此后的几十年垄断所在领域的发展。

MAXIMUM OIL
RECOVERY ENTERPRISE

1. Maximum Oil Recovery Enterprise 公司（MORE）。这是一家石油公司，它可以降低油井产量下滑的速度。一般情况下，产量下滑的速度在每年 6%~8%，而 MORE 公司将把这一速度降至每年 1%~2%。MORE 公司使用先进的传感器网络和最新的操作技术（如蒸汽吞吐法）将石油采收率提高到了 60%~70%，相比传统方法的 20%~30% 已大有提高。在此过程中，MORE 公司还能避免到环境易受影响的偏远地区钻井。这些变化看上去只是对传统方法的改进，并不能改变整个游戏规则，但却可以让现有油井和既有公司的价值翻番。尤为值得人们注意的是，现在，石油公司的估值只是基于其石油储备计算的，而石油储备的计算依据的是当前的生产能力和采收率，未加以开采的资源几乎被视为毫无价值，所以此方法创造的价值相当庞大。我们曾经看到，乔治·米歇尔和他的水力压裂法开启了页岩气的发展潜力，接着就是页岩油。当下的世界充斥着这类机遇。

2. Efficient Resilient Grid Operator 公司（ERGO）。电网将不再只是辐射的模拟系统，而是数字化的实时网络。早期的电话系统由大量话务员人工接通电话，但之后电话系统向互联网转变。电网也将追寻这条道路。新的电网将会把众多分散的电厂联系在一起，而不是将每个发电厂视为离散的个体。新的电网将会包括大量的电力储存功能，以便采用最高效的方式发电，而且电可以进行双向传输，并能在出现问题或短缺时调整输电路线。数字变压器和其他技术的发展将大幅减少电在传输中的损耗。先进的建筑控制系统将会把用户整合入对电网的管理中，而不是像现在这样通过增加过剩电力平衡电网。电网将根据实时的供需量变化进行动态平衡。我们介绍的这家新公司看上去似乎只增加了电网的复杂性，而不是带来了一种全新的概念，但 ERGO 公司产生的影响将会非同一般。通过管理数万家分散的发电厂和发电负荷之间的相互联系，ERGO 公司足以使发电效率和输电效率提高超过 50%。现在，我们拥有无数本地的输电网络，但这种最低有效规模将让我们看到，美国只需要三四家公共事业机构即可，无须上百家。

3. HOme Unified SErvices 公司（HOUSE）。该公司会进入每个人的家中，它提供的服务甚至比安保、公共电力、传媒和内容提供商更加深入。HOUSE 公司提供定制化的个人服务，能预计个体的行为和偏好，进而提供更舒适、更便捷的生活体验。HOUSE 公司以个人移动设备为基础，通过了解一个人对灯光、温度、音乐、照片等方面的偏好，然后跟随这个人从一个房间到另一个房间，全天候在住宅（或酒店房间、办公室、医院病房）的设置上体现这些偏好。想想看，你汽车的 GPS 不仅能帮你办理酒店入住手续，设置好房间的温度，还能在你进入酒店房间之前帮你把最喜欢的家庭照片和电视节目下载到房间里。现在，普通家庭常常会让电视机、壁炉、空调等类似设备提前运行，以便当人们需要时为之提供所需的服务或舒适感，而每年在这方面浪费的电量相当于一台冰箱时时刻刻运转所需的电量。但 HOUSE 公司提高了住宅的智能化程度，可以在人们需要时再提供服务，由此会使普通家庭的能耗减少 20%~30%，并且还能增加可用的服务项目[①]。在最炎热的夏季里，HOUSE 公司甚至会给你邮寄电影票或购物商场的礼品券，从而鼓励你外出，以便 HOUSE 公司在你外出的整个午后帮你把家中的系统关闭。为企业提供类似服务的公司面临的机会将更加庞大。

4. Convenient Organizer Service for Travel 公司（COST）。该公司能高效处理出行的各个细节，包括提供车辆、预订酒店房间、预订入场券等所需服务。公司能对出行路线和物品进行优化，用户只需要在电脑里敲入想去的目的地和时间，COST 公司会帮其处理剩下的问题，例如是自己驾车还是搭乘火车或飞机出行。COST 公司将会像 Zipcar 和 Airbnb 一样灵活，协调家人和朋友的出行，还能组织冒险活动，甚至能针对生日、聚会、蜜月和其他活动推荐相关产品。在这个过程中，COST 公司将把出行所需的资金降低 95%，并且会大量增加人们经济出行的次数。COST 公司将会带来全球道路修建量和新车销售量的大幅减少，同时提高酒店的入住率和飞机的上座率。

5. Global Recovery Of Waste 公司（GROW）。作为世界上利润率最高的矿业公司，GROW 公司从全球废弃物中回收高价值的产品，比如使用新的微流控技术回收消费电子产品中的黄金和银、地热废水中的锂以及电子产品中的稀土金属。GROW 公司还利用小区的有机废物提供发电、化肥和取暖服务。我们的物质资源占用量将从每人每年 86 吨减少到略多于我们的体重。

---

① 荷兰的 Turntoo 公司就是 HOUSE 公司的早期版本。该公司与家庭和企业签订合同，接管其壁炉和灯泡等物品的所有权，然后为家庭和企业提供这些物品的使用服务。拥有所有权，这意味着 Turntoo 公司可以根据最高效的技术不断对物品进行升级，并帮助客户节约费用。

6. WAter DElight 公司（WADE）。该公司通过不使用化学物质的净化技术和矿化技术，为全球提供最新鲜、质量最高的饮用水，还提供高质量的农业灌溉用水。WADE 公司通过与农业的密切合作减少浪费，建立闭环水处理系统，并且会在城市的整个水网中监测和管理水网漏水情况，由此公司将确保水网系统每年只需要 20% 的新水。建设必要的基础设施必然需要一定的投资，但扩大淡水的覆盖范围对健康的积极影响要远远超越这种成本。

7. Fresh Organic Opportunities Delivered 公司（FOOD）。这家全球一体化的公司将会在本地生产高质量的食物，其使用的水和能源仅占现有生产方法的 1/10；并能将食物快递给消费者，从而减少 20% 的浪费。FOOD 公司将会给每个人的食物补充营养药品，并根据基因指纹定制食谱，减少患病的风险，使得人们更长寿。与 WADE 公司一样，FOOD 公司有望提高可食用的食品量，从而减少价格的波动。

8. Lightweight Innovation Technology Engineering 公司（LITE）。这家全球化的公司将会提供碳纤维，其每千克的成本低于铝[①]。小汽车、卡车、轮船、飞机和建筑物将会变得更加安全，更加高效。人类世界将不再到处充斥着直线，而是使用碳纤维塑造出来的流线型形状，像雕塑一样令人感到舒坦和愉悦。3D 增材制造允许人们在地球上的任何地方短时间内实现对零部件的替换。碳纤维的循环系统也将是闭环的，从而实现真正的可循环性。

① 如果这一点听起来并不足以让人为之喝彩的话，那么想想看，现在的碳纤维成本相当之高，就像是去参加拿破仑举办的宴会一样。当时，最低级别的宴会使用的是银制器皿，高级别的宴会则使用金制器皿。而拿破仑的宴会上使用的是铝制器皿。当时从铝矿石中提取出铝的难度很大，而且这种金属相当稀有。这种情况一直持续到后来铝制品成为日常用品，不再只是国王餐桌上的特权。

9. Government Operations Verified 公司（GOV）。这家低成本的服务提供商提供政府使用的全球标准化的在线技术平台，针对每位居民提供定制化服务，例如发放护照、发放驾驶证、医疗保健、退休计划以及定制化的职业培训和建议。“政府服务”不再让人又爱又恨，而且许多私营企业将会通过 GOV 公司的平台提供高效的创新型服务，就像 iPhone 上的应用一样。GOV 公司需要做到的是，对纳税人和病人的信息保密，同时又支持高速的低成本服务，并能利用大数据分析减少浪费、欺骗和滥用。

10. SEnsor Network SOlutions 公 司（SENSO）。这家全球技术的领导者将为公司提供多达万亿点的集成传感器网络，并为公司提供进入使用运算公式对传感器数据进行分析这一市场的机会，比如谷歌公司的搜索词开创了一个全新的研究领域。同样，SENSO 公司也会让小公司有机会获得大数据和基于大数据进行实时商业决策的工具。拥有一个覆盖广泛的 SENSO 公司的网络，将在很大程度上影响到国家的竞争力。

11. Equipment as Service for You 公司（EASY）。这个世界已经习惯于将软件当作一种服务。现在，我们也会看到设备的开发将成为一种服务。租赁公司已经在小规模地提供这种服务。通用电气公司提供按小时计费的发动机发电服务。很快，其他大型设备供应商也将开始提供按小时使用机器的服务，从而辅助设备的销售业务。

12. Basics All Supplied in Container 公司（BASIC）。该公司将为新兴市场提供服务，如村庄。公司用坚固的箱子运送基本的基础设施，如太阳能、电力储存、手机信号塔、手机充电服务、抽水和水净化、LED 灯以及通过特定渠道实现互联网连接以获得信息和服务。这个渠道也将把大型跨国公司覆盖到金字塔的最底层，公司为新兴市场提供电网与信息网络。

这 12 个例子只是开始，真正的机遇会更多更广。**贯穿本书的思想之一就是，真正的收益不仅在于使用更少的资源，而是经理人能够打造出新能力。**当经理人放弃 CD 改为收听数字音乐时，市场领导者并不是简单地丢弃包装和未售出的商品。这种改变为 iPod 和 iTunes 商店开辟了道路，接着就是 iPhone、袖珍收音机、广泛传播的音乐作品以及多得让人难以想象的应用。斯蒂芬从外婆那学会了编织，而他的女儿正在向堪萨斯州一名 12 岁的女孩学习，这个女孩热爱制作 YouTube 指导视频。未来，越来越多的人和能力会交织在一起，这个网络将会越来越广，而那些找到方法开创未来的人将会借助资源革命这股东风，创造前所未有的辉煌。

现在是时候决定自己的命运了。

# 迎接一个全新的世界，每年将资源生产力提升至少 3%

希望大家看到这里会全然明白，我们正站在 100 年来最大的机遇面前。同此前的工业革命一样，现在正是创造巨额财富、在市场中占据新位置以及创建新商业模式的好时机。但现在也是创造性地进行破坏的时刻，旧的模式将会被取代。25 亿多人口将进入城市的中产阶层，这意味着历史性的经济和社会机遇。但要在未来 20 年里让这 25 亿人口能在城市里安家，修建连接家和工作地点的交通网络，并且提供足够的能源、水和食品满足中产阶级生活方式的需要，这些也是前所未有的挑战（见图 F-1）。全球经济将会努力在未来 20 年里满足新兴市场的需求，这项工作类似于在整个 20 世纪里为经济合作与发展组织里的成员所进行的工作一样。

在 20 世纪，发达国家和全球顶尖公司已经习惯于相对稳定的商品价格（但石油等商品的价格波动仍会带来突如其来的冲击），甚至能从价格的下跌中获益。1900—2000 年，金属价格每年下跌 0.2%，农产品的价格每年下跌 0.7%。因此，尽管优秀的管理领导能力以每年超过 3% 的比例提高了劳动生产力和资本生产力，但资源生产力的改进在过去 20 年里一直在每年不足 1% 上下徘徊。要满足这 25 亿新城市人口的需求，公司和国家就必须在未来 20 年里实现每年近 3% 的资源生产力，即在现有水平上增长三倍。

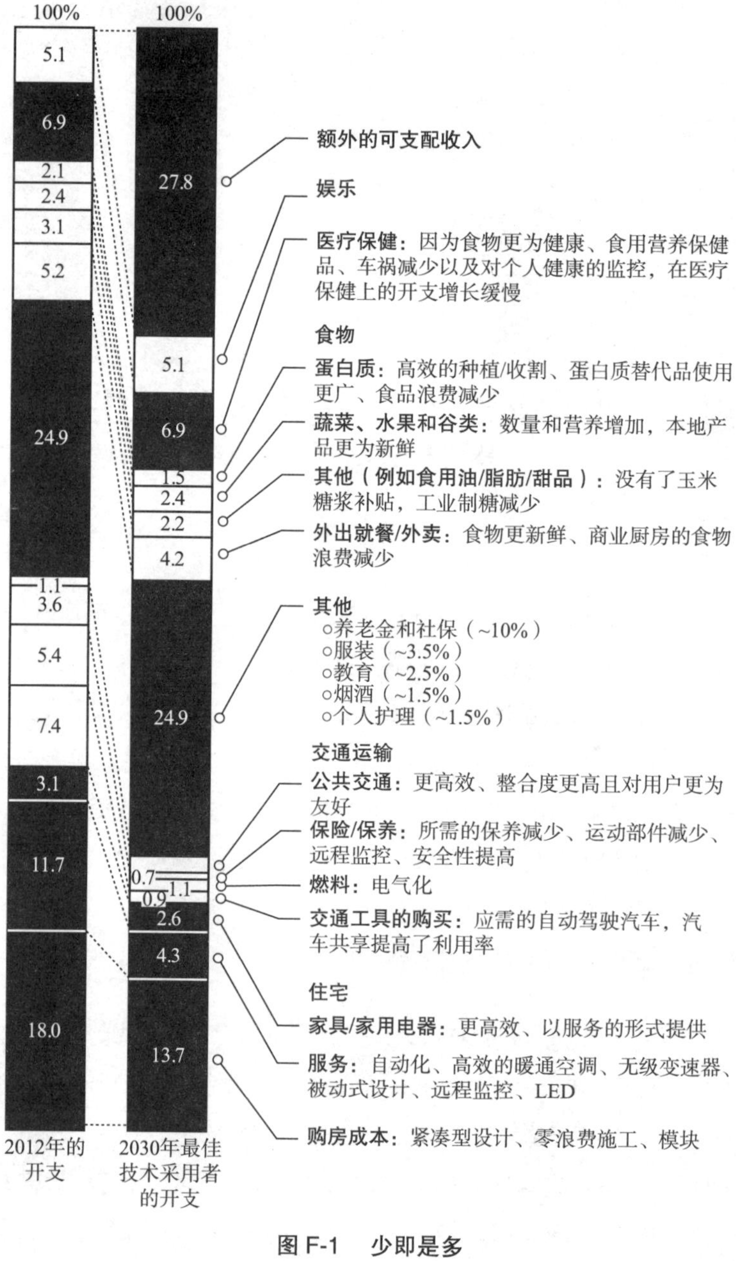
100%
100%
5.1
6.9
2.1
2.4
3.1
5.2
24.9
1.1
3.6
5.4
7.4
3.1
11.7
18.0
27.8
5.1
6.9
1.5
2.4
2.2
4.2
24.9
0.7
1.1
0.9
2.6
4.3
13.7
额外的可支配收入
娱乐
医疗保健：因为食物更为健康、食用营养保健品、车祸减少以及对个人健康的监控，在医疗保健上的开支增长缓慢
食物
蛋白质：高效的种植/收割、蛋白质替代品使用更广、食品浪费减少
蔬菜、水果和谷类：数量和营养增加，本地产品更为新鲜
其他（例如食用油/脂肪/甜品）：没有了玉米糖浆补贴，工业制糖减少
外出就餐/外卖：食物更新鲜、商业厨房的食物浪费减少
其他
○养老金和社保（~10%）
○服装（~3.5%）
○教育（~2.5%）
○烟酒（~1.5%）
○个人护理（~1.5%）
交通运输
公共交通：更高效、整合度更高且对用户更为友好
保险/保养：所需的保养减少、运动部件减少、远程监控、安全性提高
燃料：电气化
交通工具的购买：应需的自动驾驶汽车，汽车共享提高了利用率
住宅
家具/家用电器：更高效、以服务的形式提供
服务：自动化、高效的暖通空调、无级变速器、被动式设计、远程监控、LED
购房成本：紧凑型设计、零浪费施工、模块
2012年的开支
2030年最佳技术采用者的开支

图 F-1　少即是多

我们已经懂得如何以这种速度进行创新，而对管理方面的关注已经让我们在劳动生产力和资本生产力上不断实现了这种快速的改进。此外，刺激人们对资源进行快速创新的因素已经在累积。自 2000 年以来，商品价格激增。能源价格增长了 225%，金属价格增长了 275%，农产品价格则增长了 125%。资源价格的波动性越来越大，而且彼此之间的关联度越来越强。1970 年，食品价格和石油价格之间的关联度通常是从成反比到低于 0.36（概率范围为 1.0）不等。但现在，对多数食品而言，两者之间的关联度已经超过了 0.8。由此可以看出，多数情况下，石油价格的任何激增都将导致食品价格的飙升。若把这点放到更大范围来看的话，则是所有商品之间的关联度都要比过去更高，所以现在，几乎所有冲击波的影响范围都会进一步扩大开来。

RESOURCE REVOLUTION 数解资源革命

但工业技术和信息技术、生物学以及纳米级材料科学的融合正在创造非凡的机遇。我们可以举出众多资源生产力大幅提高的例子（见图 F-2）。1950—2000 年期间，美国的玉米生产力每年几乎增长 3%。在过去 10 年里，页岩气和页岩油也已经实现每年近 22% 的生产力改进，为美国能源领域的重构奠定了基础。有了发动机技术的大幅改进，美国新的燃油经济性标准和欧洲对 $CO_2$ 排放的要求将在未来 10 年推动汽车燃油效率每年实现 5% 的改进，帮助消费者每年每户节约 8 200 美元的燃油开支。

还有一些领域也存在着大量的机遇。在发达国家和发展中国家，食物产量中有半数不是被食用掉的。在发展中国家，超过半数以上的食物在田地里或运输途中腐烂，而在发达国家，近半数食物变质或在消费过程中被丢弃。

石油和天然气生产工艺的采收率只有 20%~40%。汽车油箱里的燃油只有

14%~26% 的能源被用于驱动汽车。在全球许多城市里，1/3~1/2 的水资源被浪费。农业中也存在同样的情况，因为灌溉用水会被蒸发。在电力行业，甚至是最高效的中央发电站也只是将 60% 的燃料转变成了电力。我们的许多固定资产的平均利用率不足 20%，甚至仅有一位数，其中包括道路、办公楼、汽车和输电线路。这样的例子还有很多很多。

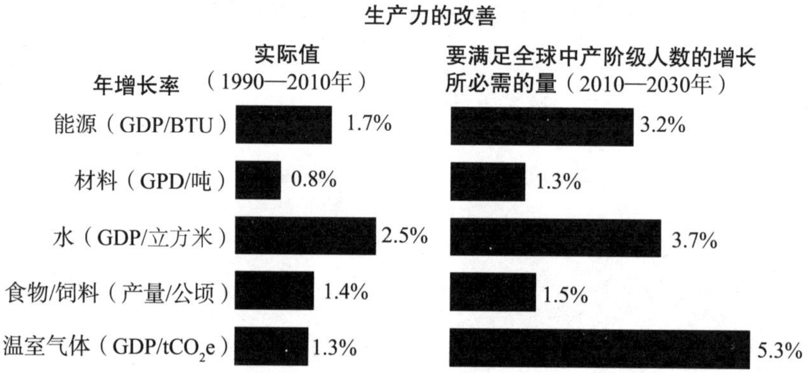


**图 F-2　资源生产力的过去与未来**

我们也看到，每个国家和每家公司在生产力上也有着千差万别，因此，绩效的提高依旧存在空间。例如，LED 技术在中国的市场渗透率比欧盟要高出 1/3，而且这两个地区都远远高于美国。

柬埔寨金边的漏水率比伦敦低，这得益于在 20 世纪 90 年代时任水务局局长的陈鄂松（Ek Sonn Chan）所发起的改革计划。新加坡和以色列在水资源的回收再利用上在全球处于领先地位。

欧盟国家中，拉脱维亚在建筑效率改善方面是领头羊，原因在于该国齐心协力发起了一场运动，其中包括颁布新的规定、审计、宣传运动、资金筹措和对新技术的应用。

RESOURCE REVOLUTION

资源革命洞察

成功取决于对商业基本规则的变革，要将管理创新的重点放在每年将资源生产力提升至少 3%。仅提高劳动生产力和资本生产力还不够，哪怕是资源生产力的渐进性改善也是不够的。

正如本书一直强调的，人们必须大胆设想，推动创新的速度。能源、水和食物系统是一个成熟的庞大行业，覆盖了全球的每一个角落。在边边角角上敲敲打打虽然浪漫，但不可能推动我们所需要的生产力改善。

**首先，要想在未来几十年取得成功，公司必须对推动增长和提高利润的资源机遇进行系统性分析。**新的材料是否可以替代过去一直使用的旧材料？从生物有机体上获得了哪些有关自我组装、新结构的设计或者是物质性能的提升等点子，能够带来生产力的激增？在能源、水和材料上运用不断发展的精益作业原则可以消除哪些浪费？要增强升级、提高循环利用或者是让某过程实现可循环性，需要怎么做？在分析集成供应链时，哪些机遇可用于优化公司、供应商或客户的低效流程？将一些处于现实世界的东西往网络转移需要进行哪些工作？

**其次，在就能源节约方面的机遇提出这些问题后，公司必须重点关注如何对所有这些新能力进行无缝整合，同时增加软件和其他信息技术能力。**甚至在进行创新时，公司也必须确保兼容性和与现有基础设施的整合。公司必须调查新的商业模式，抓住并利用所有潜在优势。仅在现有系统里增加一些新东西，这通常会适得其反，会降低系统的性能。要想获得长期的成功，公司必须懂得新产品 / 服务要融入的那个系统的运作方式。

结果就是，公司将会售出更多的服务和集成解决方案，而不是设备。这种转变将会给商业模式带来新的压力，但也为一些公司创造了巨大的机遇。这些公司都拥有一定的组织能力，可以在工业环境里大规模地提供软件和系统，并且有能力在融资方面进行创新。

**再次，在公司决定要提供何种产品或服务后，就必须仔细考虑合适的时机。**在考虑时机时必须同时针对技术本身和客户群体。此后的难题就是如何让生产规模化，并为市场做好准备。鉴于行业成本结构的变化速度很快，时机问题也就变得至关重要。太早的话，公司的际遇就如同灯泡发明家约瑟夫·斯旺的遭遇（因为托马斯·爱迪生在10年后对灯泡的改进，斯旺已经被人们遗忘）。太晚的话，公司最终的结局就会像柯达公司（20世纪70年代，柯达的一名研究人员发明了数码照相机传感器，从而开创了新市场，但柯达公司自己却在这个市场里落后于其他人）。

**最后，公司还必须改变自己的组织架构，重新思考操作流程，同时对员工们进行培训，以使其能执行截然不同的任务。**此外，公司还要寻找新类型的工人，他们拥有所需的技能，能够从仅仅是英勇冲锋前进向自动化和最优化转变。一个新时代的发展取决于组织架构可以与数字技术合作，推动一线大数据和决策支持工具，同时还要建设网络化的组织。

在这本书中，我们从始至终主要关注的都是管理工具和管理原则。这些管理工具和原则不仅可以帮助公司在资源革命中找到生存的方式，同时还能协助它们抓住自己所创造的商机。显然，我们介绍的这些变化也将开启整个行业的结构性转变，甚至是国家和州结构都会发生改变。这些变化也将改变贸易流，因为替代技术或新技术会让不同的资源拥有新的优势，或者是允许人们对新的储备进行开采。这轮资源革命也意味着整个经济的结构将发生转变，为国家提供机会，一跃实现中等收入水平，甚至会让资源匮乏的国家的经济获得繁荣发展，达到经济合作与发展组织成员的水准。（在麦肯锡可持续性和资源生产力咨询业务与麦肯锡全球研究所发布的资源革命报告中，对不同国家之间在宏观经济上的视角和绩效差距进行了探讨。）

这轮工业革命对于政府来说也是一项巨大的挑战。**政府在其中要发挥重要的作用，首先，要对材料、生物学、系统功能、新能源、交通运输以及农业技术等领域的基本研究提供资金。**政府还必须将传统行业的补贴降至最低，以确保大家进行公平竞争。此外，政府必须抵制诱惑，不要立法和颁布规定要求必须使用特定的技术。相反，政府应该制定大胆的长期绩效标准，同时让市场来决定如何实现这些改进。例如，政府应该要求对污染物进行永久性保存，但不一定要规定保存在何处；应该对能源的储存进行规定，但不一定要规定采用“电池”进行储存；应该规定交通运输要满足燃油效率标准，但并不一定要规定具体的燃油类型或混合剂。

**其次，政府还要意识到各种技术有着截然不同的学习曲线——这些学习曲线推动了成本的降低，而且在规模化上的潜力也有所不同。**如果某项技术的潜力相当大，堪称一种革命性的技术，而且其成本降低的速度也很快，那么它就值得更为激进的采用方式。如果某项技术的改进速度比较慢，而且是渐进式的，也看不到可进行商业化的方式，或者是只有有限的应用潜力，那么相比而言，对其的采用也就无须那么激进了。前者将会为家庭和公司节约资金，并改变整个经济，而后者只能作为地区性的特别项目或特殊兴趣。政府可以进行投资、提供激励措施，甚至是颁布规定（在美国这点颇有争议）来推动经济表现，但同时不应挑选具体的公司或产品作为市场赢家。制定激进的汽车里程标准或强化家用电器、灯泡、建筑或类似物品的能效标准，这样可以让多种技术和商业模式进行竞争，让私营资本坚持对创新进行长期投资，并且能为公司和家庭节约资金，而这些节约的资金可以再用于投资促进 GDP 增长的其他领域。

**再次，由于知识工人、软件技能以及科技带来的服务越来越重要，政府还必须确保劳动力队伍拥有合适的技能和教育，能参与新的商业模式和不断变化的行业环境。**久而久之，政府也会希望将计税基础从劳动内容和住所变为价值创造、知识产权和资源消耗量。

**最后，政府在宏观经济的计量领域内也可以发挥更大的作用，这些计量方法会推动人们的行为、政策的制定和投资的流向。**我们将政府当前的统计数据视为正确的计量指标，好像它们是某种亘古不变的东西，例如，GDP、失业率、美国国债利率，等等。但这些指标只是第二次工业革命的产物。每个指标曾经都是一项创新，是为了特定的目的而设计。例如，国内生产总值（即 GDP）的概念由美国国家经济研究局的西蒙·库兹涅茨（Simon Kuznets）于 1934 年提出，旨在推动处于大萧条中期的美国经济的发展。在第二次世界大战期间，GDP 被广泛采用，成为一种让军工生产率达到最大化的方式。10 年后，GDP 被用来衡量采用布雷顿森林（Bretton Woods）金融管理体系的国家的进步情况，并最终被联合国和世界银行采用。库兹涅茨在 1971 年凭借自己的这一创新赢得了诺贝尔经济学奖。但在 1934 年提交给美国国会的第一份报告中，库兹涅茨警告大家，“国家的福祉不可能通过对国家收入的衡量指标加以推断”，而且国内生产总值和国民生产总值（GNP）过于简化了国家经济真正的健康程度，因为它们不能反映出收入分配，或者是“为挣钱所付出的努力的大小和痛苦”。我们也知道，GDP 并不会衡量生活质量的推动因素，例如教育、医疗保健、子女抚养、大自然提供的休闲价值、未得到发展的自然资源，甚至是最近已人尽皆知的“生态系统服务”，即大自然通过海岸保护、生态系统的稳定性和其他形式给公司提供的好处。

我们必须认识到，最常用的计量指标仍然主要关注资本流（资本性账户、市值、贸易流、外商直接投资以及其他类似的指标）和劳动生产力（失业率和人均 GDP）。我们并没有同样的国家级会计标准来衡量土地、水、金属和其他自然资源的使用效率。我们并不会去分析每平方米土地的平均 GDP，或者是平摊到耗尽或“投资”的金属资源的 GDP。在第二次工业革命之前，人们使用土地持有量、货车数量或毛皮贸易权等计量指标来评价繁荣程度，这点很有意思。甚至除了直接跟踪资源生产力外，从产品到服务、再到便捷性和服务质量的转变也提出了一个问题，即政府的福祉是否应该主要根据物质产出来加以衡量。托马斯·杰弗逊（Thomas Jefferson）在起草《独立宣言》时，借用了约翰·洛克（John Locke）此前对基本权利的宣言，保留了“生存权”和“自由权”，但用“追求幸福的权利”取代了“财产权”。不丹采用了“国民幸福指数”（gross national happiness），这个指标有时还会受到人们的嘲笑。但美国人“机会均等”的概念让“追求幸福的权利”与库兹涅茨在GDP报告中所提出的警告遥相呼应。库兹涅茨警告大家，对国家的福祉而言，收入分配与GDP同样重要。**资源革命的核心在于，每一代人不仅要留给下一代繁荣昌盛，还要有越来越多的资源禀赋。**

尼古拉斯·萨科齐（Nicolas Sarkozy）组建了一个由诺贝尔奖得主组成的委员会，开始制定更为全面的衡量指标，其中不仅包括产出，同时还有关于生产力和绩效的其他指标。简而言之，我们必须从“变大”发展为“变好”。显然这并不容易，但我们看到了可持续会计准则委员会（Sustainability Accounting Standards Board，简称SASB）的努力。他们在对可持续性各个方面的重要性进行定义，并将此作为找到正确方向的其中一个步骤，因为这些定义让公司和投资者开始懂得各行各业内的资源生产力，并且在这些方面进行对比。在资源供应、价格冲击以及对公司的估值中，有些外部因素并没有得到合理的考量，而委员会的努力将有助于揭露这些因素中隐藏的风险。

目前正在进行的资源革命是颠覆性的，它们也将改变非政府组织的工作。历史上，很多非政府组织都将工作重点放在一个最基本的问题上，即保护土地、减少空气污染、确保清洁用水等领域。鉴于各种资源之间的关系越来越紧密、资源的替代品正在发展之中以及颠覆性技术的推出，非政府组织必须拓宽自己的关注范围。例如，解决水资源短缺的问题不再只是盯着水，因为海水淡化等一些解决方案已经从根本上将这个问题转变到了能源方面，同时农业领域的变化也将会给土壤和食品生产带来影响。但其他解决方案（例如水流的改变）也将影响到水力发电，甚至是水冷却。（在全球，8%的水被用于发电。）仅通过法律诉讼或遵守法律法规并不能带来理想的变革。要实现变革，就必须采用合作的方式，以目前美国环境保护基金会（Environmental Defense Fund）和自然保护委员会（Nature Conservancy）率先进行的合作为示范，这两家组织目前正与公司和政府合作寻找和制定优秀的新实践方式。

资源革命中有商品价格的波动，有公司创造性的破坏，还有行业、新商业模式和新技术的相互影响，从而创造出骇人的财富。我们曾看到软件和 IT 技术在企业、消费设备和娱乐以及互联网领域创造的股东价值，相比于全球的能源、材料、交通运输、基础设施和工业领域而言，这些行业的规模依然很小。但这些 IT 技术正在释放生产力，所以对于经验丰富的投资者来说，这里正是寻找增长的沃土。

但在未来几十年要进行正确的投资并不简单。在多数自然资源公司（石油、矿业等）的价值中，过半是已经得到证实的资源储备，而并非经营性现金流。随着需求增长，边际生产者必须在更艰巨的条件下开采低等级的资源，价格很可能会激增。但正如我们在美国的页岩油和轻型致密油上看到的，现有油井储备量的经济指标翻番足以大幅降低资源价格——采收前的天然气已从每立方米 0.39 美元降至 0.07 美元。

除了资源本身和这些相对短期的影响之外，投资者还面临着一些挑战。养老基金和其他长期投资者通常会将自己的投资过多地分配在能源和基础设施公司上。这些公司大多将重点放在当前的技术上。尽管它们的估值是基于近期的收入表现，但却很可能因为替代性技术和商业模式的出现导致市值出现大幅下跌。例如，我们来看看一家大型公共事业机构的收入同太阳能分布式发电和高能效的建筑技术之间的关系。对技术发展的保守分析显示，未来 10 年里，该公共事业机构不会实现 4% 的年收入增长，而是会面临收入下降 10% 的可能。如果这些技术的市场渗透更快更强，那么该公司的收入可能会缩水 35%。在市场意识到这种发展动态后，公司市值将会被重新定义，以体现人们新的期望值。同样，2008 年，二手 SUV 的价格大幅下跌，原因在于当时的天然气价格升至每立方米 1.056 美元以上。所以，美国汽车购买者纷纷转为购买体积更小且更省油的汽车，换车的频次也降低了，如果只有一小部分购买者对混合动力车或电动汽车感兴趣，那么整个汽车金融市场也会遇到麻烦，因为这个市场的经济规模主要依靠汽车租赁期满后的价值。

一些聪明的投资者已经对资源价格的上涨和资产类型的转变进行了长期投资，

例如哈佛大学的捐赠基金和新加坡的国家主权财富基金。水资源很难进行直接投资，但依然可以进行间接投资，方法就是购买水的使用权，或者是购买在生产中需要使用大量水的产品，又或者是对该产品的生产进行投资。eBay 联合创始人杰夫·斯科尔（Jeff Skoll）为一家名为摩羯座投资集团（Capricorn Investment Group）的公司提供了资金，该公司拥有综合性的投资策略：在加利福尼亚州的部分地方购买农场，这些地方非常适合于太阳能发电。公司还进行了短期投资，投资对象是那些可带来稳定现金流的价格上涨的农产品；与此同时，公司又将长期投资目标放在用水权和太阳能上。如果一个人认为水和太阳能很有发展潜力的话，那么这个例子显然证明，对资源革命的投资完全不同于根据社会影响标准进行的那种排除式筛选，而这些长期以来都被那些只追求出色回报的“纯粹主义”投资者嘲笑。其中具有革命性的一点在于一种长期趋势的重要影响，这种趋势受到了城市化和新兴市场中产阶级的崛起的推动，但也在市场期望值之外的期权价值上得到了验证——绝对的阿尔法。

本书读到这里，你也许会奇怪，所有这一切对我们这些公民、消费者和父母而言又意味着什么呢？我们想把本书献给我们的孩子们，因为我们相信自己所探讨的这些内容将是影响一代人的变化。我们现在生活的这个世界会与我们的子女们将继承的世界截然不同，就像19世纪80年代维多利亚时代的大厦、佣人和公寓与20世纪20年代的镀金时代截然不同一样。镀金时代的我们拥有了家用电器，有了照明，有了摩托车、摩天大厦、广播、室内管道、跨国公司、股市、公共图书馆以及音乐厅。所有这些资金都来自那个时代所创造的财富。我们可以想象未来会有更清洁的城市，里面有自动驾驶的电动汽车，有公共交通系统，城市道路被改建为绿地或恢复为耕地，几乎所有材料都可以在生产和发电中被重复利用。但在实现这种梦想之前，我们每个人都要付出大量的努力，就像本书里介绍的那些公司一样。

我们必须确保我们的政府会主导这种转变，并会使用我们的投票权与既有企业进行抗争，从而阻止它们企图维护不具可持续性的现状。我们也可以在挑选产品时了解更多的信息，首先就是对食品、汽车和住宅的资源生产力有自己的衡量，甚至要赶在政府调整 GDP 衡量指标之前。我们还可以教育自己的孩子做好准备，迎接一个全新的世界。在这个新世界里，对软件的了解、在网络化的全球组织里工作的能力以及跨专业整合系统的能力等将变得前所未有的重要。这样，我们的孩子们将会享受到我们的劳动、资本和资源所带来的累累硕果。

祝福各位日子越过越好。

# 译者后记

未来15年，发展中国家将有25亿人进入中产阶级。在可预见的未来，中国每年将诞生2.5个规模相当于芝加哥的新城市；截至2025年，中国人口超过百万的城市将达到221个（目前，欧洲百万人口城市仅有35个）。这种增长速度必将使得石油、天然气、钢材、水和其他宝贵资源的需求出现前所未有的增长。如果继续当前的消耗水平，商品价格、食物价格和污染水平就会激增，也将带来日益严峻的风险。传统的能源观念认为，我们的资源即将被耗尽，人类将走向灭亡。

但斯蒂芬·赫克、马特·罗杰斯和保罗·卡罗尔却认为，摆在我们面前的正是百年难遇的绝佳商机。我们不是要面临资源稀缺带来的危难，而是会遇到一个改变全球经济格局的机遇，一个会带来数万亿美元利润的机遇。这非常契合中文的“危机”一词，即危难中蕴含着市场机会。

面对这绝世商机，我们要怎么做？作者分析了过去两次工业革命，并针对未来的资源革命提出了五大原则，即资源替代、减少浪费、提高“可循环性”、最优化及虚拟化。为了进一步说明这几大原则，作者列举了众多例子并对这些公司进行分析。如何找到合适的时机？如何将构想做到规模化？如何招募人才？如何在资源革命中取得胜利？这些都可以在本书中找到答案。

本书主要是从公司的角度进行分析与探讨，但对于我们消费者个人而言，其中也有许多知识点可加以借用。每个人都要节约资源，更重要的是要提高资源的生产力。我们可以督促公司进行变革，可以确保政府主导这一变革，还可以教育孩子们做好准备，迎接一个全新的世界。

有机会深入解读该书内容，并努力向中文读者提供译本，我深感荣幸。为此衷心感谢粟华魁、肖梦兰、莫崇晟、粟之敦、余笑、晏俊和文玲等在翻译过程中所给予的帮助和支持,使本书的翻译得以顺利完成。由于时间匆忙及译者水平有限，疏漏之处在所难免，还望指正。

2015 年 6 月

湛庐文化 Cheers Publishing a mindstyle business 与思想有关

# 湛庐，与思想有关……

## 如何阅读商业图书

商业图书与其他类型的图书，由于阅读目的和方式的不同，因此有其特定的阅读原则和阅读方法，先从一本书开始尝试，再熟练应用。

**阅读原则1 二八原则**

对商业图书来说，80%的精华价值可能仅占20%的页码。要根据自己的阅读能力，进行阅读时间的分配。

**阅读原则2 集中优势精力原则**

在一个特定的时间段内，集中突破20%的精华内容。也可以在一个时间段内，集中攻克一个主题的阅读。

**阅读原则3 递进原则**

高效率的阅读并不一定要按照页码顺序展开，可以挑选自己感兴趣的部分阅读，再从兴趣点扩展到其他部分。阅读商业图书切忌贪多，从一个小主题开始，先培养自己的阅读能力，了解文字风格、观点阐述以及案例描述的方法，目的在于对方法的掌握，这才是最重要的。

**阅读原则4 好为人师原则**

在朋友圈中主导、控制话题，引导话题向自己设计的方向去发展，可以让读书收获更加扎实、实用、有效。

## 阅读方法与阅读习惯的养成

（1）回想。阅读商业图书常常不会一口气读完，第二次拿起书时，至少用15分钟回想上次阅读的内容，不要翻看，实在想不起来再翻看。严格训练自己，一定要回想，坚持50次，会逐渐养成习惯。

（2）做笔记。不要试图让笔记具有很强的逻辑性和系统性，不需要有深刻的见解和思想，只要是文字，就是对大脑的锻炼。在空白处多写多画，随笔、符号、涂色、书签、便签、折页，甚至拆书都可以。

（3）读后感和PPT。坚持写读后感可以大幅度提高阅读能力，做PPT可以提高逻辑分析能力。从写读后感开始，写上5篇以后，再尝试做PPT。连续做上5个PPT，再重复写三次读后感。如此坚持，阅读能力将会大幅度提高。

（4）思想的超越。要养成上述阅读习惯，通常需要6个月的严格训练，至少完成4本书的阅读。你会慢慢发现，自己的思想开始跳脱出来，开始有了超越作者的感觉。比拟作者、超越作者、试图凌驾于作者之上思考问题，是阅读能力提高的必然结果。

好的方法其实很简单，难就难在执行。需要毅力、执著、长期的坚持，从而养成习惯。用心学习，就会得到心的改变、思想的改变。阅读，与思想有关。

[ 特别感谢：营销及销售行为专家 孙路弘 智慧支持！ ]

## 我们出版的所有图书，封底和前勒口都有“湛庐文化”的标志

并归于两个品牌

## 找“小红帽”

为了便于读者在浩如烟海的书架陈列中清楚地找到湛庐，我们在每本图书的封面左上角，以及书脊上部 47mm 处，以红色作为标记——称之为**“小红帽”**。同时，封面左上角标记**“湛庐文化 Slogan”**，书脊上标记**“湛庐文化 Logo”**，且下方标注图书所属品牌。

湛庐文化主力打造两个品牌：**财富汇**，致力于为商界人士提供国内外优秀的经济管理类图书；**心视界**，旨在通过心理学大师、心灵导师的专业指导为读者提供改善生活和心境的通路。

## 阅读的最大成本

读者在选购图书的时候，往往把成本支出的焦点放在书价上，其实不然。

**时间才是读者付出的最大阅读成本。**

阅读的时间成本=选择花费的时间+阅读花费的时间+误读浪费的时间

湛庐希望成为一个“与思想有关”的组织，成为中国与世界思想交汇的聚集地。通过我们的工作和努力，潜移默化地改变中国人、商业组织的思维方式，与世界先进的理念接轨，帮助国内的企业和经理人，融入世界，这是我们的使命和价值。

我们知道，这项工作就像跑马拉松，是极其漫长和艰苦的。但是我们有决心和毅力去不断推动，在朝着我们目标前进的道路上，所有人都是同行者和推动者。希望更多的专家、学者、读者一起来加入我们的队伍，在当下改变未来。

# 湛庐文化获奖书目

**《大数据时代》**
国家图书馆“第九届文津奖”十本获奖图书之一
CCTV“2013中国好书”25本获奖图书之一
《光明日报》2013年度《光明书榜》入选图书
《第一财经日报》2013年第一财经金融价值榜“推荐财经图书奖”
2013年度和讯华文财经图书大奖
2013亚马逊年度图书排行榜经济管理类图书榜首
《中国企业家》年度好书经管类TOP10
《创业家》“5年来最值得创业者读的10本书”
《商学院》“2013经理人阅读趣味年报·科技和社会发展趋势类最受关注图书”
《中国新闻出版报》2013年度好书20本之一
2013百道网·中国好书榜·财经类TOP100榜首
2013蓝狮子·腾讯文学十大最佳商业图书和最受欢迎的数字阅读出版物
2013京东经管图书年度畅销榜上榜图书，综合排名第一，经济类榜榜首

**《爱哭鬼小隼》**
国家图书馆“第九届文津奖”十本获奖图书之一
《新京报》“2013年度童书”
《中国教育报》“2013年度教师推荐的10大童书”
新阅读研究所“2013年度最佳童书”

**《牛奶可乐经济学》**
国家图书馆“第四届文津奖”十本获奖图书之一
搜狐、《第一财经日报》2008年十本最佳商业图书

**《影响力》（经典版）**
《商学院》“2013经理人阅读趣味年报·心理学和行为科学类最受关注图书”
2013亚马逊年度图书分类榜心理励志图书第八名
《财富》鼎力推荐的75本商业必读书之一

**《影响力》（教材版）**
《创业家》“5年来最值得创业者读的10本书”

**《大而不倒》**
《金融时报》·高盛2010年度最佳商业图书入选作品
美国《外交政策》杂志评选的全球思想家正在阅读的20本书之一
蓝狮子·新浪2010年度十大最佳商业图书，《智囊悦读》2010年度十大最具价值经管图书

**《第一大亨》**
普利策传记奖，美国国家图书奖
2013中国好书榜·财经类TOP100

**《卡普新生儿安抚法》（最快乐的宝宝1·0~1岁）**
2013新浪“养育有道”年度论坛养育类图书推荐奖

**《正能量》**
《新智囊》2012年经管类十大图书，京东2012好书榜年度新书

**《认知盈余》**
《商学院》“2013经理人阅读趣味年报·科技和社会发展趋势类最受关注图书”
2011年度和讯华文财经图书大奖

**《神话的力量》**
《心理月刊》2011年度最佳图书奖

**《真实的幸福》**
《职场》2010年度最具阅读价值的10本职场书籍

# 延伸阅读

## 《智慧社会》

扫码直达本书购买链接

◎ 本书作者阿莱克斯·彭特兰是全球大数据权威、可穿戴设备之父、MIT 人类动力学实验室主任。

◎ 本书通过大量翔实的案例阐释了大数据如何助力社群经济、如何掘金互联网金融、如何掀起个人健康医疗的革命、如何变革可穿戴设备、如何驱动更具创意、更高效的组织、如何构建智慧城市、如何启动智慧社会。

## 《大数据时代》

扫码直达本书购买链接

◎ 迄今为止全世界最好的一本大数据专著。作者维克托·迈尔-舍恩伯格，大数据时代的预言家，《科学》《自然》等著名学术期刊最推崇的互联网研究者之一。

◎ 大数据将为人类的生活创造前所未有的可量化的维度。大数据已经成为了新发明和新服务的源泉，而更多的改变正蓄势待发。书中展示了谷歌、微软、亚马逊、IBM、苹果、Facebook、Twitter、VISA 等大数据先锋们最具价值的应用案例。

## 《伟大创意的诞生》

扫码直达本书购买链接

◎ 本书入选 2014 年度“大众喜爱的 50 种图书”，《经济学人》年度最佳图书，“数字化未来十大科技思想家”、TED 演讲人史蒂文·约翰逊经典力作。

◎ 作者深入人类 600 年重要发明的创新自然史，首度揭开创新源起的 7 大关键模式。

## 《大爆炸式创新》

扫码直达本书购买链接

◎ 这是一本超越颠覆式创新，引领我们进入创新新时代的力作。埃森哲卓越绩效研究院研究员，《超越 S 曲线》作者拉里·唐斯与保罗·纽恩斯首次提出大爆炸式创新的概念。

◎ 作者创造性地将创新的新生命周期分为奇点、大爆炸、大挤压、熵四个阶段，帮你及时发现潜在的颠覆者。通过提供捍卫市场的 12 条法则，助您创造出属于自己的颠覆者，并在没落的市场中及时抽身。

**图书在版编目（CIP）数据**

资源革命：如何抓住一百年来最大的商机 /（美）赫克，罗杰斯，卡罗尔著；粟志敏译．—杭州：浙江人民出版社，2015.7

ISBN 978-7-213-06764-8

Ⅰ. ①资…　Ⅱ. ①赫…　②罗…　③卡…　④粟…　Ⅲ. ①资源经济 研究　Ⅳ. ①F062.1

中国版本图书馆 CIP 数据核字（2015）第 133397 号

浙江省版权局
著作权合同登记章
图字:11-2015-51 号

**上架指导：趋势 / 商业**



## 资源革命：如何抓住一百年来最大的商机

**作　　者：**［美］斯蒂芬　赫克　马特　罗杰斯　保罗　卡罗尔　著
**译　　者：**粟志敏　译
**出版发行：**浙江人民出版社（杭州体育场路347号　邮编　310006）
市场部电话：（0571）85061682　85176516
**集团网址：**浙江出版联合集团　http://www.zjcb.com
**责任编辑：**朱丽芳
**责任校对：**张彦能
**印　　刷：**北京鹏润伟业印刷有限公司
**开　　本：**720 mm × 965 mm　1/16　　**印　　张：**17.5
**字　　数：**23.3 万　　**插　　页：**1
**版　　次：**2015 年 7 月第 1 版　　**印　　次：**2015 年 9 月第 2 次印刷
**书　　号：**ISBN 978-7-213-06764-8
**定　　价：**59.90 元